本著作系海南大学“中西部高校提升综合实力工程”之
“海南文化软实力科研创新团队”系列成果之一

汉语词汇
负面义研究

黄红娟◎著

社会科学文献出版社
SOCIAL SCIENCES ACADEMIC PRESS (CHINA)

摘　要

本书结合共时、历时考察，从纵横两个方向比较系统全面地描写并分析了汉语词汇负面义的类型、生成、显现、演变、感知等相关内容，并将语法研究与词汇研究结合，重点关注词汇负面义在语义与语用两个层面的表现，主要内容与结论如下。

第一，比较系统地归纳并描写了词汇负面义的类型、生成方式与条件、表现方式及相关特征。认为词汇负面义的生成需要确立某种立场、视角及评判原则，进而建构有特定属性限定的词义框架并对其内容进行匹配，然后在一定的社会心理认知条件下激发出相关负面义。

第二，结合词义释义模式与配价理论分析讨论词汇负面义关涉的分布、负面义指向的分布及其重心的转移与相关共现成分正负面属性限定之间的关系，考察两类动词中相关权势关系的强弱、实现程度及方向性对负面义指向和重心转移的影响。分析描写相关负面义辖域的实现方式、组成内容特征与方向性，考察它们负面义的实现方式与分布位置的关系。

第三，比照特定历史文化思想观念的发展，细致地分析讨论相关汉语词汇负面义的演变规律与阶段性特征。区分象征性文化潜义和比拟性文化潜义，讨论大小文化语境的正负面属性差异与古今演变的问题。

第四，考察词汇负面义的演变在所属词条内部和相关语义场中的表现。统计分析语用组合变化对词汇负面义演变的影响，并在此基础上讨论同化式感染和拆解式感染的区别。进行关于词汇负面义的主观感知调查，分析语用主体感知差异的表现规律及原因。讨论现代传播方式对词汇负面义的整体演变和批量生产所起的作用，尝试运用异端话语理论分析“文化大革命”时期与新时期词汇负面义大转向的同与异。

目　录

第一章 绪论

第一节　研究对象界定

一　词汇负面义的来源与意义

负面意义来源于人们在心理与意识中形成的对自身的存在及其所处的社会生活环境的认识与理解。作为一种普遍性的存在，负面意义在语言的不同界面中以特定的方式反映和显现，其中尤以在词汇层面表现得更为集中、显著。无论是想要了解人类社会历史的变迁，还是想要钻研语言自身内容与形式的关系，进而探寻语言与人类社会生活发展之间的关联程度，从词汇负面义入手都会是一个理想的切入点。对拥有悠久历史的汉语而言，着手进行这项研究是十分有意义且非常必要的。

首先要指出的是，之所以采用“词汇负面义”这一表述，而不采用过去惯用的相关性较大的“贬义词”，也不赞同以“词语的色彩”这一名称来讨论这方面的内容是有原因的：本书要讨论的不是单个的贬义词或贬义词的贬义，而是整个词汇系统中带有负面性意义的词汇及其所包含的负面义。我们认为，“词汇负面义”比“贬义词的贬义”具有更广泛的内涵，前者同时具有个体性与整体意识，既可指含有负面意义的具体词义，又可指含有某一类范畴的负面意义在词义中的反映，同时还可以包括整个词汇义，又或是仅指含有负面意义的语素义或者某词的词义中带有负面性的那部分内容。

另外，“负面意义”涉及的内容比较多，在指称、陈述、评价中都有运用，表描述、表性状或是表动作行为皆可，这样就可以不再受过去关于贬义判定标准的限制（谭达人，1991），可在其框架下从容讨论“敌人”

“仇人”“失望”之类的词语，涵盖面比“贬义”更广。

二　词汇负面义的类属界定

（一）贬义与贬义词

关于何为贬义、贬义词及其判定，关英伟（1995）认为贬义表现为对主体的厌恶和憎恨等否定的感情色彩；符淮青（1985：27）认为词义为否定的，感情色彩为贬，他提到的否定类有愤恨、怨恨、惨痛、悲哀、伤心、不高兴等；刘叔新（1990）认为，带有恶感的评价色彩或感情色彩的词是贬义词；陆善采（1993）将“凡是表示否定或贬斥，带有令人憎恶的感情色彩的词”称为贬义词；温端政（2006：71）将感情分为肯定与否定两类，其中“有些词表明人对事物厌恶、贬斥的感情，被称为贬义词”。

从上面的概述中我们可发现，在已有的词汇研究中，有关贬义的讨论总是放入词的感情色彩这一词义类别中的小类加以研究，且多将贬义与褒义结合起来一起讨论，并认为词的褒贬义是词的表达色彩的一种表现。大多数学者（葛本仪，2003；许威汉，1992；刘叔新，1990；詹人凤，1997等）将贬义词与贬义视作词的色彩意义（或称附属意义、陪义等），并将其与词的理性意义（或称概念意义、基义等）相对立，但他们也承认有的理性意义也有贬义成分，而且人们对其所属为评价色彩或是感情色彩、态度色彩中的哪一类还存在分歧。至于其具体所属小类，学者的观点也有分歧。贾彦德（1986：16）、周光庆（1989：105）、许威汉（1992：130）、詹人凤（1997：75）、符淮青（2004：55）将其归为感情色彩，武占坤、王勤（1983）称其为情调色彩，武占坤（1983）称其为表情色彩。刘叔新（1990：188）则将其归入评价色彩与态度色彩、感情色彩，不同意将感情色彩分为褒和贬两种，指出“像悲哀、惧怕、气恼、怅惘而痛苦等感情都不可能归入褒的或贬的类别之中”。张志毅、张庆云（2001：46）提出将情感、态度、评价合称为“情态陪义”。解海江、张志毅（2003）亦认为感情色彩难以用褒贬来概括，应区分词的褒贬义中感情色彩和评价态度色彩的不同表现。王德春（1983：120）则将褒贬义列入修辞意义中的表情色彩，他认为表情色彩兼具表评价和态度的作用。

随着相关研究的深入，学者的观点已有了改变，有人（邢向东，1985；符淮青，1985；周荐，1985、1993；许威汉，2000；张志毅、张庆云，2001；解海江、张志毅，2003 等）已指出该类提法存在的不足，邢向东认为褒贬不仅仅是附加色彩，符淮青和周荐俱指出，褒贬义不仅局限于附属意义中，有的词的理性意义本身就含有褒贬成分。周荐（2004：151）还谈到，无论是理性意义还是表达色彩，都可能会有褒贬之分，若认为感情色彩就是褒义词、贬义词，就容易把理性意义和表达色彩这两种不同质的现象搞混。

要言之，对贬义词的讨论主要集中于附属义中的色彩义，关于其性质的分类又主要涉及情感、态度、评价三类，但具体归属及区分标准目前仍无定论。我们不反对理性义与附属义的分类，也不反对关于词义中所蕴涵的情感、态度与评价的区分，但在实际生活中，相关内容的表现往往合一，且在词义的分析研究中具体区分也属不易。

（二）消极意义

和词汇负面义相关的研究课题还有词语的消极意义，其相关界定包括两方面内容，一是因语用中的相关共现成分带来的消极色彩感染，二是作为评价意义的词义本身。前者主要是语义韵律理论讨论的内容（Louw，1993；Sinclair，2004；Partington，2004；于屏方，2007：140 等），后者如邹韶华（2001：113～121）、刘慧（2009：19；27；34）的研究界定。邹韶华的消极词汇研究包括以下四类：直接体现贬义的、搭配体现贬义的、隐含取舍评价态度的、在对立计量上处于“小”极的，其分类已涉及主、客观表现及语用三个标准的内容，较有新意；刘慧主要是从评价性的角度区分积极评价、消极评价与中性评价，并区分显性消极评价与隐性消极评价。前者主要考虑其共现组合产生的限制与影响，后者则尝试构筑一个特定语义的连续系统。

（三）本书的界定

本书主要考察词汇层面相关负面性意义的蕴涵、显现与运用方式，希望由此探讨人类对客观世界的主观判断、人类个体在社会中的认同、归属与区别等活动在语言层面的反映与变化。为了更好地突出重心，本书采用更能反映我们研究理念的“词汇负面义”。

虽说负面义的存在本身是有客观基础的，但其判断与感知受到主观立场与认识的极大限制，也会在无意识中受到已有的语用惯性的影响。有鉴于此，我们将从客观存在、主观判断和语用习惯的无意识表现等角度切入，展开对汉语词汇负面义的生成基础的讨论。它们包括以下内容。

第一，一些有客观依据的概念性内容，即汉语社会环境中常规状态下的人类个体本能地不希望发生或出现的一些情况或状态、不愿遇到的一些事与物，又或是尽量避免直接提到的禁忌以及对这些情况、状态与事物的指称、描述与评价等，具体包括诸如死亡、灾难与伤害，人类本能具有的一些消极性情绪状态，或是对本能所抵触厌恶的人、事、物的基本表述，同时还包括被常规汉语社会的法律与道德规范所禁止或要求用其他方式表达的言论行为，以及反映上述内容的陈述性命题等。

第二，相关心理态度与语用倾向决定的内容，包括在使用过程中表达了言说者对被指称对象的厌恶、鄙视等负面性态度的指称、描述等；又如使用时习惯性地与负面性内容共现的语义内容；又或带有较强的负面认知心理倾向，负面性判断极易被激活的词义内容等。

相关的甄别与筛选标准及内容范围的增删将在书中展开相关讨论时再做说明。

第二节　相关内容回顾

有关汉语词汇负面义的研究主要集中在词的褒贬，即词的贬义问题上。因为材料过多，在此只选取较有代表性的进行论述。概括说来，学者的研究工作大致从以下几个方面展开。

一　相关研究内容

（一）贬义的构成、显现与搭配

贬义的构成主要讨论其构成方式、构词语素与词的关系、相关格式等问题。

任远（1982）认为褒贬词的产生有两种途径，一为造词法，其产生的褒贬义为词本身所固有；一为用词法，其具有的褒贬义是词义发展的结果。其他如徐志民（1980）指出词的感情色彩是它们所固有的，从而区别于词在特殊的语境中因修辞手法而临时带有的色彩。

周荐（1985）提出感情色彩构成方式分类的初步想法，共分为五类：

一是直接依附于理性意义，对理性意义进行不加扭曲的感情的说明。我们认为所谓的“不加扭曲”，即后来他（周荐，1993）在讨论理性意义和表达色彩关系时提出来的二者相一致的情况。二是本不用于人的词语转指人或与人相关的事物。三是比喻义与感情色彩有某种对应关系。四是因搭配而感染的感情色彩。五是语义联想，如某些心理与生活经验带来的感情倾向。此种区分与任远的造词与用词有一定的交叉，但讨论更具体，不过总的说来仍是以理性意义与附加意义的区分为前提的。

在词的褒贬义与构成词素义的关系方面，刘缙（1993）的分析较细。他的统计指出在词语的褒贬义中构词语素本身带有感情色彩的占80%，不带的占15%，此外因搭配产生的褒贬义占5%，并指出构词语素义的褒贬和词义的褒贬问题的讨论在对外汉语教学中有积极的意义。

杨振兰（2001）认为可以在感情义位的基础上进行感情义素的分析，建构出感情义素中的褒义场和贬义场小类，从而打破一般情况下理性义素为第一位的限制，方便对感情义位进行对比分析。杨振兰（2005）还指出，在色彩意义中，造词材料对感情色彩的表现尤为突出。感情色彩的形成机制更偏重于意义型，情感性的词素比中性词素对词的感情色彩的影响要大得多。但刘缙、杨振兰两位没有对构词语素与内部结构进行深入讨论。若撇开结构类型，单就构词语素本身来讨论褒贬义似乎不够全面，针对这一问题，张志毅、张庆云（2001：257）有相关的讨论，他们在义位的组合原则中归纳出“贬化”一类，专门分析中性义位组合后变坏、贬降的倾向，这就与构词格式的讨论中对相关组成要素的语义限定条件形成了参照性的互补。

在相关构成格式方面，任远（1982）列举出了常见的大多数格式，他将其分为词尾式如“不溜丢”“叽叽”；嵌字式如嵌入“三、四”或“七、八”的；叠字嵌字式；否定式四种。这些格式在任学良（1981：102）的研究中被称为“加嵌式”，后来一直受到学者的关注，其中以否定式“不A不B”的讨论最多。王德春（1983：17）指出“不三不四”中的“三”与“四”有不规矩之意。周荐（2004：289）则认为“不三不四”中的“三”“四”与“说三道四”中的“三”“四”不同，进一步探讨了可能存在的两种语义结构的套用。杨联陞（2006：198～201）还将此结构从来源上与“A不A，B不B”“无A无B”结合起来讨论，指出汉语中有一种不执定的双无式，认为它们都与中国思想注重中与和、戒偏执的道德取向有关。不过“不A不B”格式的语义生成模式显然要比单纯的“中”“和”思想要复杂得多，周小兵（2006）、王树瑛（1999）、罗耀华（2002）、黄谷（2002）等人都尝试将其语义组合的模式与A、B的词义限制条件进行细化再分类讨论，分类的标准因学者而异，相关的分析已扩展到变式，但已有人指出（邓英树、黄谷，2002）：“语法结构只有一定影响，不是决定因素。”

和研究“不A不B”式的热闹氛围不同，专门讨论汉语褒贬词义的显现的论著不多，但有成果是比较突出的。如周荐（1993）以理性意义和表达色彩上的褒贬意义的有无组合将讨论分成三类，分别为：只是理性意义有褒贬倾向的，只表达色彩带来褒贬倾向的与理性意义和表达色彩都有褒贬意味的。此文还将词语表达色彩按显映方式的不同分为自显式、对显式与从显式三种。周荐的研究从理性意义和表达色彩的关系，以及词语本身和他词的比照、词与词的固定搭配组合等方面对表达色彩的显映方式进行研究，具有开创性。

值得关注的还有邹韶华（2004：82）“准褒贬词”的提法，即那些“在词典里是中性词，但在特定的语境中虽然没有受到性状修饰也会显示出褒义或贬义来”的词，“是词汇系统中的一部分，褒贬义必须在特定的格式中才能出现”。这里共现格式也成了贬义词显现的方式之一。这一研究思路体现了某些特定语义范畴词语因人类认知感受一致性的影响会在具体语境中产生偏移，但还不是明确的共现搭配的限制。

词的褒贬色彩与搭配的问题最早由袁毓林（1987）提出，他主要探讨的是动词与宾语的褒贬搭配关系。此后，对此问题讨论较细的是郭先珍、王玲玲（1991），她们把褒贬义词的搭配分为顺向与逆向两种，认为两种搭配方向中体现出褒贬义词组合时可能存在的一致性与排斥性，并将这种顺逆方向和一致与排斥在性质上的差别置于组合的不同结构中分析，讨论组合中重心义位的褒贬色彩对整个组合褒贬色彩的影响。

此外，葛本仪（2003：570）也对相关问题进行了分析与总结，他指出：“感情色彩组合的一致性、和谐性不是单纯地表现为褒义加褒义，贬义加贬义等，即并非褒义不能与贬义相结合，而是表现出为褒义的人或事件要求与之搭配的词的色彩义也是呈现褒义性。”反之，贬义词的搭配亦然。这一说法有启发意义，遗憾的是他没有展开深入分析。

有学者进一步将词的褒贬色彩与搭配问题扩大到句法层面，袁毓林

（1999：78～79）指出，在一般情况下，贬义的自主动词只能进入否定式祈使句，因为说话人对自己阻止听话人做的事不会在否定式祈使句中直接做出肯定性判断。袁毓林（1999：99）还发现，贬义的自主形容词也有类似限制，这说明祈使句式对相关词类中的褒贬义词有一定的语用条件限制。王惠（2004）讨论名词词义的组合时谈到，“田地^2”只能出现在“到……田地”这一格式，而有贬责意味的“意见^2”仅限于两个位置上，一是在“有/没有/提……”中做宾语，二是在“某人对某人/某事的……大/小/多/少”里做主语。

贬义还有程度的差别，对此专题的讨论不多，但在词义历时演变中有不少实例分析。赵克勤（1996）指出，“诛”“侵”“谤”等词其贬义经历了一个由无到有、从低至高的演变过程。其他如刘福根（1997）尝试对詈词的恶意程度的强弱做量化分析，但其研究对象只是一个小类，以主观评分为分类标准不具代表性。另如王海霞（2005）也是在调查的结果上将褒贬词区分为五度。上述的分类都有些随意，真正开始讨论对褒贬义程度整体分类的是邹韶华（2004），他提出词义的褒贬色彩的七分法，将贬义分为偏贬（如“有脾气”）、轻贬（如“后果”）和重贬（如“恶果”）三类，由于针对具体词汇时操作较难，此问题仍待深入，这是纵向的程度分类。在横向的程度分类上，解海江、张志毅（2003）在对《现代汉语词典》义位褒贬陪义的标注分析时指出，《现代汉语词典》直接标注“贬义”的按其轻重分为三个层次，用“贬义”“一般/常含/多含贬义”“用于人时含贬义”加以分别，这种以使用范围分贬义轻重的方式是划分贬义程度的一种切实可行的手段。

（二）贬义的语义内容构成及其形成与演变

有关贬义的语义内容讨论主要集中在动物中的兽类、人的五官、排斥异己心理外化及其作用对象、民族审美文化差异等。常敬宇（1995：30；19）指出，汉语词汇中有不少贬义词是排异现象、男尊女卑等社会心理的体现。其他如伍铁平（1999：373）提到文化差异与褒贬的形成问题，温端政（2006：71）指出色彩有民族性，如“狗”的贬义。又如关英伟（1995）以动物为类别，分析讨论与动物相关的词语所蕴涵的不同褒贬义的显现。可惜的是，这些讨论多数着重于动物文化现象的描述，对相关的使用限定条件关注不多。

一般情况下，探讨词义的演化过程不免会涉及文化的影响，尤其是在词汇的感情色彩发生极性转变时。张博（2000）通过对汉语中具有“人为、技巧”义的单音节词和双音节词的意义衍化路线进行分析，将贬义的形成与具体的古典哲学思想相关联，提供了一种从语义聚合词群的相应衍化意义出发，以某种历史文化为背景，系统观察相关词义衍化的研究思路。

“左”“右”的词义褒贬也是与文化关系密切的论题，从民族文化阐释角度对其演化讨论得最为深入明晰的首推洪成玉和杨琳。洪成玉（1985：139～143）在“色彩的转移”中分时期、场合详细讨论了中华民族尚左或尚右的习俗在语言中的表现，指出在官制上，战国尚右，两汉亦沿用，而后代则屡变。匈奴等少数民族官制尚左，而元朝蒙古族尚右；其他不同地区场合尚左或尚右各朝多有变动，且语言与社会政治趣味并不一致，唐时官制尚左，但词语中还是以右为尊，这种词语中的褒贬倾向与实际社会风尚褒贬评价不一的现象非常值得注意。杨琳（1996：81～97）亦从“左尊右卑”和“左卑右尊”两个方面论述了这一问题在汉民族文化传统中的态度、表现及其原因，也辅以少数民族材料为例证，并结合外语词汇中含“左”与“右”的褒贬词义成因作为比照对象来分析现代汉语中“左”“右”的特殊含义及其演变，其研究成果是目前对这一问题探讨得最详细、最全面的。张志毅、张庆云（2005：264）则从对立义场互相拉动的角度讨论了这两个义位负面义的互动情况。至此，“左、右”的褒贬研究成为受历史文化影响而变化的语义研究中最详尽、切入角度最全面的一个小类。

有关感情色彩历时演变的研究非常多，大部分谈论词义演变的著述都会涉及。一般模式如周光庆（1989：144），他将感情色彩的演变分为两种，一种是褒贬的互相转化，另一种是本来无褒贬的产生了褒贬倾向，此分类模式为大多数人所接受。张志毅、张庆云（2001：309）在词义演变贬降原则（具体分为贬化与降格）的讨论中指出，贬化可以发生在不同的层次，词义的基义和陪义都有可能发生贬化。董为光（2004：142～143）指出，同一词义在不同时代会因语义重点改变而发生意义及色彩代换，这种代换与因语义重点偏移或理解泛化而促使词义色彩产生的调整并不同。符淮青（2004：145）认为：感情色彩变化的词，词的概念义往往也有变化。张志毅等学者的研究深化了词义贬化中语义细节的分析与描写。从他们的研究中可以发现，旧有的基义与陪义这一分类法存在着较明显的缺陷。

贬义词在特定历史时期的表现特点也是感情色彩演化关注的内容之

一。郭熙（2004：122～126）总结了“文化大革命”时期语用的两大极端现象；刁晏斌（2007a，2007b）对“文化大革命”时期贬义词的过度使用与新时期的贬义词贬义色彩的变化情况与原因进行了考察，研究社会因素、人们的心理因素等对词语贬义色彩的影响。陈建民（1996；1999）、苏新春（2002：41）讨论了新词新义的色彩变化；汤志祥（2001：187）、郭伏良（2001：130～132）等都涉及从“文化大革命”到新时期词义色彩的转变问题，如汤志祥将新时期大陆、台湾、香港褒贬有变的词汇分为三类讨论：贬义中性化、褒义贬义化、中性词语贬义化，指出贬义词如“集团、幕后、洋务、一小撮、言论、策划”等回归中性，同时“倒”“陪”等中性词有贬义化现象，郭伏良也讨论了这种“S”形的路线；其他如刁晏斌（2006：193～194）指出，近年来“情趣”有指向情爱、色情趣味的倾向，“激情”亦是如此；张谊生（2009：62～67）讨论了新时期的贬义词贬义淡化现象，如“败”生出新的没有很明显贬义色彩的“败²”，并生成了语义相关的无贬义的“败家²”“败家子²”“败家子³”。要言之，这类褒贬颠倒或贬义淡化的现象往往是社会新思想对旧思想的叛逆与反动造成的，只是此种叛逆与反动会映射到什么样的词类范畴，又或是具体到一个什么样的词上很难预测。

词义褒贬的演变还与地域因素有关，目前这方面的考察侧重于社会性地域差异，学者主要讨论汉语词汇在大陆与香港、台湾及海外语境中所体现的差别。林杏光（1997：55～59）、苏金智（1995：109）、汤志祥（2001：254）、胡翔（2004：257～264）、郭熙（2004：349）、王洁（2009：129）等对此都有讨论，如汤志祥列举讨论了港式中文与普通话褒贬不一的词语；郭熙在讨论境内外汉语词汇的协调问题时提到新马华语中有不少感情色彩用语与大陆是不一致的，如“遣送”“一小撮”没有贬义；王洁则从“华语”视角对新词语在境内和境外其他区域存在的褒贬差异进行了详细的考察。

又如外来词的研究与词汇贬义的关系。杨锡彭（2007：218；211）指出某些意译外来词的词义理据是建立在特定的外语文化的基础上的，有特定的外语文化的特点，与汉语原有的社会文化背景不合，如“性感”一词，在汉语中因文化背景而有贬义色彩；梁晓虹（1994：145）、史有为（2004：184）也都讨论了外来文化概念在汉语词汇中的衍生和发展，如“魔”传入汉语后成为构词语素生成大量同族词，“劫”在梵语中原指梵天的一个白天是一劫，劫后有劫火，而在传入汉语后引申出“大灾祸”的意思。无论是国别民族性的差异还是政体、历时因素造成的差异，当前关于这些社会性地域差异生成的词义褒贬不一主要讨论的是“异”，而生成差异的具体原因及是否能整合（至少在华语区内有必要）、整合协调的原则如何，目前仍罕有讨论。

除历时层面外，共时层面的感情色彩亦有变化，一般将其列为语用产生的词义变化。对语用中的贬义变化关注较多的是杨振兰（1995：93），她将词的表达色彩分为静态和动态分别加以探讨，指出词的色彩意义包括感情色彩，它会在具体的语言环境中有不同程度的显现甚至产生相反的感情义。杨振兰（2004：136）还总结出了正用、反用、转用、虚用四种模式，并根据用后的贬义效果将虚用分为高用与低用。伍铁平（1999：384）提到模糊词的感情色彩在语用环境中会产生变化。关英伟（2000：41）指出，常有贬责意味的动物词在“属 X 的”格式中贬责意味淡化，常用来表戏谑。施春宏（2002）发现，“界”和“坛”这两个本来色彩大致相当的中性词语在使用中有一种潜在的微妙的色彩分化：“界”倾向于褒，而“坛”滑向贬。造成这一现象的原因，他认为是因色彩也是一种功能，而色彩的差异正是语用分化的结果。其他如李金满（2008）谈到“娘儿们”在不同场合使用时表示的感情不一，用于指成年妇女有轻蔑义。目前，这类的讨论仍以点为主，除杨振兰（2004）的四种格式分析法外，其他的普遍性不强。

（三）语用习惯与贬义

谦词、詈词、禁忌、婉词、蔑称、贱称等都可能含有不同程度的负面意义，但在谈到有关感情色彩的褒贬及其变化时，人们对婉词的关注较多，而对詈词、谦词、蔑称等与褒贬义的关系重视不够。

陈松岑（2001）、洪成玉（2002：39～41）对尊称、蔑称和贱称等进行了讨论，谈到了汉语语汇中有不少因语用需要移用或特意造成的贬义词义。王宗炎（1998）对张志毅与张庆云提出的四种造词法进行了补充，其中提到的傲称、蔑称、隐晦称、滑稽称的造词法所造之词都含有一定程度的贬义。

许威汉（2003：132～149）则讨论了词义引申与褒贬，并从社会与语言两个方面分析影响词义褒贬的原因，区分修辞现象与词义自身造成的褒贬，如婉词的用法。郭熙（2004：262）指出委婉语常用同义、近义、反义、比喻义、指代义等手法。按张志毅、张庆云（2001：48）的观点，1978～1994 年，汉语至少涌现出 200 多个婉词。

詈词是贬义最鲜明、程度最高的词语的汇聚，刘福根（1997）、李炳泽（1997：149～156）、文孟君（1998：56）、王珏（2001：100）、曹炜（2004：208～214）等对詈词都有涉及，刘福根、李炳泽、曹炜等都指出詈词主要包括性、身体生理缺陷、身份品行品德低劣、智力低下、鬼神、什物等。曹炜（2004：208）有关于詈词基本状况的调查，对《现代汉语词典》中收集的 157 个詈词从性质、功用和结构上的特点进行讨论，郭熙（2004：263）指出，汉语詈词中“居于首位的当是‘性’的攻击”，它反映了汉语社会中男尊女卑、祖先崇拜和家庭本位等社会文化心理特征，其负面义最显著。若以与贬义研究的关联性为标准来看，上述詈词的研究要比谦词、婉词的研究更有参考价值，体系性与普遍性也较强。

（四）相关应用与理论的讨论

与贬义相关的应用问题主要集中在词典释义上，目前对贬义的词典释义研究论述得最深入的是解海江、张志毅（2003），他们总结了《现代汉语词典》对义位褒贬陪义的注释方式和标注规律，主张释义时把“感情”与“态度、评价”区别开来，找出二者语义特征的不同，赞成《现代汉语词典》对义位褒贬陪义的分层次标注，强调基义与陪义中褒贬义的不同，讨论确定和辨析义位褒贬陪义的方法，并指出《现代汉语词典》在标注上存在的一些问题。于屏方（2007：140～141）及张志毅、张庆云（2007：321）等还谈到了词语固定搭配共现的贬义或消极韵律的释义问题。这实际上对贬义的分类与层次定位提出了更高的要求。

有关贬义词的讨论还为词语研究的方法与思路提供了一些有益的思考，在关于确定词的感情色彩问题上，许威汉（2000：473）以“宰”为例，说明由于词自身义含有褒贬，故而研究褒贬义的演变须得透视词的历史变化进行揭示。许威汉的研究思路强调了历史变化的重要性，他指出这是林裕文在 20 世纪 50 年代出版的《词汇·语法·修辞》一书中已经提出的看法，另外，他还认为分析词的感情色彩也须重视地域因素的影响。

汉语研究中对词汇的褒贬义的关注主要是受到了外语研究思路的影响，外语学界对词汇贬义的研究也为贬义词的研究提供了不少思路与理论。R. L. Trask（2000：42～46）在论及词汇与语义的变化时，讨论了社会对某些弱势群体的偏见与歧视会导致词义的贬义化，如英语中大量原指妇女或农民的词后来都有了贬义，他还介绍了语义演化中的格雷汉姆语义变化原则，即坏的意义驱除好的意义，并引用了 Elizabeth Traugott 关于这些语义变化的理论归纳与解释。我国英语学界的研究大致是沿着 Trask 开创的方向发展的。如李福印（1999：403）以及林承璋、刘世平（2005：191）都指出英语社会对某些阶层或性别的偏见会导致原词的贬化，如 boor、wench 等。汪榕培（2000：67～78）还列举了不少因民族情绪造成的词义贬化，如英语中与 Dutch 相关的词义都有贬抑的意味。而张志毅、张庆云（2001：198）指出，受传统文化的影响，许多表颜色的义位带有明显的民族性，如英语中与 blue 相关的词大多带有贬义，带有不愉快、下流、淫秽等陪义。

受相似思路影响，国内的贬义研究也开始关注相关民族感情、民族审美心理等对某一语义范畴的词语褒贬义的影响并做类型化讨论。

另外，“贬降”、词义感染、语义溢出、语义韵律理论等与贬义相关的理论皆是由国外传入的，“贬降”在布龙菲尔德（1980：526～527）批评前人的研究时已出现，词义感染也是从布龙菲尔德（1980：542）开始谈到，语义韵律理论（Louw，1993；Sinclair，1996、2004；Partington，2004等）也是国外语料库语言学在实际研究中发现的规律，这些理论将研究者的视角从只关注贬义词语本身的狭小视域中解放出来，为从组合关系方面进一步讨论词义贬义的形成与显现、感知与运用等提供了理论依据。

国内对相关理论讨论总结且提升最多的是张志毅和张庆云，他们对“贬降”有所修正（张志毅、张庆云，2005：231，251～252），同时还在进一步深化相关义位的聚合关系时指出，对立义场的互相拉动演变也会生成贬义（张志毅、张庆云，2005：264）。

二　研究成果与局限

（一）成果与意义

作为词汇负面义的一部分，词汇贬义的已有研究集中于两个主要领域。

首先是对词汇贬义自身的关注与深入分析。词汇贬义的研究在解决何为贬义、它有怎样的构成方式、显现在什么方面、如何显现这些方面上都有不同程度的挖掘。其次是词汇贬义与语言运用中的关系。这一问题讨论比较多的是它反映了哪些相关的心理认知规律、社会生活习俗，它在语言生活中有哪些改变等，对贬义词的词典释义方式的讨论也可放入这部分。

我们认为词汇贬义研究有两点最值得借鉴：一是视野的扩展。张志毅、张庆云（2001）认为“必须在哲学、逻辑学、数学、心理学、人类学、人工智能等多视角下研究义位”，其实也就是指出词汇语义学的研究需要与其他学科相结合，多角度切入才能有助于更全面地讨论问题。二是对语义关系的重视。刘叔新（1993）指出，词语意义依赖关系的发掘和研究，不仅有利于语文运用和语文工作者的实际工作，而且有重要的理论意义，他其实是在强调词义研究必须考虑到语言应用的实际。邹韶华（2001：113～114）对消极意义的四种分类即以词义与语用两方面的标准，为我们拓宽研究视野做出了榜样。

总的看来，学者对贬义词的性质及其在词义系统中的地位已形成初步共识，并在此基础上展开了对贬义词构成特点、组合搭配原则、义素分析与描述、相关释义方式等的研究，在相关领域都取得了不少成果。

其次，近一二十年来，研究者的研究已不再局限于单一词义、单一层次，更注重在各种关联关系中讨论词义的显现、构成与发展，将注意力转移到某一词义在相关词族或语义场里的表现。与贬义词相关的学术讨论逐渐从点到面，由静态到动态，由本体到运用向各个方位铺展开来。

（二）已有研究的局限性

汉语词汇负面义的研究过去主要局限于对贬义及贬义词的讨论，它首先受制于现代汉语词汇研究的整体现状。相对于语法语音研究而言，现代汉语词汇研究的整体水平、方法的指导与理论的运用都显得滞后。这自然影响了贬义词研究的深度与广度。

兼之有关贬义词的研究总体上显得零星和孤立，对它所进行的不少讨论目的是解决关联问题，重心很少真正落在词汇负面义本身，故相关内容分散在色彩义的分类，多义词、近义词、反义词的界定，词义演化，词典释义等领域的讨论中，虽也涉及了语法语义、语用修辞方面的分析，惜研究者各自为政，没能将各领域的相关成果统一起来，进而构成相对完备的研究体系，总结出有针对性与指导性的相关理论。贬义词的研究作为词汇语义研究中的一个小类在整个语义研究中的具体定位并不确切。

在语言理论与贬义词研究的结合问题上，已有的词汇贬义研究更多地体现了理论由上而下的思路指导，基本上没有大的理论反馈。如前文提到的贬义的所属词义类型，不少学者（邢向东，1985；符淮青，1985；周荐，1985、1993；许威汉，2000；张志毅、张庆云，2001；解海江、张志毅，2003）都已看到了关于理性意义或概念意义与附属意义的分类[①]是无法厘清贬义的词义所属的，而表达色彩及其小类的划分也不适用于全面展开贬义的讨论。从这个意义上说，汉语词汇的贬义研究可能对旧理论的修正或新理论的建立有较大的参考价值。

第三节　研究目标、研究方法与主体框架

一　研究目标

本书以词汇负面义为研究对象，通过对词汇负面义的类型、生成、显现、演变、感知与语用等方面的情况展开描写与分析，尝试建立一个关于词汇负面义的多层次体系。

在纵的方面，本书将分别对词汇负面义在义素、义位、词条三个层次中的显现情况进行描述，同时从义素特征、共现成分、语境限制三个视域入手对负面义的关涉成分与指向对象进行分析与讨论。

在横的方面，将以义位为基本立足点，分析具有负面义的义位与同一词条及相关语义场的其他义位成员的关系，在此基础上讨论具负面义的义位在词项义位中的地位与作用，进而探寻负面义的转化与词义演化的相互关系。

本书将重点关注词汇负面义在语义与语用两个层面的表现及二者之间的影响。

历时方面，比照特定历史文化思想或观点的演变过程讨论包含相关语义内容的词语的整体演变规律，尝试找出二者之间存在的直接或间接的联系，并通过考察词语在发展演变过程中体现出来的结构与语用特点，梳理其在词汇语义层面反映出来的共性特征，此外还对新时期词汇负面义的发

① 关于概念义与附属义的区分有很多类似的名称，如理性意义与感性意义、基义与陪义等，在此只是就此类的区分整体情况而言，不做具体细分与讨论。

展演变进行讨论，分析相关社会因素对词汇负面义演变产生的作用及其方式，继而探讨词语负面义的演变对所属词条及相关语义场的影响。

共时方面，本书主要讨论新时期词语负面义的使用表现，运用语料库的资源分析词语负面义的使用情况，尝试总结出其适用范围、共现成分的语义特征及组合形式偏好等。

本书对词汇负面义的综合讨论将包括静态描写与动态分析两方面。

静态描写主要体现为对词汇负面义的语义特征进行分析，讨论相关负面性要素的语义内容所属范畴、所充当的语义角色及语用背景等。

动态分析主要结合词汇负面义的主观感知与判断情况的调查结果讨论不同语用主体对词汇负面义的感知与判断差异及其影响因素。

二 研究思路、方法与语料来源

（一）研究思路与方法

本书将沿用结构主义的研究思路与模式对汉语词汇负面义展开纵横双向研究，即将组合关系与聚合关系结合起来讨论词汇负面义的生成、显现、演变与运用等情况。我们希望能够对汉语词汇负面义进行宏微观结合、动静结合、共历时结合的讨论，但在具体讨论中，将以共时为主、历时为辅，以静态为主、动态为辅。

在研究方法上，将以定性考察为主，适当结合量化分析方法对词汇负面义进行考察。定性考察将主要分析词汇负面义的义素义、义位义及其所属词条、语义场中负面义的表现情况，另外还将分析词汇负面义在实际语用中的共现成分的属性、组合方式、组合关系等。量化考察主要是统计和分析词汇负面义在共时层面中的实际语用倾向并调查人们对词汇负面义的主观感知与判断及其演变的情况。

具体方法与理论的使用将视具体研究内容而定，在考察语用组合对词汇负面义的影响时将参考语义感染、语义韵等理论；分析词汇负面义的负面义关涉成分、负面义指向等内容时将借鉴配价理论、词义释义模式理论等；对词汇负面义的横向影响会涉及语义场理论、认知心理学的原型理论；对社会历史文化因素与词汇负面义演变的关系讨论还将运用历史比较法、相关文化学、社会学理论等。

（二）语料来源

对词汇义的分析涉及词义在从言语到语言的连续统中的发展情况的讨论，有词义的中心部分与边缘部分的区别，必须兼顾词典释义与实际使用倾向，目前学界在此基础上形成了开展词汇意义考察的三种方式：一是以典范性的词典释义为依据来定义词义；二是通过统计和分析词汇在实际语言生活中的使用情况来了解词义；三是通过调查人们对词汇的主观看法来认识词义。

本书将综合上述三种方式展开对汉语词汇负面义的考察，语料来源也据此分为三类。

1. 词典类

词汇释义主要以《现代汉语词典》2005 年版的释义为标准，本书中出自这部词典的释义不另加说明。历时讨论主要以《汉语大词典》（简称《大词典》）为辅助参考，可以明确是古汉语用法而不会与《现代汉语词典》混淆，且同时未采用其他词典释义的，一般也不加说明。另外，在对特定词语进行讨论时还会参考《现代汉语常用八千词》《辞源》《近代汉语词典》《佛源语词词典》《应用汉语词典》等，有些只是比较并不采用其释义，凡有采用其释义的会注明，对某些词语做类型学考察时还用到不少汉外词典（如《意汉词典》《新德汉词典》《大俄汉词典》），详情将在书中出注。由于一些词汇的意义考证来源散见于前贤时人的各种论文论著，本书将说明其来源。

2. 实际语言使用语料

通过一些大型语料库类与网络数据可以收集到汉语词汇的实际用例文本，可对此展开统计分析。

我们主要使用的有北京大学汉语言研究中心的现代汉语语料库（CCL），另以中国期刊网全文数据库、人民网《人民日报》检索、百度与谷歌搜索等检索到的网络语料为辅助材料。

同时，在对汉语词汇负面义的历史演化进行讨论时，能说明相关发展演变情况的历代汉语文献都可以作为实际语用证据，我们将在论述到相关问题时注明具体出处。

3. 语言调查材料

我们将对某些词汇的负面义的理解与运用情况展开调查，相关语料主要以发放调查问卷的方式收集。

三 本书主体框架设想

论文计划有六章，除去第一章绪论部分与第六章小结之外，主体框架如下。

第二章重点讨论词汇负面义的类型与生成方式、生成条件及相关表现形式等。主要总结和分析不同类型的词汇负面义的总体特征与表现差异，讨论相关负面义的生成方式与具体途径，尝试总结决定词汇负面义生成的关键性条件及其作用方式，分析词汇负面义的外部表现形式特征及其与词义内容的关系等。

第三章关注词汇负面义的分布、显现与语义指向，将借鉴词义分析模式和配价理论对各类词语进行深入分析，描写词汇负面义的负面义关涉对象、负面义指向的分布情况，尝试找出二者之间的联系。本章还将结合配价理论重点分析动词配价与词汇负面义的关涉对象、负面义指向之间的关系，并结合语义韵律理论讨论词汇负面义的义素特征与共现成分、语境限制等的关系。

第四章讨论历史文化因素对词汇负面义的生成与演化的影响，尝试以特定文化思想的发展变化为比照对象，讨论含有相关语义内容的词族的负面义的总体演变规律，讨论前者对后者的影响方式及表现。

第五章分析研究具有负面义的义位的演变对所属词条与语义场的影响。另外，从社会文化与语用心理的角度出发，考察词汇负面义的外部激生原因，尝试总结社会时代心理、传播方式等对词汇负面义的演变与运用情况的影响与作用方式。在词典编纂方面，将根据词汇负面义在词典中的释义表现讨论词汇负面义的相关研究的应用意义。

四 相关说明

词汇负面义的判断有明显的主体差异，有年龄、地域等背景差异的语用主体对同一词语负面义的主观判断多不一致，甚至可能相反，故此在静态考察中，词汇负面义的判断以 2005 年版《现代汉语词典》为主要依据；在动态考察中，一个词的负面义的有无与强弱以我们凭语感对相关语料、词典释义和统计结果所做的判断为主。再加上由于语用主体对常与负面性内容组合而生成负面义的词语的主观感知与现实语用倾向之间存在差异，而语言生活中的词语负面义又总是处于变动之中，故我们所收集的此类词语可能不全，不能排除对某一语域、地区的词汇负面义了解不多的情况。另外，我们对特定词语负面义的判断也可能与不同背景的其他研究者存在较大的差别。

从词汇负面义的特点出发，本书在研究中尝试淡化理性义与附属义的分类观念，并不是否定理性义与附属义的分类合理性与必要性，只是相对于附属义细致的分类而言，理性义作为一个未细分的模糊总类对于词汇负面义的深入分析有一定影响，另因理性义原是哲学领域使用的概念，不完全适用于语言意义的分析。

尽管我们的研究以义位为基点，但由于习惯性表达的影响，为了使本书的表述更加通俗，在不产生混淆的前提下，很多情况下可能会用“词”来指称相关义位。

| 第二章 |

汉语词汇负面义的类型与生成条件及构成方式

第一节　汉语词汇负面义的性质类型

从所包含的负面义的性质来看，汉语词汇负面义可以分为概念性的负面义、规约性的负面义和潜质性的负面义。

一　概念性的负面义

概念性的负面义确定的一个基础是概念持有者，它指的是作为一个特定的汉语社会环境中常规状态下的人类个体，该个体本能上所不希望发生或出现的一些情况或状态、不愿遇到的一些事物又或是尽量避免直接提到的禁忌以及对这些情况、状态与事物的指称、描述与评价等即为概念性的负面义，其内容包括诸如死亡、灾难与伤害，人类本能具有的一些消极性情绪状态，或是对本能上所抵触厌恶的人、事、物的基本表述，同时还包括被汉语社会的常规法律与道德规范所禁止并要求避免的言论行为等。从社会整体角度看，这些负面义对所有社会成员都具有一致性影响，它们又可分为四类。

（一）基本的负面性概念

首先包括作为一个生命个体的基本的负面状况或消极情绪等的表述方式，如[①]：

---

① 此类词语中有多个义项的基本上所有义项也都带有同类型的负面义，故不分别列出。

坏、恶、劣、差、错、弱、苦、臭、烂、废、难、笨、傻、呆、蠢、愚、拙、饿、渴、惧、怕、惊、忧、恐、慌、怪、恨、恼、憎、悲、愁、哀、衰、气、烦、累、倦、怨、腻、羞、愧、内疚、讨厌、厌恶、愤怒、委屈

其次如精神身体因疾病、功能障碍、受外来侵犯导致受伤害或死亡时对这些疾病、侵害及其所造成的后果与状态等的指称与描述，它们有：

病、瘟、疫、疠、痨、瘴、痛、痒、疼、疯、癫、痴、狂、瘸、跛、聋、盲、瞎、哑、结巴、瘫痪、疤、伤、残、死、亡、尸体、遗骸

再次如对会给人带来肉体或精神伤害的自然或社会灾害及其所造成的负面性状态的指称。它们既可能是真实的客观存在，如各种自然灾害及古代各种肉体性的刑罚，也可能是人们的主观臆造的鬼神世界。前者有：

旱、涝、患、灾难、祸、殃、厄、祸祟、灾异、地震、雪崩、海啸、泥石流、崩塌、塌方、战乱、牢、狱、杀、戮、害、屠、斩、宰

后者如：

鬼怪、妖、魔、祲、魍魉、魈、魑魅、魃、劫［2］①

另如一些直接提到会被认为不雅或不礼貌的内容，包括与人或动物类的排泄行为、性行为相关的器官、产物及其方式、特征等的非专业性的表述，它们往往被用作詈语，常带有强烈的负面性对抗态度，如：

屎、尿、屁、㞎、粪便、便溺、尻、屙、屁股、肏、屄、屌、㞞、鸟、𡳞、[illegible]

基本的负面性概念主要建立在人类趋利避害的本能反应的基础上，故人类在常识判断下的某些心理或举动也包含概念性的负面义，如“嫌”“丢”“弃”“逃”“避”“缺”“漏”等。按照人们的一般思维，“嫌”“丢”“弃”“逃”“避”都与某种不想要的事物或不希望面对、承担的事

---

① 词语右方的“[ ]”内的数字表示《现代汉语词典》第5版中该词下所列的同形词条序数。

情相关，而“缺”“漏”则是某种需要持有的事物或该保持的状况没能实现。

（二）定义式的负面性概念

在特定的社会生活环境下，为了更好地协调社会个体之间的关系，维护社会秩序的稳定，社会统治者及相关集团会同时自觉与不自觉地对社会个体或集团的言行举止进行强制性或非强制性的规范，在这一规范与约束的过程中，言语社团便逐渐形成了对于人的属性特征与言行、社会集团的性质及其行为、特定社会现象的定义，尽管这种定义并不一定非常严格，定义外延也并不周密，但该定义的核心内容是大体一致的，其中已蕴涵了负面性的评价内容及态度。

直接式：对相关对象某一属性的界定与判断，如包含强烈的负面性态度的属性表述，除了对描述对象没什么限制的“坏、恶、差、劣”外，还有主要用于评价人的社会属性的“奸、邪、妄、歹、淫、佞、悖、贫[1][1]、穷[1]”等①，它们的负面义显著而稳定，有很强的构词能力。

其他如：

虚荣、虚伪、腐败、堕落、骄傲、懒惰、乖戾、吝啬、小气、卑鄙、卑微、暴躁、猖獗、狡猾、消沉、落后、风骚、狠毒、轻浮、刻薄、浅薄、颓废

定义式的负面性概念还包括对某一种社会性现象、社会行为或行为者的指称与描述，如：

事故、误解、谎言、偏见、臆测、盗贼、压迫、诈骗、剥削、掠夺、侵略、冤枉、诬赖、报应、诽谤、嘲弄、讽刺、蔑视、压抑、罢免、惩治、劝诫、自首、失败、投降、叛徒、卖国贼、敌人、政变、陷害、挥霍、贿赂、煽动、勒索

间接式：主要是由人类共同的心理倾向与本能行为所决定的，其产生（特别是基本概念性负面义）有较强的认知心理理据基础，有一定的类型

① 词语右上角的上标数字表示《现代汉语词典》第5版中该词条下所列举的义项序数。

化意义，在词义内容中有明确的体现，稳定性也较强。受社会文化与生活经验的潜移默化影响，还可能以与历史文化生活相关的比喻、借代等方式表现出来。

主要依据生活经验限定的如：

宵小、小白脸、小辫子、裙带关系、老古董、掩人耳目、菜色、赤字、旗号、故纸堆、昙花一现、鸟尽弓藏、有色眼镜、日暮途穷、日薄西山、马路消息

以“宵小”为例，《现代汉语词典》释义为：“盗贼昼伏夜出，叫做宵小，现泛指坏人。”此语即来源于人们对自己的生活作息方式与多数盗贼作案时间的认识。

主要依据社会文化心理限定的如：

帮闲、官迷、财迷、走狗、白虎星、作俑、胡说、牺牲品、变卦、忌讳、娘娘腔

（三）蕴涵式的负面性概念

此类负面性概念表现为词义内部蕴涵相关的负面义素特征，其与定义式负面性概念的差别主要体现在它的语义实现时对词义中的某一相关语义特征有严格的条件限定，即词义中的某部分义素特征具有负面性，在使用过程特别是搭配过程中会被激活。其限定的负面义，可以沉淀在相关对象的属性特征中，也可能存在于前提、目的、方式中，又或是表现在结果里等。

以形容词“嚣张”为例，其义为“（恶势力、邪气）上涨、放肆”，对所陈述的主体即适用范围对象的负面属性已有限制。

其他如：

同谋、收敛、收心、挑衅、自新、企图、小恩小惠、消灭、深重、剪除、歼灭、散布[2]、伙同、开脱、施舍、教唆、唆使、勾搭、勾结、怂恿

须指出的是，社会文化心理与生活经验之间不可能泾渭分明，生活经验本身也受制于一定的社会文化背景，多数情况下二者合力构成了相关词

汇负面义生成的理据基础，如：

高高在上、冠冕堂皇、离经叛道、灯红酒绿、花天酒地、花言巧语、花花世界

（四）命题陈述式的负面性概念

人们对社会生活的判断常常以社会经验的方式借助类似谚语的形式传承下来，其中有不少压缩为命题陈述式的词汇来表达，这些词汇一般有完整的事件陈述与评价，或是直接表达或是用比喻的手法叙述出来，蕴涵了人们对此类情形的负面性评价态度，都包含概念性的负面义，如：

直陈式：

自作自受、少不更事、自欺欺人、乐极生悲、目光短浅、人云亦云、朝不保夕、认贼作父、恩将仇报、坐以待毙、罪有应得、成事不足，败事有余

喻指借代式：

自食其果、坐吃山空、游手好闲、逢场作戏、目中无人、有眼无珠

此类词汇中有大量的典故词，受汉语社会历史文化影响最明显，是命题陈述式负面义的重要组成部分，如：

助纣为虐、坐井观天、朝三暮四、黔驴技穷、歧路亡羊、沐猴而冠、目不识丁、买椟还珠、鲁鱼亥豕、空穴来风、负荆请罪、尔虞我诈、道听途说、有眼不识泰山

二 规约性的负面义

与受共性心理与本能行为约束明显的概念负面义不同，规约性的负面义主要是言语社团在长期的使用过程中逐渐形成的，它受人们的语用习惯的影响，我们无法从词义内容本身看出其负面性，决定它的往往是某一词汇的习惯表达方式，此类负面义可分为态度倾向式与组合倾向式。

（一）态度倾向式的负面义

从词义内容看，这些词语的指称对象并没有负面性的属性义特征，但人们在使用过程中表达了对被指称对象的厌恶、鄙视等负面性态度。此种负面性态度的限定可以在指称过程中直接或间接地呈现出来，可以是指称性的称谓，或是修饰用的量词、限定性的复指成分和负面性情绪或语气倾向。指称性的称谓，如：

老婆子[1]：年老的妇女（多含厌恶意）。

该义位的释义要素中的成分都没有负面性内容，但它的常规语用要求却有负面性限定，只用于指称言说者赋予了负面态度的指称对象，有明显的负面义。其他如：

政客、老太婆、老女人、大兵[1]、戏子、老头子[1]、党羽、死党、党徒、党魁、交际花、教书匠、羽翼、头目、头子、厮［1］[2]、二道贩子、贩子、娘儿们[3]

修饰用的量词或限定性的复指成分，如：

徒［2］[3]、徒［2］[4]、（一小）撮、把子［1］[2]a、一股[6]c、一气、之流等。

常规语用中对它们指称或修饰的对象有负面属性的限定。

表示负面性情绪或语气倾向的，如：

哎[1]：表示惊讶或不满意。
哎呀[2]：表示埋怨、不耐烦、惋惜、为难等。
倒［2］[4]：表示催促或追问，有不耐烦的语气。
倒是[7]：同上。
呸：表示唾弃或斥责。
亏得[2]：表讥讽。
哼儿哈儿：拟声，形容鼻子和嘴发出的声音，多表示敷衍或不满。
什么[4]：表示惊讶或不满。
什么[5]：表示责难。

什么[6]：表示不同意对方的话。
嗐：表示伤感、惋惜、悔恨等。

此类常规语用状态下皆只用于表述负面情绪态度。

（二）组合倾向式的负面义

这些词汇在使用时习惯性地与负面性内容共现，它们通过常规语用共现的组合成分所具有的负面性内容表现出负面义，其共现成分可分为形式化的倾向负面义与语义限定式的倾向负面义。

形式化的倾向负面义多数有固定搭配，一般是前或后有否定性修饰语，多用于否定式、否定句或是处于反问句或祈使句中（括号中的是常用的共现否定形式），如：

（不）像话、像话（吗?）、（没个）好气儿、好景（不长）、（不可）开交、（无福）消受[1]、消受[2]（不起）、（不）认账、（不）买账、（不）对头[2]、（不/请）自重［1］[1]、（不）雅观、（不）待见、（决不）容情、（不）作美[2]、（不）顶数[2]、（不）入流[2]、万万[2]（没有/不可）、得了、老大[5]（不）、（不知）天高地厚[2]、断[2]（无/不可）、（没有……的余地）调和[4]、（不能）自已、死活[1]（不）、（无心）恋战、（不分/问）青红皂白、犯得着（吗?）、（不）对头[2]、（不）对头[3]、（不）对味[2]、（不）对付[2]

语义限定式的倾向负面义指的是某些词语在实际语境要求与一定语义范畴中包含负面义的成分共现，如：

热衷[1]、有点儿、透顶、得慌、百出、惟恐、不堪、眼看[2]、无所不至[2]、地步[1]、田地[2]、天地[3]、包藏、昭著、昭彰、市井、活活[1]、活生生[2]、可怜[3]、难免、导致、以致、动辄、动不动、免得、保不住、免不了、万一[3]、老是、到头来、情愿[2]、宁可、宁愿、平添[2]、甘居、心甘情愿、长此以往、青天白日、光天化日

其中有的已形成与负面性词汇或负面性指代内容的固定组合方式，如：

包藏（祸心）、（恶名）昭著、市井（小人/之徒）、（到……的）地

步[1]、（到……的）田地[2]

量词也有组合倾向式负面义，刘慧（2009：58～64）将其称为消极性辅助评价量词，并讨论了“伙”“气”“帮”的组合倾向负面义的表现情况。何杰（2008：172、175）指出做量词用的“顿[6]”“通[11]”都表示动作持续的时间量，即表时段量意义，但对搭配的动词的语义有选择，具有贬义语义色彩。

从语义限定性负面义的共现成分的负面属性来看，负面性的共现成分可以是具体的某一语义范畴内的成分，即其共现成分多是以负面性义位或短语的形式显现，所带有的负面性较易判断；也可以是一个命题陈述，其负面性依赖于言说主体的主观判断而存在，或要一定的语境背景作为条件，是一种参照性的负面义。无论是前者还是后者，其实都可以把它们当作一个负面性的语块整体来看待。对于组合倾向式的负面义的详细情况，我们将在第三章汉语词汇负面义的辖域与指向问题中展开讨论。

组合倾向式中的负面义并非以词义内容为实现基础，它主要依赖于语用表达的习惯方得以实现，因此体现的是某一义位在组合搭配过程中和负面性成分共现的倾向性趋势，它的实现与否只是一种概率性的倾向，并不保证有百分之百的可能，故现实语境中有例外现象。

此种由搭配词激发出的与搭配词一致的氛围语料库不少研究学者（Louw，1993；Sinclair，1996、2004；Partington，2004 等）称其为语义韵律，它是一种典型的语义溢出现象，并且在较长时间内具有相对的稳定性，与具体、多相甚至因人因时因地而异、难以穷尽性描写的陪义不同（于屏方，2007：140）。组合倾向式负面义中不同成员的共现负面义显现的概率大小彼此不同，具体到同一词语的组合倾向式负面义在不同时期的表现也可能有较大差异，且态度倾向与组合倾向的表现从某种意义上来说也不是完全分离的，如“跳梁（一作‘踉’）”形容蹦蹦跳跳，但它寓有负面性的态度，只被用于言说者对其持批评或厌恶等态度的人身上，而其在共现组合上也有明显的负面性倾向，多与“小丑”组合成固定性搭配。

我们要强调的是，概念性的负面义与规约性的负面义不是完全无涉的，语言现象的产生是众多因素相互作用的合力，上述的分类只是以某一点为重点，强调其特征，在实际的使用与演化过程中，往往有相互影响的交叉现象出现。如规约性的负面义可能从概率性的倾向性变成绝对的固定共现搭配，若长期稳定下来后就会凝固成相关负面性义素特征的限定，反映到词义中去，形成定义性的负面义。

三　潜质性的负面义

邹韶华（2001：113、121）在汉语消极词汇研究中曾提出了消极词汇中包括“具有对立计量意义”的“小义”，他所列举的常用5000词中的“小义”类词汇有：

小、少（形容词）、低、轻、慢、近、短、减少、薄、淡、浅、松、缺少、少（动词）、弱、矮、缩小、窄

邹韶华的提法很有建设性，不过笔者以为这种对立计量意义的小义本身不是负面性的。作为一种计量两端的对立，小的一极是否具有负面性在不同的条件下情况差别很大，对于它的负面义的判断一定依赖于特定的语义范畴与场景条件，只能在具备相对具体的适用范围与对象并激活相关的认知心理机制后才能进行，故与其将它看作稳定的消极意义词汇，不如将它视为带有较强的负面认知心理倾向极易激活的潜在的词汇负面义，这种认知心理基础只是一种大致的趋向，它与负面义之间有一种可能性很高而非必然的联系。由于邹韶华的研究是在词条而非义位基础上展开的，我们可在义位基础上对这些词语进行再分析，如：

低：
义位1：从下向上距离小；离地面近（跟“高”相对）。
义位2：在一般标准或平均程度之下。
义位3：等级在下的。
义位4：（头）向下垂。

尽管它们在某种程度上符合人类认知心理发展中向下的方向易产生负面评价的隐喻规律，可由于没有具体的使用域与对象限制，按照我们对词汇负面义的定义标准，很难认定这四个义位带有负面义。然而不能否定的

是，在人类认知心理的隐喻规律的作用下，“低”的四个义位（特别是义位2与3），加上些许限定条件就很容易产生较显明的负面义，也即结合其他语素对具体使用域与对象进行限制，就能将负面义激活并显现出来：

低能、低俗、低谷、低迷[1]、低落[2]、低端、低级[2]、低劣、低沉[3]、低潮[2]、低贱[1]、低声下气、低三下四、低头[2]、低微[2]、低微[3]、低下[1]、低下[2]

通过上例我们可以看出，此类负面义有三个最重要的特征，一是潜在的；二是它的负面义非常容易被激活；三是它的负面义的激活一般在和其他语素构成词以后固定下来，作为语素时它的负面义更加显明。

也就是说，潜质负面义单个激发时并不显著，但作为构词语素后生成的同类型词语的负面义会比较强，如“冷”，作为单音节词“冷[3]”指“不热情；不温和”，负面义不是很明显，但此义生成的相似内容的词语的负面义就要显著得多：

冷漠、冷落[2]、冷若冰霜、冷酷、冷冰冰[1]、冷淡[2]、冷淡[3]、冷脸子、冷眼[2]、冷遇、冷眼旁观

根据这些特征，对邹韶华的小义词名单做适当的调整后得出的具有潜质负面义的词语为：

小、低、轻、慢、短、薄、淡、浅、沉、松、矮、窄、冷、暗、阴、离、末、幽、冰、生

在与某些语素相结合后，它们可以限定适用范畴与对象，产生与其所具有的人类普适性认知心理中负面的一端相符的条件，从而激活整个词语的负面义。由于它们是一种潜在的负面义，故多数情况下其作为一个词条所具有的义位（除同音因素的义位）都会具有此类负面义所具有的特征，不过，无须加上适用范围与对象限定也能清晰地表现出负面义的义位所具有的负面义是不能称之为潜质式负面义的。如“暗”：

义位1：光线不足；黑暗。
义位2：隐藏不露的；秘密的。
义位3：糊涂不明白。
义位4：颜色重，不鲜明。

它的第三个义位中的负面义已被激活，不是潜在的负面义，只有义位1、2、4所具有的意义才是潜在性的潜质负面义。

第二节　汉语含负面义的词汇生成方式

从相关负面义性质的决定条件来说，汉语词汇负面义可以分为原生型与次生型两种。原生型主要是指最基本的负面性概念义，如“病”“恶”“坏”“奸”“欺”等，它们多数是单音节词，其构词理据与方式往往要从语音或字形上加以推演。次生型是指在原生型的负面义的基础上通过各种方式衍生出来的负面义。

现实生活中出现的负面义除了少量常用的原生型负面义外，绝大多数是次生型的，且其成员仍在不断增加。次生型按其生成方式与主要因素可以分成不同的类型。从影响其生成的主要因素的性质来看，可以区分为语义生成与语用生成：语义生成指的是双音节、多音节词等合成词的组合构词，词义的引申与演化（包括多义词的义位分化）等；语用生成则指主要因社会文化因素、语用习惯形成的词语负面义，如人们对指称对象的态度的改变导致所指生成负面义，习惯性共现感染而生成负面义，还有谦词、詈词、婉词、遁词等。另外，不同语用结果产生的词条与语义场内部成员之间、语义场之间的互相影响与推动也有可能影响负面义的生成。相关内容及文化与社会语用因素对汉语词汇负面义生成与演化的影响将在第四章及第五章专门讨论。

汉语中同一词条同时有负面性义位与正面或中性义位的情况非常普遍，采用单一区分标准可能不能充分厘清含负面义的词汇生成情况，考虑到上述因素，若重点关注负面义的外在形式基础及属性特征的提取与感知的方式等诸因素标准，如果是以负面义与其构成语素的关系为参照点的话，大致可以将汉语含负面义的词汇生成方式分为三类：一是建构式；二是缩合式；三是沿袭调整式。

一　建构式

语素是建构式的基本组成单位，建构式通过选择恰当的构词语素构成一定的结构关系从而表达所要表达的负面义，如以合成的方式生成“迫害”“人渣”“非人”等具负面义的词语。有时，特定的结构或表现形式在与一定语义范畴的语素结合后也具有与负面语素义同等的语义功能。相对而言，此方式的能产性非常强，加之其生成时就有明确的负面义生成意向，故人们以此方式生成的词汇负面义一般从字面上就能对其负面性有一定感知，其具体的结构方式将在本章第四节关于汉语词汇负面义的结构方式与表现形式中展开。

二 缩合式

缩合式的原始语义基础是一个完整的命题甚至是一个或数个完整的叙事过程。一般的命题压缩有较明显的句法结构关系，相对叙事过程的压缩要容易，后者生成的一般是典故词，它的生成较为复杂也比较特别。其在压缩此叙事过程时虽说要遵循一定的词汇结构关系的限制，但压缩过程重点围绕叙事过程或欲突出的主要因素展开。

如“期期艾艾”形容口吃，但它的产生却是缩合了《史记·张丞相列传》中周昌和《世说新语·言语》中邓艾两个口吃的人的故事而来的。它的构成语素“期期”是周昌盛怒下口吃时重复表述的词，“艾艾”则是邓艾自称己名字却口吃时的重复表述，二语素虽是以并列的形式构成了“期期艾艾”，但它们本身与口吃无关，且二者之间也不是并列关系，只是造词者提取了两个故事中有关口吃的典型形象，并加以重构罢了。

此类负面义的来源故事内容很丰富，在必须符合汉语词汇构词形式的要求下，被压缩、删除了绝大部分内容，它的外在形式只起到触发语义的作用，只有结合其来源故事提供的完整框架和特定的解读与使用习惯才能真正把握其中的负面义。故若想从它的构词语素直接体会到词语所包含的负面义不太容易，不复原源头故事的主要内容并服从一定的解读思路，想要完整确切地了解整个词义有较大的困难。由于历史文化的影响，这类缩合式词语为数众多，如杯水车薪、拔苗助长、狐假虎威、火中取栗、道听途说、风声鹤唳、草木皆兵等。

三 沿袭调整式

沿袭调整以构成成分与形式已定型的词汇为基础，通过特定的义素特征或使用条件进行调整而生成含有负面义的词汇。它又可分为两类：对已有词语的词义相关义素特征进行截取、增加和部分改造，对其构成成分的意义进行相关引申或重新组合调整的称为内部调整式；若是基本沿用词语原来的意义而主要通过对其使用条件加以调整限定而产生的负面义为外部调整式。无论是内部还是外部的词义调整，若形成一种习惯性的用法，则它生成的负面义最终可能固定并从原义中分离出来生成新的独立义位或直接替代旧义位。

（一）内部调整

内部调整式又分为关联引申、反向生成、单向倾斜、重新分析四种。

A. 关联引申式：这是一种老生常谈的词汇新义生成方式，若严格地说来，除了最初“恶”“坏”“错”等核心基础负面含义的词汇以外，其他大部分负面含义主要通过此种方式产生，这是除建构式外能产性最大的生成方式。

最直接的关联引申是认知语言学中讨论极多的隐喻。一般来说，在各种语言中都能激发起负面意义的原义首先集中在与人自身相关的以下几大类意义范畴：空间上表在下、低、后等方位的意义（类似如身体的脚、尾）；时间上表示迟、晚等方位的意义；感官上表示痛、苦、酸、麻等不快感受的意义；其他如表达疾病、伤残、排泄、生殖等相关的意义也极易引申出负面性义。

相对直接关联的引申，有些引申的思路要稍微熟悉一些动物行为模式并结合人类文化方易理解，如“鼓吹”早期是指两种类型的器乐合奏，其引申义多数是与器乐的演奏相关的内容，但后来的词义转为“宣扬、宣传”，再生出“吹嘘、夸大不实”之意；其实因“鼓”“吹”皆含有“膨胀、变大”之意，动物如鸟兽等在求偶或争斗时常设法让自己的身体看起来更大一些，以威慑敌人，其中有不实的要素。

还有些要参照一定的社会心理，如李福印（1999：403），林承璋、刘世平（2005：191），都指出英语社会对某些阶层或性别的偏见会导致原词的贬化，如 boor、wench 等。类似的看法在训诂学和认知语言学的词汇生成类型中的讨论已较为充分，恕不多述。

B. 反向生成式：伍铁平（1991：33）和郑远汉（2004：151）曾提到一个词内有两个相对立的意义的问题，郑远汉曾提出一个词中臧否对立不同义位，并列举了“骄傲、哄、看（平声）、夸、闹、受”等词里两个义位的对立，这类词还有：

天真、幼稚、老实、宝贝、活宝、冤家、任情、清高、泼辣、浪漫、风流、媚、说一不二、规行矩步、闲心、绵里藏针、绝学、铁杆、漫语、作对、风风火火、战败、落拓、左倾、没治、异味、佞等

尽管这些反向生成的词语其正负义位对立的具体激发原因和对立角度及体现方式有异，但它们都有两个正反不同且意义密切相关的义位。

李锡胤（2007：39）指出俄语中也有类似现象，他认为这是词义的连续统被词典切断所致。在他的启发下，我们认为这种情况可以看作是对元义位①意义的不同要素所选取的截取角度有异所致。如：

清高^1：指人品纯洁高尚，不同流合污。

清高^2：指人孤高，不合群。

这两个义位中的“不同流合污”与“不合群”其实都是指不与特定人群有较密切来往，当该人群被圈定为属性恶劣时，则不与之建立密切关系的人其人品是高尚的；若特定人群被理解为具有良好品性或是至少无恶劣品质时，不与之有友好关系的人在为人处世方面是有欠缺的。这里可以看出“清高”的语义基础是某人不与其他的一些人密切友好来往，其正负两个义位的区分是在确立了“这样的一些人的属性是好还是坏”后再对原语义基础进行分析的结果。

郑远汉（2004：152）认为“骄傲”有对立的义位，是因为这个词在搭配组合关系和联想替换关系两方面都有区别性特征，且列几条如下：

骄傲了（同义替换：自满、高傲）

别骄傲（同上）

感到骄傲（同义替换：自豪）

为……而骄傲（同上）

此论固然有一定道理，但更主要的是因“骄傲”一词正负两个义位的

① 我们假定在这两个正负面义位之上还存在一个作为初始语义内容基础的义位，并称之为“元义位”。

分化已非常清晰的缘故，其实有不少词语的两个义位的正负面判断更多地依赖于言说者的主观视角与心理倾向，这时它的搭配和组合关系的分别可能不明显，其相关的替换联想也更多地依赖于上下文，如只从“他这人很清高”这一个句子中是无法清楚地判断句中的“清高”到底是“清高^1”还是“清高^2”的。

另外还需要指出的是，很多词语中涉及的一些属性判断本身有主观视角与心理取向上的明显差异，在词典的释义中它们虽然还没有分立出两个正负义位来，但在实际生活中人们对它们的态度判断与运用往往有正负对立情况。如“执著”，今义为“固执或拘泥，也指坚持不懈”，表面上看解为“固执或拘泥”是负面性的，若指“坚持不懈”则是正面性的，但实际上固执或坚持不懈的外在表现都是对某一人、事、物或观点不放弃，故此它是正面性或负面性取决于人们对“执著”这件事的对象、主体与该行为的性质的判断，需要更多的语境来说明与限定。其他如：

得意、精明、枭雄、歌舞升平、老成、奇文、娇贵、世故、摇头晃脑

如果一个词语的正负属性分离开来并生成正负两个义位，且最终负面性的义位驱逐了正面性的义位①，这种情况其实就可以看作是某一元义位所具的属性特征向负面性倾斜，如“猖狂”“任性”意义基准是“随心所欲，没有束缚”和“听任本性行事”，则其行为之善恶由其行为者的本性决定，故都有正负两方面的义位：“猖狂”既可指“清虚以自守的境界”或形容“思想、感情、文章气势激荡奔放”，亦有“狂妄而放肆”之意；“任性”既指“听凭秉性行事，率真不做作”，又可指“执拗使性，无所顾忌，必欲按自己的愿望或想法行事”甚至是“恣意放纵，以求满足自己的欲望或达到自己某种不正当的目标”。而后来二词强调放纵、无顾忌的负面性一面，正面义位消失，这与下面提到的由一正一负两个语素构成的词语整体词义向负面性发展的单向倾斜式有异曲同工之处。

C. 单向倾斜式：它们由两个义素义刚好处于正负两端的语素构成，多数是正面语素在前，反面语素在后，但成词后整个词的词义向负面倾斜，或进一步引申出负面义，如：

---

① 可以看成语言学界的格雷汉姆原则（Trask：2002，45）中的一个小类，但与“gay”等不同。

好歹[1]：指危险（多指生命危险）。

甘苦[2]：在工作或经历中体会到的滋味（偏指苦的一面）。

缓急[2]：［书］急迫的事；困难的事。

是非[2]：口舌。

褒贬（轻声）：批评缺点；指责。

恩怨：恩惠和仇恨（偏指仇恨）。

此类义位有一个显著的特征，作为负面意义的它们同时还有一个正负两端义素义相平衡的义位存在，如“甘苦[1]”比喻美好的处境和艰苦的处境；“好歹[1]”指好坏；“缓急[1]”指和缓与急迫；“是非[1]”指事理的正确与错误；“褒贬”还分离出了一个同形词，指评论好坏，两者只在“贬”字的读音上有细微区别，一为原调，另一变调为轻声而已①。从语素构成的情况看，则正负义平衡的义位可能是元义位，而向负面义倾斜的义位是后起的——一种由倾向性负面义发展而成的义位。

恰好由正负两极语素构成的词语在汉语中为数不少，此类个别词语在实际生活中似乎也有通过向负极方向倾斜而发展出负面义或多用于否定性语境的趋势。如：

轻重[3]：（说话做事的）适当限度。

此语实际上强调的是某事的重要性，且在成句过程中有与“不知”搭配的结合性倾向，实际用例中多用来表达负面性的评价，从《现代汉语词典》（2005 年版）中所举的常用例“小孩子说话不知轻重”可以看出这点，至于词典中的释义没有关于负面义的说明似乎可以讨论。他如：

炎凉：热和冷，比喻对待地位不同的人或者亲热攀附，或者冷淡疏远。

此语常用于“世态炎凉”的组合，当人们形容某人看透了或饱尝了世态炎凉时，在语用环境中多数强调的是受人冷落的一面，下面两个义位也类似：

---

① 我们认为变调只是口语习惯，应将其看成完全同形同构的不同义位。

冷暖[2]：指世态炎凉。

深浅[2]：比喻分寸。

说话没深浅。

D. 重新分析式：它的实质是部分或完全抛弃原来的意义按照造词者的意愿对原外部表现形式的组合成分进行重新组合解释。原来的形式可以是已经定型了的词，也可以是一种较稳定的组合关系。

作为组合关系的原形其意义多数是组合成分作为独立完整的词义自由地组合生成，且组合成分的独立意义也能从整体中了解到，当人们抛弃原来的组合义，利用其组合成分的其他意义作为语义基础对这一组合形式做出新的分析时，可能会产生负面义。如“居心”原指“安居之心”，见《吕氏春秋·上农》：“皆有远志，无有居心”，高诱注：“居，安也”；后又指“安心”，见《后汉书·公孙述传》，“使西州豪杰咸居心于山东，发闲使，招携贰，则五分而有其四”，后来方指“心地、存心”，其负面义后起，是对原词义重新分析后再因语用习惯而来。

其他如：

狂狷、奉承、挑拨、逢迎、穿凿、附会、敷衍、成心、一味、勾当、安心[1]、得计、得手

对原词的构成成分进行重新分析有时是受到特定文化语境的影响，不少词语原本都与某一特定文化语境密切相关，如“狂”“狷”在《论语》中分别是两个很重要的定义，它在儒学语境中无负面性。又如“吹嘘”出于道教、“想入非非”出于佛教，它们在道、佛教语境中俱无负面性，这一问题将在第四章讨论文化对词汇负面义的影响时展开。

（二）外部调整

布龙菲尔德（1980）和伍铁平（1984）已谈论到了语义感染的问题，将其用于褒贬义生成讨论的有：周荐（1985）提出搭配可能产生感情色彩的感染，并提出“从显示”的表达色彩，即“在词与词的固定搭配组合中受与之搭配组合的词所具有的表达色彩的感染而实现的表达色彩”（周荐，2006：157）；谭达人（1993）也提到在感染的作用下，用成的褒贬义词可以向造成的褒贬义词转化；刘缙（1993）的统计显示有5%的褒贬义因搭

配而来。我们将上述情况归于外部调整生成的负面义。

不过外部调整方式不仅仅是搭配感染。有时，人们基本沿用了原词的意义，但是人们对其所持的态度或使用的条件有所改变，并以语用习惯的方式将此种态度或用法固定下来，同时进一步将负面性限定凝固到词义内容中去，这也是外部调整，前面提到的蕴涵式负面义和规约性负面义主要因此而来。在多数情况下，所谓外部的调整表现为词义的构成成分或所指本身都没有什么负面性属性内容，但人们在运用时加上了不少负面性的语用条件限定，如将其进行抽象化或作为喻体用于其他领域生成了负面义：

粉墨登场、旗号、幌子[2]、保护伞、上蹿下跳[2]、老皇历、护犊子、粉饰、把柄[2]、墙头草、蚕食、鲸吞、死灰复燃、倾巢、铁公鸡、包袱[3]、恐龙、巢穴[2]

又或是将其适用的指称对象、习惯搭配的共现对象局限固定为具负面属性的，如：

同伙[1]、同伙[2]、得逞、巴结、图谋、包养、深重、当道[2]、宗派[1]、发泄、肆意

再或者人们对特定词语所描述的情形、言行、论述的道理的看法有了负面性的转变，或采用了对立的视角对其做出负面性评判，如：

八面玲珑：形容非常世故，各方面都应付得很周到（含贬义）。

从词义内容上看它并没有含有什么负面成分，其负面义来源于言说者对这种圆滑的为人处世态度的负面性评价，而此种负面义评价成分不仅存在于言说者的主观意识领域，还外化成了对适用对象的负面性限定，并成为固定了的语用限定条件。

可见，大部分蕴涵式负面义和规约性负面义基本上都是通过外部调整生成的，主要体现在指称和描述动作或性状时对所指称的对象、所描述的动作与性状有负面性的评价态度，并外化为对指称对象的关联主体的负面属性限定。这类表指称的如：

事态、势焰、气焰、流俗、嗜好、手段[3]、顺民、私情[2]、万事通、气味[2]

它们都对其指称的适用对象加上了负面性的属性限定。

描述动作或性状类如：

树碑立传、挖空心思、耍笔杆、贪生、少年老成、为所欲为、拜倒、老于世故、饱食终日、胆大包天、表功[1]、表现[3]、表面光、搬用、把持[1]、恩赐、顶礼膜拜、歌功颂德、明火执仗、包办[2]

就词义内容而言，这些词语所描述的动作或性状从人们的一般心理和生活经验来看是不具负面属性的，但在语言生活中，它们或是具体关涉成分有负面属性的限制，或是整个陈述赋予了关联主体有负面限定的负面性评价，从而都具有负面义。

很多语言外在因素的影响都会使人们对某一特定词语意义的感知与判断发生负面化转移，有时人们对某词的指称对象的态度发生了负面性倾向变化，将其局限用在对此持否定态度的人、事、物上，都可能会让词语生成负面义。外部调整产生的一个重要原因正是实际生活中不同的社会现象会带来各种各样的心理与认识上的变化。如“大爷（轻声）”本用来尊称年长的男子，可是有时这样的人会因别人的尊敬而生出傲慢举止，后便用“大爷（阳平）”来指称“不好劳动”“傲慢任性”的男子，类似的如用“大少爷”来指称好逸恶劳、挥霍浪费的青年男子，其他如近一二十年来形成的用以指称家里傲慢任性的小孩子的“小皇帝”“小祖宗”。

又比如外来文化感染，黄色本在中华传统文化中绝无负面性相关联想，但现代汉语中由于受英语的影响，以“黄色”或“黄”表示与淫秽相关的人、事、物。

第三节　词汇负面义的生成模式与确立条件

若以构词者主观能动性的介入程度强弱为基准，次生型负面义又可分为故意生成与无意生成。故意生成的词语负面义其成词保留、彰显负面义判断主体对词义的理解与认识，此类包括部分词义引申和组合构词，其他如隐喻构词、典故词的生成、詈词、谦词、贬称等中的一部分。无意生成的词语负面义的生成仅就原来的材料翻译、习用或无意在语用环境中沾染而来，如外来语与外来文化的影响、共现语用环境的影响等。

一 词汇负面义的生成模式

考察无意生成与有意生成的词汇负面义的实现过程，大致可以总结出汉语词汇负面义的生成模式有以下几种：隐喻式、分立式、限定式、感染式、提取式。

隐喻式的讨论在上节“关联引申式”部分已进行了相当充分的说明，提取式主要针对的是传统的典故词、成语，如启功先生关于广义的典故所云（1997：95）[①]，该词只相当于一个检索信号，具体内容的理解与运用须以此信号检索出原内容并对当前的内容进行匹配对应，在上节的“缩合式”构词中能找到很好的对应，下面主要讨论分立式、限定式和感染式。

（一）分立式

词汇负面义生成的心理基础首先是人们的负面性情绪态度，概念性的词汇负面义表达的是人们在通常情况下普遍抵制、规避、贬责的具体的人、事、物及相关言行、活动，不希望遇到的场景、状态等，也包括负面性属性判断的抽象观念。它的确立与生成受到人们共性心理原则的影响。对于一般人而言，判断人、事、物属性是正或负有两大基本原则：“排斥异己”“趋利避害”，它们主要用于确立立场与视角，通过甄别、划分界限与类属，从而确立与对立方间的对立状态，表达相应的排斥、抵制等态度。

对于绝大部分有意生成的词语负面义来说，它的确立前提是生成者有一个主观性的立场与准则，并在此基础上产生分立，分立可以是一种常规性质的对立，如二元法的对立包括权势地位的对立或是非对称式的立场分歧；也可是一种非常规的求变式分立。相对前者而言，后者的稳定性和普遍性都不够，它主要是在已知的分立中为了突出自己而重新确立新区别的一种分流方式，如“文化大革命”时期的“造反有理”等。

同样的原则也适用于语用过程，若人们在进行指称或陈述时其对所表

① 启功：已发生过的一件事，已有过的一件物，已说过的一句话等等，被后来人用作说明问题的材料时，就都成为典故了。……把故事压缩、提炼，用少数词、句来代表它，便是用典。

述的对象已提前确定了一种对立立场与视角，对立立场决定的抵制性态度会形成先入为主的否定性情绪与观念，从而影响整个词义的判断，使词语带有负面义。

二元法的对立主要以排斥异己为例，多数情况下原指称所涉及的事、物、性状特征等与人无关联，本身无负面性意义，但它被用于与人相关的情形时，往往带有负面义，特别是不少指称动物相关物、事的词语原词义（包括词义构成）中没有负面义，包括文化潜义（详参第四章），当它们作为某种隐喻或借喻用于人时多数会生成负面义，如“牛马”“禽兽”“巢穴[2]”“老巢”“老窝”“倾巢出动”“鸟兽散”“卵翼”“上蹿下跳[2]”等。出现这一现象的原因可能是人以万物之灵自视，自要高出动物一等，即人们在进行最初的判断时已确立了所指称的对象动物般的地位，如此作为判断者自然在立场与视角上都有贬低、鄙视所指称的人的可能性及权利，生成的词义具负面性也很自然。

排斥异己原则运用于人类社会时最集中的反映是人们的社会认同与区别问题，在多数社会中，人们要排斥的不仅是低一级的动物界而已，人类也要区分不同的所属群体，不少群体之间存在对立抵制情绪。以“敌人”为例，它的确立必须事先在己方与敌方间形成所属集团的分化，确立二者的对立关系，而在此种立场与视角的影响下，己方对敌方的敌意是自然的也是必然的。汉语中有不少词语是针对对立的一方而使用的，如：

虏获：俘虏敌人、缴获武器。

其他如：

出卖、背离、背叛、叛逆、叛卖、叛逃、叛乱、叛徒、包抄、严打、奇袭、歼灭、捣毁、抵抗、消灭、清剿、清洗[2]、肃清扫荡、鞭挞、克复、抗击、抗战、讨伐、讨平、平定[3]、取缔、打倒[2]等

这类词为数不少，像“清剿”“清洗”[2]“肃清扫荡”“取缔”和表斥责意义的“斥责”“呵斥”“教训”等体现了关涉对象双方间的权势关系，其负面义的生成与指向较为复杂，且其指向成立与否和真值条件有时有关，有时无关，具体分析详见第三章对权势关系与词汇负面义指向的讨论。

非对称式的立场分歧主要是针对与言说者有负面性情感或态度的一方而使用的词语，它们的负面义的生成在很大程度上也因事先便已确立了不认同对方的立场，于是多数只用于言说者有不满情绪的对象，如：

死心塌地、得逞、吹鼓手、看风使舵、流窜、独吞、养尊处优、求全[1]、尊容、嘴脸、拉帮结伙、风头[2]、阿谀、论调、道貌岸然、文绉绉、明来暗往、日薄西山、如丧考妣等

物种差别之外，人们对其他集团的整体性的敌视视角还可以在民族、阶层、地域等分类条件的差异情况下出现，由于对立立场与视角的限制，特定一方指称对方及与对方相关的对象的词语中都内置了某种负面性的属性限定，所谓“非我族类其心必异”，最明显如历史上汉民族与其他少数民族间的敌对使汉语中本是指称其他少数民族的“胡”和“蛮”生成的大量含“胡”和含“蛮”的词串都有负面义，如：

胡说、胡来、胡言乱语、胡闹、蛮干、蛮横、野蛮、蛮不讲理等

（二）限定式

人们在使用词语进行表述时可以采用的立场与视角有两类，一类是非定位式的；一类是定位式的，如前文提到的对立立场与视角。若对立立场与视角没有确立，或是不强调此种已存在的对立关系，则采用非定位立场与视角，人们通过相关准则对词义内容进行判断匹配，也即从其词义要素中确立负面属性成分的存在并生成相关负面义，如：

明火[3]：指点着火把（抢劫）。

明火执仗：点着火把，拿着武器，公开活动（多指抢劫）。

这两个动词的主要动作和动作关系对象、所使用的工具都没有负面性，让此二词具有负面义的是一个隐含的动作或称目的“抢劫”，也就是说，二词的词义中对它们的隐含性动作做了负面性的限定，使两个词语生成了负面义。

有时，在对相关人、事、物的活动表现、性状描写进行评价的过程中，人们的共性心理还有“过犹不及”的原则，它会发挥与“排斥异己”

“趋利避害”原则类似的作用，如：

吝啬：过分爱惜自己的财物。

雕饰[2]：指过分地刻画修饰。

“爱惜自己的财物”和“刻画修饰”本无可厚非，但其被判定为处于“过分”状态后负面义就明显地显露了出来。表示某行为举动过度、过分类的词语还有“吝惜”“大惊小怪”“雕琢[2]”“掂斤播两”“斤斤计较”“娇滴滴[2]”等。对于某种行为举动是否过度由判断者的主观准则决定，该现象可以理解为某一特定词义经由判断者对比集体普遍意识中存在的判断准则后，被判定为“过度”，从而被加上了这一负面性的属性限定，生成相关负面义。

总的说来，相应的属性限定存在于两个方面，一是前提条件限定，它为生成相关的负面义创造出适当的符合相关认知心理或社会文化理念的背景条件，对立立场与视角的确立可以理解为对使用对象的条件限定；二是直接的负面属性限定，它通过在已有的词义背景条件下对某些要素做出负面性的限定而完成生成词汇负面义的关键步骤，前文所举之例即属此类。

1. 前提限定

前提限定的内容很多，各具体要素的要求在具体的词义中也各异，这里主要讨论前提限定的总体倾向——适用主体限定。此处只讨论对适用主体所做的条件性限定而非直接的负面属性限定。

考察词语中同一词条下不同义位的分布可以发现，很多多义词都有相关的负面性义位，且常用词语中的绝大多数都会分离出至少一个具负面义的义位，请看下面 34 个单音节常用动词（词条后括号中的第一个数字代表该词条的义位总数，逗号后的数字代表词条中带负面义的义位数量）：

作（7，2）、走（11，3）、坐（11，2）、摆（7，2）、发（17，1）、吃（8，3）、招（7，2）、抢（3，1）、拿（9，3）、扭（6，2）、弄（4，1）、耍（5，2）、充（5，1）、收（8，1）、拍（6，1）、拉（13，3）、打（24，2）、挑（2，1）、晾（5，1）、抖（5，2）、串（9，2）、揽（4，1）、揭（5，1）、搅（2，1）、顶（12，1）、捞（3，1）、拦（2，1）、捣（3，1）、丢（3，2）、调［2］（2，2）、拧（3，2）、流（9，2）、笑（3，1）、说（6，1）

可见这34个常用单音节动词都含有至少1个负面性义位，它们的负面义位意义内容繁多，但作为动词，它们有一个共同的特点：都以人或与人相关的个体或社会活动为动作承受对象，同时有伴生的方式、前提或对象属性的限制。通常表“承受”“遭受”类动词的动作承受者都含有“受伤害”“有损失”等负面内涵，这可能符合人类有主观能动性不愿处于被动地位的常规意识，此种心理的制约为上述常用动词将人作为承受者的相关义位生成负面义提供了认知心理依据。

一些最常见的物质名称常会引申出有表性状义的义位，这些义位中有不少具有负面性义位。如：

村（3，1）、板（8，3）、油（5，2）、浪（5，1）、铁（7，2）、木（7，2）、土（7，1）、火（10，2）、毛［1］（8，4）、毛［2］（3，3）

它们的负面性义位和适用对象有一个相似之处，即基本上用于形容人或与人相关的事物的性状特征，如“油”指油滑，主要用来形容人的言语或处事方式。其他的如“村、土、板、木、浪、铁”都可以用来表现人的属性特征类，另外“板、火、毛、铁”也可以用来形容人在某一时刻的情绪或表情。

尽管上述单音节常用动词与基本物质名称做表性状词的负面义位的适用对象限定本身不是负面性的，但它为将这些动作或物质的属性特征投射到对人行为处世的评价认知域并产生负面性相关联想创造了条件。

解海江、张志毅（2003）在对《现代汉语词典》义位的褒贬陪义进行注释时就已注意到，有“用于人时含贬义”的情况。我们认为，如果某词的原义主要适用于非人的动物或无生命的物体，新义却将其适用对象限定为人时，如果该新义因此激活了人们认知心理中的排斥异己机制，确立了新的适用主体“非人”类属的话，新义位就具有负面性。周荐（1985：80）指出，一些词本用于指称人以外的其他事物，由于后来转用于指称人或与人相关涉的一些事物，便具有某种贬义色彩，如“嘴”“豢养”即是此例。此点在动态语用上也有同样的效力，如用于计量动物的量词“窝”“窠”在用于人时有负面色彩（何杰，2008：94）。

2. 负面属性限定

负面属性限定是决定词汇负面义生成过程的重要步骤，它可分为原域中的属性限定与转域后的属性限定。原域中的负面属性限定主要对词语适用的某一项或数项因素进行限定，可以是负面性的适用主体、类属、前提、方式与事或结果等，从而使限定后的义位有负面性。转域后的负面属性限定的情形比原域限定要复杂些，它首先要对原域中的相关要素与认知框架进行提取，并使转域后的新适配对象进入旧的认知框架后与原来的某要素属性相似，产生新的负面性认知，从而生成负面义。

对于表示名物的词语而言，它们的类属多数是没有正负面信息的，表名物词所具有的负面义主要由相关的种差限定中的负面性而决定，如：

习气：逐渐形成的不好的习惯或作风。

意外[2]：意外的不幸事件。

二词均是因带有对所指称类名的负面性种差限定“不好的”和“不幸”而生成负面义的。

表示动作行为的词的负面属性限定情况稍微复杂一些，比照一个词语中含负面义的义位与其他义位的语义内容的差别方便我们看出关键性的负面属性的类型与差别。如：

组 1：

说话[1]：用言语表达意思。

说话[4]：指责、非议。

组 2：

下药[1]：（医生）用药。

下药[2]：下毒药。

两组词中的核心意义一致，第一组都是用言语表达意思，不过“说话[4]”所表达的意思为负面性的态度、意见；第二组都是拿药给别人吃，不过“下药[2]”强调的是有杀伤作用的毒药，两组词中限定的都是动作关系对象的属性。

对动作关系对象属性的负面性判断有时不是直观的，需要有相关社会文化心理背景知识的辅助，如：

拉客[1]：（饭店、旅店等）招揽顾客或旅客。

拉客[3]：指招引嫖客。

二词从整体性质上看是相似的，都是服务业服务方招引服务对象，他们的动作对象的类属都是客人，二者只有行业的区别，但正是“拉客[3]”的对象属性从社会伦理角度上看是有负面属性的，当然，施动者所从事的行业的非法属性也是一个隐含的负面性限定。

对与动作相关的其他要素做出负面性限定也会生成负面义，如：

牵连[1]：因某个人或某件事产生的影响而使别的人或别的事不利。

牵连[2]：联系在一起。

就互相有联系而言，“牵连”的义位1与义位2的语义基础是相似的，但义位1中限定的动作影响效力与后果（“不利”）使整个义位具有负面性。

圈拢[1]：团结；使不分散。

圈拢[2]：拉拢。

该词的两个义位都有“和某些人关系较好”的语义基础，但义位2中的动作目的“对自己有利”及动作方式“运用一定手段”有负面属性限定，于是生成负面义。

有负面义的表性状词的负面属性限制主要出现在性状特征部分，如：

没羞：脸皮厚；不害羞。

高高在上：形容领导者不深入实际，脱离群众。

不过，在很多情况下，该特征或性状只对某一类的适用对象才会生出负面义，如：

飘零[1]：（花、叶等）坠落；飘落。

飘零[2]：比喻失去依靠，生活不安定。

“飘零”义位1中适用主体花、叶、雪、雨等的坠落是自然现象，无明确负面义。但义位2袭用了义位1中由上至下这一趋势，并转域至用来指人后才具有了“失去依靠，生活不安定”这样的负面性状态，整个词义便有了明显的负面性。

通常直接对适用主体、动作、动作关系对象、方式、结果的属性所做的负面限定会使生成的负面义较为显著，而对相关场景、前提等的负面属性限定生成的负面义程度明显降低。有关负面属性限定的语义角色与负面义的关系详见第三章对负面义关涉要素的讨论。

人们对特定词语的负面属性理解直接与否也会影响所生成的负面义的明显程度，有的负面属性限定如“拉客[3]”的理解是间接的，须有一定的社会常识作为基础。

负面属性限定有原域和转域的差别也说明了负面属性的限定有时间场合的差异，它可以是在造词时通过选取不同的构词语素直接产生，或是在理解过程中因相关概念定义本身就具有的负面性要素投射到相关语境而产生，也可以是词语在使用演化时因某种类型的调整而产生。

（三）感染式

感染式是指某一词汇在语用中习惯或倾向于与特定的负面义成分或语境共现而感染上其共现成分或语境的负面义，它首先是生成组合倾向式的负面义，若此种共现组合进一步定型发展会生成蕴涵式的负面义。我们将在第三章第三节和第五章第二节就它的生成与实现的具体方式展开讨论。

在生成汉语词汇负面义的五种模式中，除分立式外，隐喻式、限定式、感染式、提取式都可直接对应生成汉语词汇正面义，故分立式当是汉语词汇负面义生成的特殊模式，但它亦可以通过立场对换的方式间接地生成汉语词汇正面义。由于隐喻式、限定式、感染式、提取式的新义生成没有明显的决定性排旧因素，故此实际上一个词条下正负意义共存是普遍的现象，相关讨论将在第五章第一节展开。

再者，各模式间也无明显的排他性，故此词汇负面义的生成可以以一种模式为主辅以其他模式，如“搅和”“搅动”受事为物时无负面义，二者据隐喻式生成“搅和[2]”“搅动[2]”，受事为抽象的人、事，此时含负面义，这也与分立式模式中人、物分立的关系密切，可以依此类推的还有“弄、耍、抖”等。

二　词汇负面义的确立条件

（一）转域中负面义的确立条件

转域是词义演化的一种重要过程，它指的是原来只限于在某一专业性语域内使用的词语被使用者运用到原专业域以外的其他语域中去。在词汇负面义的生成中，转域也可以看作是一种特殊的整体性限定。词义在转域使用时，无论原词义是否具有负面性内容，它的某部分属性特征会在新使用域的条件限定下进行重新分析与评价，若是新的使用域中的认知心理模式或社会文化态度对原属性特征有负面性的评价，则新产生的词义就会带有负面义。如“冷血动物”是生物学对变温动物的俗称，原域中只用来指称体温会随着外部环境的变化而快速变化的诸如蛇等类的动物，当使用者将其用于生物学之外，用来指称人时，提取出的只是原义中“冷”这一属性特征，由于一般的社会道德与行为规范普遍认为待人冷淡是不好的，是缺乏感情的表现，所以用“冷血动物”指没有感情的人，带有负面义。

提取原域中的关键性属性与新域进行融合是转域时生成新词负面义的一个关键步骤，提取出的属性要素必须在新词域的认知背景下能生成负面性判断才会产生负面义。在一般情况下，提取原域在人们一般认知心理中倾向负极的属性要素或已具有明确负面性的相关属性要素会方便在新域中生成负面义。前者如“飘零[2]”和“下坡路[2]”的由上向下的运行趋势，或是如“低潮[2]”处于低级阶段的状态和“拆台”的拆除并使某物毁坏消失的行为等；后者如转域后的“红牌”提取原域中的犯规被罚的特征，转指“因违章或违法而受处罚”，负面义不变。另如：

透支：

义位1：存户经银行同意在一定时间和限额之内提取超过存款金额的款项。

义位2：开支超过收入。

义位3：预先支取（工资）。

义位4：比喻精神、体力过度消耗，超过所能承受的程度。

“透支”前三个义位中可以提取出来的共同语义要素为：已有的金钱不足，与客观或主观需求形成矛盾。新域中提取现有情况无法满足需求的属性限定，转用在人的体力或精神方面，负面性保持不变，生成新的负面义。

转域过程中属性特征的提取还可以只是构成新域的认知与理解背景，其负面属性是新赋予的限定，如：

出笼：比喻囤积的货物大量出售，通货膨胀时钞票大量发行，也比喻坏的作品发表或伪劣商品上市等。

保护伞：比喻可以起保护作用的有威慑力量或有权势的人（多含贬义）。

原域中的“出笼”主体是刚蒸好的馒头，转域后提取了“新出现”“刚出现”等特征，还兼有蒸好的馒头在体积上比原来膨胀了的属性特征，但将其限定于负面性的前提（囤积居奇或通货膨胀）、主体（坏的作品或伪劣商品），从而才具有负面性。而“保护伞”提取原域对某人提供保护这一特征，转域后添加了保护主体的负面属性限定，并暗含受保护者或其行为的负面属性，整体上有负面性。

概括地说，转域生成负面义的流程如下：

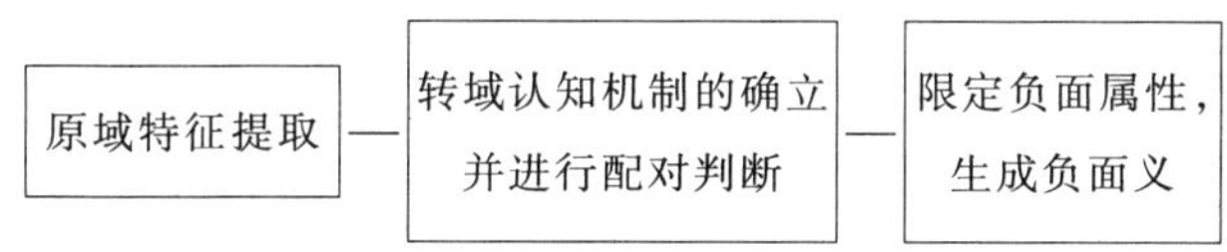

如：

飘飘然[1]：轻飘飘的，好像浮在空中。

飘飘然[2]：形容很得意（多含贬义）。

“飘飘然”义位 2 截取了义位 1“轻、浮”两个特征，将其用于人物评价体系中关于举止的评价场合，由于汉族认为做人以沉稳踏实为上，言行举止不庄重、轻浮为下，感到满意时更应注意言行，不可过于随便，而“轻”“浮”即是此种不注意言行的不庄重的体现，于是这两个属性特征在传统社会道德观的观照下有负面属性，生成了负面义。

总之，某义位的负面义生成离不开辅助性条件的限制。辅助性条件限定本身可能不具负面性，但在转域中常常是必备条件，主要是帮助激活关键的性状特征在转域后的认知框架中生成负面义。

（二）语用高频

此处讨论的语用高频指的是某个特定义位的频繁出现，它使个别的词汇负面义从特殊言语表达变成一种普遍性的语用习惯，任何词语的传播都需要语用频率的保障，相较有意生成的负面义而言，语用高频对无意生成的负面义影响更深远，是无意生成的负面义在生成过程中的关键。外来文化语义的影响与渗透也只有达到一定的量才能被接受并传播，而共现成分之间的感染没有语用高频也是无法完成的，更无法凝固成为词义的相关义素特征。

从某种意义上说，语用高频相关共现成分的负面属性也可以看作是对某一义位在组合要求上的负面属性限定，如：

善类：善良的人（多用于否定式）。

此人行迹诡秘，定非善类。

听信［2］：听到而相信（多指不正确的话或消息）。

从词义构成来看，“善类”和“听信［2］”都没有任何关于负面义的暗示，无法解释所隐含的负面义的生成理据，其相关负面义的来源与感知确实只能由外在的语用高频提供并保障其实现。对于组合式的负面义来说，无论是形式上还是语义上的负面义，它们都来源于共现成分而非其词义本身，语用高频则是实现这种从语境共现的负面义向生成词义负面属性限定过渡的必要条件。

总的说来，词汇负面义的生成一般需要确立某种立场、视角（多数是对立立场与视角）和相关评判原则，再在它们的作用下建构有特定属性限定（包括前提、负面属性和条件限定）的词义框架并对其内容进行匹配，然后在一定的社会心理认知条件下激发出相关负面义。语用高频则是使生成的负面义定型并得以传播开来的重要保证。

第四节　汉语词汇负面义的结构方式与表现形式

本节主要讨论由构词法生成的词汇负面义，也即前文所提到的建构式。词汇由相关语素组合生成，从语素到词的建构必须符合相关的构词法规则，同时还涉及构词语素间的相互关系以及相应的表现形式等。

一　以负面语义素为主导的结构方式

对词的褒贬义与构成语义素的关系讨论比较细致的是刘缙（1993），

他的统计指出，在词语的褒贬义中构词语素本身带有感情色彩的占80%（不带的占15%，搭配产生的占5%）。尽管刘缙的研究是以褒贬义词条为基点展开的，但这个比例仍说明了语素负面义对构成词语负面义起到了重要作用。

（一）负面性语素

具有负面义的语素主要来自下面几类：

一是基本概念性负面义的成员，它们在所有负面义语素中所占的比例很大，负面义较强而稳定，有很强的构词能力，如：

坏、恶、劣、差、错、弱、苦、臭、烂、废、难、笨、傻、呆、蠢、愚、拙、恨、怨、怒、嫌、惧、死、残、伤、病、瘟、疫、灾、祸、劫、难、屁

二是定义式概念性负面义中的单音节的常用负面义，它们中多数的负面义明显且较重，所构成的词语负面义也非常显著且稳定，如：

奸、邪、妄、歹、淫、佞、讹、伪、败、卑、暴、鄙、虐、害、犯、贼、痞

三是所有的潜在负面义，如“阴、浅、薄、沉、末”等。

四是通过语义引申、词义转移等形成的负面义，此类负面性语素如：

捣^{3}、打^{3}、收^{7}、落^{4}、货^{3}、木^{5}、漠^{2}、作^{7}、提^{6}、刻^{6}、流［1］^{4}、偏［1］^{2}

此类负面义的明显与强弱程度不一，且各自在构词上的能产性强弱也各异，如“收^{7}”只构成了“收监”，而“落^{4}”构成的却有“破落”“沦落”“败落”“零落”等。另外，不同的负面性语素在构词时有构词形式上的偏好和差异，有的可以适应不同的构词形式，有的则不能，如“刻^{6}”多出现在并列结构中，“漠^{2}”可用于偏正结构或是并列结构中。

此类负面义语素当中还有本身没有很具体的意义，近似于含负面义的词缀的，如“头”用于指某类人，构成的词语多数含负面义，有“对头”“滑头”“姘头”“油头”“噱头”等。

通过语义引申、转移等生成的负面语素本身还在不断的变化中，不

断有新的成员加入，如因外来文化影响生成表示与淫秽相关的词“黄色”，在成词中紧缩成“黄”，构成了“涉黄”“扫黄”“贩黄”“黄碟”等新词。

负面语素义与中性语素义在构词过程中，有时有选择性的语义范畴组合偏好，一些中性的语素可能会倾向于与某个负面性的语义范畴的语素结合，并有偏好的结构关系，使得由其所构成的词语中整体上具有负面性倾向。如“惯”，倾向于与表示不法行为类的语素义结合，生成“惯偷”“惯犯”“惯贼”“惯匪”“惯窃”等，没有与正面性的语素结合的习惯。又如“抱”，倾向于用动宾结构与负面语素义结合，特别喜欢与表示负面性情感态度的语素相结合，还生成一定数量的同构同素义位：

抱病、抱头鼠窜、抱残守缺、抱薪救火、抱佛脚、抱粗腿、抱不平、抱憾、抱恨、抱愧、抱歉、抱屈、抱冤、抱怨

（二）负面性语素的结构关系

刘缙（1993）在讨论词的褒贬义与构词语素义之间的关系时指出：在构词语素义带感情色彩的双音节合成词中，两个语素义均有感情色彩的占60%，组合方式以联合式为主，占90%，偏正式不到10%，其他的更少；只有一个语素义带感情色彩的占全部的40%，其中偏正式约占55%，联合式占30%以下。

本书大致列举数例说明负面语素义在词语中具有的语义结构关系。

偏正关系：

负面语素义为主要性状特征修饰不带负面义的对象的，如：

胡说、丑闻、偏见、罚单、困境、缺点、废物、畸变、赝品、噪音

负面语素义表示方式的，如：

骗取、庸碌、白搭、讥笑、篡改、窃取、洗劫、滥用、躲懒、狡辩

负面语素义为修饰限定对象的，如：

后怕、潜逃、家贼、内鬼、汉奸、世仇、宿敌、内讧、时弊、偏执

联合关系：
两个负面语素义并列的，如：

死亡、残废、奸诈、邪恶、腐败、暴虐、恼怒、诽谤、脆弱、卑贱

负面语素义使另一个无负面义的语素义也往负面性发展的，如：

平板、笨重、残余、推诿、教训[1]、松懈、豪强[2]、沉滞、煽动、执拗

动宾关系：
负面语素义为动作关系对象或对象属性的，如：

结仇、揭短、发愁、缉毒、受贿、造谣、作孽、撒野、抹黑、说谎、闯祸

负面语素义为动作的，如：

冒名、丧气、误工、惹事、违法、伤人、煞风景、叛国、拗口、刺耳

主谓关系：
主、谓组合关系中一般是只有谓语是负面性语素，如：

心悸、气短、气馁、鼠窜、天谴、理亏、心胸狭窄、毛骨悚然、心惶惶、声名狼藉

相对来说，主谓结构更倾向于将两个具负面义的主谓关系联合起来成词，如：

气急败坏、时乖运蹇、力竭声嘶、心狠手辣、天诛地灭、天怒人怨、山穷水尽、手忙脚乱、头昏脑涨、身败名裂、心灰意冷、恩断义绝、理屈词穷

二　汉语词汇负面义的表现形式

（一）相关表现形式

汉语是一种形式特征不明显的语言，词汇层面尤其如此。不过仍

有极少量的词汇的外部构成形式有指示词汇语义的作用，它们曾经受到众多学者的关注，如任学良（1982：102）提出的“加嵌式”，任远（1982）区分的四种表贬义的形式：词尾式（如“不溜丢”“叽叽”）、嵌字式（如分开嵌入“三、四”和“七、八”）、叠字嵌字式及否定式，其他如杜佐华（1997）指出的附加和重叠的方式；詹人凤（1997：79）提到有的形容词后缀也可以表达感情色彩；解海江、章黎平（2004：197）讨论了表颜色词情态陪义的编码方式；周荐（2004：90）提出了“低三下四”“乡巴佬”的构成形式是中缀还是后缀的讨论；段纳（2006）提到了词缀等。综合众多学者的意见，隐含负面性意味的表现形式有：

尾缀式：

“不棱登”“不溜秋”“不拉叽”“巴拉叽”等语音相近，主要出现在颜色词和味触觉后，有：

红不棱登、花不棱登、红巴渣、绿巴拉叽、酸不溜丢、黄不拉叽、白不拉叽、苦不拉叽、滑不唧溜、黑不溜秋、灰不溜秋

叠字式：

ABB 式：

眼睁睁、空荡荡、大咧咧、大剌剌、孤零零、泪汪汪、心惶惶、急匆匆、怯生生、乱糟糟、病恹恹、硬邦邦、恶狠狠、絮叨叨、灰乎乎、硬撅撅[2]、阴森森、阴惨惨

A 巴巴：可怜巴巴、干巴巴、眼巴巴[2]、皱巴巴

A 吞吞：温吞吞、慢吞吞、慢腾腾

A 兮兮：神经兮兮、傻兮兮、脏兮兮

A 溜溜：灰溜溜、酸溜溜

A 哄哄：乱哄哄、闹哄哄、吵哄哄

AABB 式：

拉拉杂杂、拉拉扯扯、松松散散、松松垮垮、唯唯诺诺、磕磕碰碰、吞吞吐吐

间隔内嵌式：

A 里 A 气：流里流气、傻里傻气、妖里妖气、怪里怪气、小里小气、土里土气

变体 A 里 AB：懵里懵懂、糊里糊涂、疙里疙瘩、啰里啰唆

变体 A 里 BC：花里胡哨

其他：乡巴佬、稀巴烂

A 三 B 四：调三窝四、低三下四、挑三拣四、说三道四、推三阻四、丢三落四、颠三倒四、不三不四

应该指出的是，有时字面上符合这一形式框架且整体词义也确实具有负面性的词语不一定是因这一形式而有负面性，如“朝三暮四”。

七 A 八 B：七扭八歪、七嘴八舌、七零八落、七上八下、七折八扣、七拼八凑、七长八短、七颠八倒

变体 1A 七 B 八（A、B 可为同一词）：横七竖八、歪七扭八、歪七斜八、夹七夹八

变体 2A 七八 B：乱七八糟、零七八碎

半 A 不 B：半新不旧、半明不暗、半生不熟、半死不活

没 A 没 B：没大没小、没轻没重、没深没浅、没心没肺[2]、没头没脑[1]

不 A 不 B：

它是最吸引学者关注的负面义表现形式，有关它的讨论甚众。王德春（1983：17）讨论了填入格式的内容语义；周荐（2004：289）认为“不三不四”是两个结构的套用；杨联陞（2006：198～201）以历史学家的眼光对相关结构语义的历史来源等问题展开了讨论并做了论证；甘莅豪（2008）从语用过程中的合作原则、礼貌原则和质的准则及认知心理期待出发探寻构式的消极义的生成原因。

对其相关内容与组合成分的关系讨论较为全面深入的是以下诸位：周小兵（1996）从格式构成、语义组合类型、AB 的排序方式及格式产生原因等方面展开了讨论，将其先从 AB 的语义关系上分成两类，然后将此两类按整体词义与 AB 的关系再分为小类展开论述；王树瑛（1999）将其分为并列和偏正两种，其中并列式又分为五小类；罗耀华（2002）从语义出发将其分为不（A + B），不（AB 泛化扩大范围），A 不 A、B 不 B 三种；邓英树、黄谷（2002）分五个语义类别分析“不 A 不 B”，认为此结构的多种否定意义主要决定于语义聚合关系而非具体的语义，语法类别只有一

定影响，不是决定因素。

结合各家意见，就表示相应的负面义内容而言，本文将“不A不B”式分为四种类型：

①AB是意思相同或相近的词或语素，AB只表示出现的某种状态中的一小部分，整个结构反映出状态陈述者不一致的心理期待：

不痛不痒、不依不饶、不闻不问、不理不睬

②AB是同类而意思相对的词或语素，可构成一个合成词，整个结构表示不明确的、尴尬的某种状态及对此的不满态度：

不明不暗、不伦不类、不上不下、不死不活、不干不净、不明不白、不清不楚、不冷不热

③AB是两种极性无归属关系的词或语素，整个结构表示处于试图截取二者中间的连续端而出现的非常不协调的状态及言说者对此持难以容忍的态度：

不人不鬼、不中不西、不男不女、不洋不土、不君不臣

④AB具有负面义，结构中的否定式完全没有否定性作用，分两种情况：

一是AB拆分后单独一方难以成立的合成词，整个结构表示具有原拆分词义的高级程度：

不尴不尬

二是AB是意思相近的词，整个结构表示意义跟原义一致：

不呆不傻

上述嵌入式的负面义表现形式中，“A里A气”式（包括其变体）是最明确的负面义表现形式，因为它的语义倾向最单一。其他的嵌入式负面义表现形式虽多，就所填入的构词语素在相互关系上来说有两种鲜明的倾向：一是每组填入的两个语素多数可以归入某种语义场，如反义或对义关系、同义或近义关系；二是刚好是一个被拆分的合成词。从这个角度来

说，可能这几种关系的语义场及拆分合成词最容易进入或产生相关的词义表现形式。

三　表现形式的类型

多数研究者都认同将前文讨论的相关表现形式视为一种寓有负面性语义关系的结构，甘莅豪（2008）还将“不A不B”视为一种构式。我们认为，可以稍微拓展一下表现形式的定义，可将汉语词汇负面义的表现形式分为显著形式与半显著形式及不显著形式。

显著形式有形式上的明显标记，且该标记已无表示原语素义的功能，它虽然对能进入该形式的语素有很大限制，但只要能进入该形式，就可以明确地生成负面义，如词缀式的“A不溜秋”“A不拉叽”和“A里A气”等。

半显著形式也有形式上的明显标记，但该标记仍能部分显现原语素义信息，且能进入该形式的词汇并不都体现出负面义，只有一部分符合一定限定性条件的构成语义素在该形式中能体现出负面义，如“A三B四”“不A不B”等。

不显著形式在表现形式上有一定的标记，但仍能充分地表现出原语素义，能进入此形式的不一定都具有负面义，其负面义的生成对填入的成分在形式上要求不大，但于语义有较严格的限制，更适合将其视为一个语义格式槽。

如“自×”结构：

“自×”所组成的相关词串都具有负面意义，“×”本身可以有正面性、中性或者负面性含义。当“×”为负面性语素时，“自×”具有的负面义来源于语素义，不属于格式，在此不讨论，我们讨论的是当有正面义或中性义的“×”符合一定语义限制条件（是隐含评价性质的陈述或蕴涵评述功能的作为）时，进入“自×”格式生成的词语都具有负面义：

定名类：自居、自命、自封[2]

评述类：自夸、自是[2]、自大、自鸣得意

仰仗类：自负、自恃、自用

认定类：自作聪明、自作多情、自行其是、自以为是

定位类和评述类的“×”是表陈述性话语活动的动词，仰仗类的

“×”是行为动词，认定类的“×”是个短语，它们的动作行为方式中都带有评述功能，其共同特征是：作为词素义的“×”本来都不是负面性的，如“夸、大、封²（指加褒扬性的头衔）”等本是具有正面性内容的词素。

从构词语素义来看，这些语素按字面义理解是没有任何负面性的，它们的负面义显然是与“自”结合后才生成的，而且还有一个共同的倾向，就是其负面义可以理解为对整个义位字面义和实施主体“自”的否定。由于反身代词“自”作为成词语素本身不带任何负面性，个别词语因语用习惯形成的负面义也很难同时感染其他的十多个词，这种同一类型的负面义只能来自结构本身。

按这些作为谓语成分的动作多是外视角的具有评判功能的行为动作，一般情况下，“夸、封²、命、用”等应由外于己的主体发出，即常规下“×”的主体是非自己的他人，这与格式中已固定的主体“自”形成对立，违背一般认知规律，产生负面性。

该结构之所以产生负面义可能有着深层的文化原因，即为华夏民族集体主义精神所强调，并实现社会和谐稳定的道德评价模式最主要的倾向就是提倡内敛自省，否定自我褒扬彰显。相关的例证在历史文化典籍中俯拾皆是：如《老子》中的圣人是“自知而不自见，自爱而不自贵”，“自见”意为“自现”，即自我彰显；《论语》中孔子一直不停地称赞内敛慎言的颜回，却屡对自我感觉良好并张扬外露的子路斥之以色，可见华夏民族有鄙视贬低、警惕提防自我彰显的德行评判传统，此传统预设“自”对自己的褒扬肯定性评判不应该或不真实，从而让符合“×”语义限制条件的“自×”结构产生了负面意义。

同理，可以解释为何“自×”词串中同一词的不同义位，有的有负面性，有的却没有：如“自尊”，按《现代汉语词典》释为“尊重自己”，无负面义，但在历史上，当“自尊”解作“自加尊号”即自我尊大时，如《汉书·高帝纪上》：“羽矫杀卿子冠军，自尊，罪二也”，违反封建道统，在概念上具负面性。同理，“自重”中的“重”释为重量时词义无负面性，而释义为“认为重要”时，具有评价含义，套于“自×”格式中，产生负面性。

在外在标记上，像“自×”这样的词汇负面义的不显著形式并不明显，往往不容易从外在形式上与非因此形式生成的词语负面义区别开来，且同一形式与同样的构词语义限定也只是表示有生成负面义的条件而已。但尽管不显著形式在生成词语负面义时严重依赖对相关构成语义内容的限定，这些限定的构成语义内容却都无负面义，且多含正面义，脱离该形式同样的构成语义内容无法生成负面义却是事实，也即此不显著形式才是生成负面义的真正原因。

类似的不显著形式还有“得×”。“得”表获得、实现，当“×”表示某种于人有利的权、利或符合动作发出者意志的行为时，进入“得×”后可生成倾向态度一致的负面性词语，如“得势”“得手[1]”“得计”“得脸”“得宠”“得逞”。

新时期出现的一些词语中也有类似的表现形式生成，如汤志祥（2001）曾讨论了“公×”词族，如“公游”“公吃”“公贿”等，皆含有贬义，认为其结构中寓有“本不该用公费支出的活动费用却用公费支出了”的负面性评价，可以将其视为正在形成中的不显著形式。

第五节　小结

本章主要对汉语词汇负面义类型、负面义的生成方式与条件、负面义的表现方式进行讨论，主要有以下内容和结论：

第一，将汉语词汇负面义从性质上分为概念性负面义、规约性负面义和潜质性负面义三类，并对它们的相关特征与表现分别进行描述与讨论。认为概念性负面义又包括基本的负面义、定义式的负面义、蕴涵式的负面义和命题陈述式的负面义四种；规约性负面义也可再分为态度倾向式和组合倾向式两类。

第二，将负面义按生成方式分为建构式、缩合式和沿袭调整式三类，并分别进行描写，认为：

建构式主要通过两种途径生成负面义：一是以负面语素为主导构词，二是通过一些可表达负面义的外部形式构词。指出若以这些外部形式的显明程度及表现负面义的能力强弱程度、概率大小为标准，则它们有显著式、半显著式与不显著式之分，不显著式可视为一个对填入成分在形式上要求不大，但对语义有较严格限制的语义格式槽。

缩合式通过压缩完整的命题或故事叙述来生成负面义，其在压缩命题或叙事过程时虽说要遵循一定的结构关系的限制，但重点围绕该命题或叙事的主要因素或欲突出的主要内容展开。

沿袭调整式通过对词语的意义或使用条件进行调整而生成负面义，又有内部调整式与外部调整式之分，前者通过关联引申、反向生成、单向倾斜和重新分析四种方式生成负面义，后者主要是在沿用原义的过程中带上了负面性的态度或有使用条件限定，并将其固定下来，从而生成负面义。

第三，词汇负面义的生成一般需要确立某种立场、视角（多数是对立立场与视角）和相关评判原则，再在它们的作用下建构有特定属性限定（包括前提、负面属性和条件限定）的词义框架并对其内容进行匹配，然后在一定的社会心理认知条件下激发出负面义。语用高频则是使生成的负面义定型并得以传播运用的重要保证。

第三章

汉语词汇负面义的关涉、指向与辖域

第一节 汉语词汇负面义的关涉要素与指向对象（上）

一 引言

关于词汇负面义指向问题的讨论目前还处于起步阶段，曹国安（2008）认为，感情色彩义的指向对象即带感情色彩的词语的理性义的指向对象，但此说并未明确指示出相关指向对象的真实身份，且“同一词语的理性义的指向对象是谁，它的感情色彩义的指向对象也是谁”的观点恐怕经不起推敲。真正开始讨论褒贬指向的是李斌、陈小荷（2009），他们将褒贬指向定义为“由褒贬词语的褒贬义所决定的，评价者对褒贬对象的态度在语义角色上呈现的指向性”，认为褒贬义的关涉对象包括评价者、褒贬态度和褒贬对象三者，并指出，褒贬指向“根植于词义，涉及评价角色和语义角色的对应关系……动词在语义平面上形成语义角色的指向性关系，名词、形容词和副词也是在语义平面上对相关的语义角色或配价成分形成指向性关系”。

我们认为，汉语词汇的负面义是一个整体性概念，要对其做具体的讨论需要将其进一步细化。在现实的语言生活中，人们通过运用具有负面义的词汇表达出其对相关人、事、物的负面性态度与评价，也即词汇负面义需要通过特定的语义承担对象来具体表现其负面性内涵和负面态度，前者即负面义关涉要素，后者即负面义指向对象。在本书的讨论中，负面义关涉要素（或简称为“负面义关涉”）指的是一个义位词义内容包括的所有要素中具有负面属性的成分，负面义指向对象（或简称为“负面义指向”）

指的是一个义位的负面义在其词义内容框架中的具体作用点，而在实际语用过程中主要承担此负面义的作用对象即为其负面义指向重心。

对词汇负面义的关涉要素与指向对象、指向重心的分析需要对词义进行详细的描写分析，根据符淮青（2006：67、97、130）的研究，词义的具体描写通常包括以下内容，可以有几种模式：

表动作行为的词释义模式：$A + {}^{b}B + {}^{d1}D1 + {}^{d2}D2 + \cdots\cdots {}^{e}E + F$；

也即：

原因、条件 +（数量、性状……）施动者限制 +（动作 1 的限制）动作 1 +（动作 2 的限制）动作 2 +（数量、性状……）关系对象或关系事项限制 + 目的结果

如：

造谣：为了达到某种目的而捏造消息，迷惑群众。

A：为了达到某种目的　D1：捏造　D2：迷惑　E：消息、群众

它的 D1 和 D2 都是负面性的关涉要素，整个释义呈负面性，负面义指向施动者（释义中未出现）。

表名物词释义模式：tL 式，即：类词语 + 种差，如：

肝火：指容易急躁的情绪；怒气。

t：容易急躁、愤怒　　L：情绪

表性状词释义模式：（n）t 式，即：（适用对象）+ 性状的说明描写，如：

心酸：心里悲痛。

n：心。　　t：悲痛。

它的 t 有负面属性，整个释义带有负面义，该负面义指向 n，即“心”的所属主体。

从上面数例可看出，义位的负面义会通过词义内容中的负面性义素特征表现出来。这些负面性义素特征即本章讨论的负面义关涉要素，相关的负面义关涉不仅是完整表述整个词义不可缺少的部分，更重要的是，它们及其所构成的语义框架对相应语义信息负面属性的确认要求，会对该义位

的语用组合对象的语义范畴及其属性产生特定的限制，进而要求有相应的组合关系与组合方式，以保证实现其负面义的准确指向。

周光庆（2009：39）指出，人们的生活方式和认识图式中的所有这些“经常重复出现的因素”都在很大程度上决定了分类的标准，制约了事物的分类，影响到概念的建构，遥控着语词的产生，成为词义词汇形成的一种内在根据。也即词义的生成与理解都建立在一定的认知语义框架的基础上，词义内容中必须含有的负面义关涉会对其共现成分的正负属性做出直接或间接的相应限制，且词语在运用时必然以认知框架为基础进行组合配对，所以词义负面义的关涉要素与要素义之间的关系会对词语的共现搭配产生明显的影响。

袁毓林（1987）很早就注意到有的动词如“驳斥”“处决”等在语义上对其宾语有褒贬的选择性限制；郭先珍、王玲玲（1991）研究了褒贬义词在搭配上的共现制约现象，指出褒义词、贬义词在搭配中的方向性主要表现在褒与褒、贬与贬之间在语义特征上有顺向性、一致性，而褒与贬在语义特征上有逆向性、排斥性。郭、王的文章重在按结构关系和语义范畴比较褒义贬义词组合的方向性，虽在分类上涉及语义内容，但并没有从语义方面入手展开讨论，袁则认为相关动词对宾语的褒贬限制是因其语义内容逻辑上蕴涵宾语是贬义的前提条件。此种前提条件即为我们所说的负面义关涉。

张志毅、张庆云（2001：211）指出，语义和语用具有同构性，语义运用原则不能游离于语用意义之外。俄罗斯莫斯科语义学派的“意思〈=〉文本”理论认为（张家骅、彭玉海等，2005：23），“谓词语义单位[①]以情景描写为对象，其语义反映必需情景参与者的属性、相互关系以及与之相关的事件。必需情景参与者在相应谓词语义结构中对应的抽象语义参数（主体、客体、工具、手段等）叫作该谓词的语义配价。特定数量与类型的一组语义配价是相应谓词语义单位词汇意义的有机组成部分”，薛恩奎（2006：72）指出：语义配价属于深层结构范畴，句法同现属于表层结构范畴，不能依据表层结构范畴确定深层现象……语义价取决于谓词的词汇意义。语义配价是对一个谓词所表示的“事件”（或情景）的结构

① 原注：词用于特定的一个义项时，称作词汇语义单位。一个词有几个义项就是几个词汇语义单位。

元素和结构元素之间的相互关系进行描写，以确定谓词的语义结构、结构元素的数目和性质。谓词的释义涉及几个语义结构元素，或称语义位（semantic place）、语义变量，表明这是由几个语义变量构成的谓词。

我们认为，要深入讨论负面性义位在搭配组合时对组合共现成分的正负面属性的选择制约问题，必须从相关词义的具体义素特征与语义角色的内部关系入手进行分析。可借鉴“意思〈 = 〉文本”理论的相关内容，将其用于分析动词的释义内容在语义配价中的反映，从而描写负面义关涉要素与负面义指向对象的语义角色分布，并将其反映到共现成分的语义角色与正负属性上。

借鉴符淮青的词义描写模式，本书将通过对带负面义的词义做具体详细的描写，找出其负面属性的体现要素，明确汉语词汇的负面义的组成成分与作用点，区分并讨论汉语词汇负面义的关涉要素或辖域、指向对象与指向重心，探讨负面义的关涉要素所处的位置、所充当的语义角色、负面义辖域的实现方式等与负面义指向之间可能存在的对应关系。

共时语言层面的词汇负面义指向是可以从词义描写中确定的，但在实际运用过程中，语境的制约会从语言层面的负面义指向中进行进一步选择，也即同一词语负面义的指向重心在不同的语境中可以不同，我们称之为负面义指向重心的转移。相对于其他性质的负面义类型来说，组合倾向式的负面义类型的词汇其负面义往往没有非常清晰的身份界限，或是存在于该词的词义组成要素之外，本书将此种负面义的关涉要素称为负面义的管辖区域（以下简称为“负面义辖域”），与组合倾向式负面义相关的负面义辖域及其指向的问题将在本章第三节展开讨论。

二　概念式负面义的释义模式与负面义指向

（一）表名物词的释义模式与负面义指向

表名物词释义的模式：tL，当 t 或 L 中的一项或 t 与 L 同时包含负面性内容时，整个释义带负面性，也即类词语和种差中的一项或二者同时具负面属性时，整个词义一般带有负面性。

L 有负面性内容的，如：

隐衷：不愿意告诉人的苦衷。

t：不愿意告诉人　　L：苦衷

其他如“内奸”“隐患”“民怨”“故障”“惯窃”“毒犯”等。

t 有负面性内容的，如：

窝点：坏人聚集窝藏的地方。

t：坏人聚集窝藏　　L：地方

窝主：窝藏罪犯、违禁品或赃物的人或人家。

t：窝藏罪犯、违禁品或赃物　L：人或人家

二词的 L 虽不带负面性，但 t 都包含负面性内容，因而整个词都具有负面性。

其他如“妄想[2]”“谣言”“狂人[2]”“火气[1]”“害虫”“歹徒”等。

t 还可以是隐含性的，如：

官场：指官吏阶层及其活动范围（贬义，强调其中的虚伪、欺诈、逢迎、倾轧等特点）。

t 和 L 都是负面性的，如：

土皇帝：指盘踞一方的军阀或大恶霸。

t：盘踞一方　　L：军阀或大恶霸

该释义中的 t 和 L 都包含负面性成分，“盘踞”和“军阀”“大恶霸”，整个词义所具有的负面性较强。其他如“火灾”“过失”“顾虑[2]”“劣根性”等。

在 t 与 L 两个要素中，前者带有负面性从而让整个词义带有负面性的占了大多数，也即按符淮青（2006：97）的释义模式，表名物词的释义要素中种差是决定一个表名物词是否具有负面性属性的主要因素。t 包括的语义范畴内容比较丰富，它可以是类词语的本质属性、来源、行为特征等，如：

谬论：荒谬的言论。

t：荒谬　　L：言论

此是种差表基本属性。

教训[2]：从错误或失败中得来的知识。

t：从错误或失败中得来　　L：知识

此是种差表类词语的来源。

民贼：对国家和人民犯了严重罪行的人。

t：对国家和人民犯了严重罪行　　L：人

此例释义中是类词语的行为特征有负面属性。

须注意的是，此处的种差内容指的是体现为词义内容的某一部分意义，而不是构词要素本身是负面性的。有些由负面性构词要素构成的词会因语用修辞等原因演变出正面的意义，如“冤家[2]”用于有亲密关系的人时，“冤”的负面性义素内容并没有反映到整个词的释义中来。

含有负面义成分的表名物词其负面义的指向在表层看来与该词的指称对象一致，由于名词也有一定的配价关系（袁毓林，1999：112），经由其配价关系确定的关联成分，相应的负面义指向可以有更具体的深层所指对象。在对一价名词的研究中，袁毓林（1994：242）提出，一价名词（NPa）在句法中出现时，通常要求另一个名词作为配价成分（NPb）与之共现，NPa 和 NPb 之间在语法、语义上有依存关系。属性一价名词具有一种定向（orientation）的作用，是一种在句法、语义上有配价要求的名词，负面义的指向可通过一价名词的这种语义依存关系进一步具体指向相关名词的所属主体，如：

脾气[2]：容易发怒的性情；急躁的情绪。

t：容易发怒；急躁　　L：性情；情绪

“脾气[2]”是一价名词，它的 t 带有负面性成分，其表层负面义指向整个释义，而深层负面义则指向“脾气[2]”要求共现的所属主体某个生命个体。

表亲属关系的一价名词与此不同，它的负面义可指向的对象有二，一是其本身的所指，二是指向所指时还指向关系主体，如：

狐朋狗友：比喻品行不端的朋友。

t：品行不端　　L：朋友

酒肉朋友：指在一起吃喝玩乐、不干正经事的朋友。

t：在一起吃喝玩乐、不干正经事　　L：朋友

两例中的种差 t 都带负面属性。虽说有“近朱者赤，近墨者黑”的说法，但实际上某人有品行不端的朋友并不代表某人也品行不端，所以前者的负面义指向所指；后者受种差中“一起”及相关负面义素特征的影响，从语义逻辑上可推演出所指的关联主体，即与“酒肉朋友”有朋友关系的人也具有“吃喝玩乐、不干正经事”的属性，故其负面义指向所指的同时还指向关联主体。“同党”“同谋^{2}”“同伙^{2}”与此类似。

二价名词的负面义的深层具体指向也可以是所属主体，如：

野心：对领土、权力或名利的大而非分的欲望。

t：对领土、权力或名利的大而非分的　　L：欲望

t 带有负面性的限定语“大而非分的”，使释义内容从整体上看有负面性，其负面义具体指向对象是具有这种“野心”的某个主体，即某个人。

但二价名词的负面义深层指向会因具体语义内容的差异而有不同的表现，具体情况要复杂一些，如表观念情感类的负面性二价名词：

成见^{1}：对人或事物持的固定不变的看法（多指不好的）。

意见^{2}：（对人、对事）认为不对因而不满意的想法。

顾虑^{2}：因担心对自己、对别人或对事情不利而产生的顾忌和忧虑。

它们的 t 都含有负面性内容，顾虑^{2}的 L 也有负面义，其语义结构都符合下面这一表达式（袁毓林，1999：114）：

观念/情感 N〈某人 NP1　对　某人/某事 NP2〉。

可表示为：NP1 对 NP2 的 N。

其表层负面义指向非常一致，但深层的负面义指向却不太一样。“成见^{1}”的深层负面义一般指向 NP1；“意见^{2}”的负面义可指向 NP2 也可指向 NP1；“顾忌^{2}”的负面义指向亦两可，但偏向 NP2 的成分更多一些，在具体语境中它的负面义重心可以自由转移。

其他语义范畴的二价名词的表层负面义指向与深层负面义指向也是有差别的，如：

欠债[2]：所欠的钱或没有兑现的承诺。

t1：欠　　t2：没有兑现　　L1：钱　　L2：承诺

其中 t1 和 t2 是其负面义关涉，然而“欠”与“承诺”这两个动作本身涉及的主体有二：一是欠债方或做出承诺方；二是借出者或承诺接受方。从表层形式上看，“欠债[2]”的负面义指向其指称对象本身，从深层结构上看，负面义具体指向针对的是有“欠债”行为的欠债方或做出承诺方。这类二价名词的负面义指向与其源于动作词有关，“欠债[1]”是一个三价动词，其做动词时的语义配价关系对负面义指向有明显影响，可参见下节对相关表动作行为词的语义配价与负面义指向关系的讨论。

（二）表性状词释义模式与负面义指向

根据表性状词释义模式：（n）t 式即（适用对象）+性状的说明描写。

当 t 中包含有负面性内容时，整个释义带负面性，也即性状的说明描写具负面属性时，整个词义一般带有负面性。如：

轻薄：言语举动带有轻佻和玩弄意味（多指对女性）。

n：（男性）的言语举动　　t：带有轻佻和玩弄意味

骄躁：骄傲浮躁。

n：（人的情绪）　　t：骄傲浮躁

浪荡：行为不检点，放荡。

n：（人的行为举止）　　t：不检点，放荡

其中 t 带有负面性语义内容，为负面义关涉，其负面义指向 n 的所属主体——某一特定男性或某人。

由于 t 表现的是适用主体，即当事的相关属性，所以如果 t 带负面性的话，n 也同样具有负面性，故表性状词的负面义关涉要素在 t，而其负面义指向 n 或 n 的所属主体。只有极少数表性状词的 n 和 t 同时带有负面属性，如：

寸草不留：连小草都不留下，形容遭到天灾人祸后破坏得非常严重。

n：某处（曾遭受过天灾人祸）　　t：破坏得非常严重

它的 n 有负面性的限定内容，t 也明显具有负面义，其负面义指向 n。

表性状词的负面义指向和其语义配价也存在一定联系。当 n 为零价名词时，负面义指向 n 本身，当 n 为一价属性名词时，该词的负面义指向可以是 n 本身，也可以是其所属的主体，若 n 是与人或动物相关的属性一价名词时，负面义指向 n 的所属主体的可能性大一些。如：

贫弱：贫穷衰弱（多指国家、民族）。
n：国家、民族　　t：疲乏

此处的 n 为零价名词，负面义直接指向 n。

粗糙[1]：（质料）不精细；不光滑。
n：质料等　　t：不精细，不光滑

此处的 n 为一价属性名词，负面义直接指向 n。

疲惫：非常疲乏。
n：（人或动物等的精神体力、身体机能）　　t：疲乏

此处的 n 为一价属性名词，负面义指向 n 的所属主体。

另一个大类是表动作行为的词，明显会对共现成分的正负属性做出限定性要求的也是此类，它们的负面义关涉成分较多，与负面义指向的关系非常复杂，另外，其负面义指向不止一个，其指向重心在实际运用中也容易发生变化，本书将在下一节专门讨论。

在三大类词语之外，人们对其他类型的词语释义模式的研究还较少，相应的，开展其负面义关涉及负面义指向研究有一定的困难，只有李斌、陈小荷（2009）曾讨论“大肆”一词，认为它的贬义指向是说话人对施事的褒贬。本书认为，副词的负面义关涉与其负面义指向的表现情况非常不一致，要结合具体词义内容与负面义类型来讨论。大致说来，有的副词（如表方式、结果等的）其负面义的关涉要素和指向与形容词有些相似之处，可以套用一下表性状词的释义模式，如果该副词的适用对象或相关方式等内容中含有负面性内容的话，则整个词一般会有负面义，其负面义可指向所修饰的动作或是动作行为的主体。如：

贸然：轻率地，不加考虑地。
(n)：适用主体——人……做某事（隐含）　　t：方式说明——t1 轻

率地、t2 不加考虑地

t（其中特别是 t1）有明显的负面属性，其负面义指向适用对象即副词所修饰的行为动作及主体：人……做某事。

徒然[1]：白白地，不起作用。

(n)：适用主体——人或人的某种行为活动　t：方式、结果说明——t1 白白地、t2 不起作用

它的 t1、t2 都含有负面性成分，负面义指向该活动行为本身或是其主体——人。

也有某些副词的释义内容更接近表动作行为词的释义模式的，可以按照动词的释义模式展开要素分析，如：

私自：背着组织或有关的人，自己（做不合乎规章制度的事）。

A：背着组织或有关的人　B：自己　D：（做）　E：（不合乎规章制度的事）

隐含的 E 有明确的负面性信息，A 在整个词义框架中也提供了激发社会普遍性负面评价的补充信息，整个词的负面义指向 B。

无从：没有门径或找不到头绪做某事。

D1：没有　E1：门径　D2：找不到　E2：头绪　D3 做　E3：某事

它的前两个动作与对应的关系对象组合后有负面义，整个词的负面义指向施动者。

还有些副词的负面义属倾向式负面义，如“太[4]”的 c 义位，“很（用于否定，含委婉语气）”，其负面义主要由前面组合共现的“不”表现出来。其他的一些一般通过前后组合成分与语境体现出来，多数含有负面义的连词类如“无奈[2]”等的负面义亦是倾向性的负面义，它们的关联负面义的实现方式、负面义辖域的方向性、指向与一般的表名物、性状或动作行为的词有较大的不同，本章第三节将就此展开讨论。

二　态度倾向式负面义的关涉要素与指向

前文探讨的都是概念式负面义的负面义关涉及负面义指向，相比之

下，态度倾向式负面义的相关负面义关涉和负面义指向的情况有些差别。第二章已提到，它们所含的词义内容没有相关的负面性义素特征，即无直接明确的负面义关涉，但在词义要素之外已有一种对立视角，即对所指称的对象或所描述的行为主体本身已带有负面性态度，其负面义直接指向所指称的对象（所属主体）或所描述行为、性状的施动者或适用主体（当事）。

所以可把事先已确立的对立视角带来的负面性态度看作这些义位的负面义关涉，它们不是具体存在的某个义素，但可以根据所属义位的语义结构的不同，投射到最容易影响整体词义内容的词义要素上去，如：

心术[1]：心思；念头。

此释义模式直接用类词语解释待释词，即“L：心思；念头”。对立视角带来的负面义具体指向它的所属主体——某个人，使人在解读此语时在释义内容中添加了没有出现的 t，并且 t 带有“不好”“邪恶”的种差属性。其他如“惯家”“惯技”“头目”等。

又如：

气焰：比喻人的威风气势（多含贬义）。

n：人　　t：威风气势

n、t 成分中俱无负面性要素，但负面义指向适用对象“人”在特定语境中确定的一个，让人在理解此比喻时多出了一个适用于“n”，可没有出现的含有否定性评价的 t2。“保护伞”“嘴皮子”“奇装异服”“贩子”“云雾”等也是如此。

对立视角是生成态度倾向式负面义的最主要原因，但也有个别态度倾向式负面义的产生主要是社会生活经验带来的普遍性理解作用所致，如：

求全[1]：要求完美无缺（多含贬义）。

D1：要求　　E：完美无缺

D1 与 E 中都不含有负面性内容，整个词的倾向性负面义与对立视角没有明显关系，主要是因 D1“要求”这一动作的关涉对象 E“完美无缺”甚难实现，且在社会生活经验中普遍认为过度要求完美实际上不现实且会对生活与工作有负面性影响，所以整个行为 D1 + E 有负面性，其负面义指向相关行为主体。

狂热：形容一时激起的极度热情（多含贬义）。

n：人　　t：一时激起的极度热情

n 与 t 没有明显的负面性义素，但 t 中的“极度”容易发生负面化转向，此处“一时激起的极度热情”在社会生活经验审视下是具有负面性的，t 不是独立存在的，它往往伴生相关的后继性补充信息：在“一时”的“极度热情”作用下，人们的行为结果为负面性的可能性较高。所以“狂热”多含负面义，其负面义指向 n，即行为主体“人”，且此负面义指向的不是人的属性 t2，而是 n 的具体行为，隐含一个 D1 + F。

由社会生活经验激发的态度倾向负面义在释义内容中如果含有程度或广度的最高级极量限定的要素的话，则比较容易生成此种负面义，这符合人类认识规律中的过犹不及原则，其他如“万事通²”“万金油²”“包打听”“无孔不入”“好大喜功”“处心积虑”等皆属此类。

第二节　汉语词汇负面义的关涉要素与指向对象（下）

表动作行为的词其基本释义模式涉及的要素较多，所属的语义范畴内容也较多，且动词本身的配价亦较为复杂，所以它们的负面义关涉的语义功能与整个释义的负面属性之间的关系不像前面几种那样简单明了，其负面义的指向情况比起表名物或性状等内容的词来也要复杂得多，它与负面义关涉的语义角色、相关义素特征之间存在某种制约关系，此关系明显会对它的共现成分的语义内容与正负属性产生选择性限定。

一　表动作行为词的负面关涉对象的语义角色与负面义指向

表动作行为的词释义模式：$A + {}^{b}B + {}^{d1}D1 + {}^{d2}D2 + \cdots {}^{e}E + F$；

其中：

A：原因、条件

B：施动者；b 为施动者的限制（数量、性状……）

D1：动作1；d1为动作1的限制（身体部位、工具、程度、方式、数量、时间、空间……）

D2：动作2；d2为动作2的限制（同上）

……

E：关系对象或关系事项；e：关系对象或关系事项的限制（数量、性状……）

F：目的结果

释义模式中各个项目的限制存在较多的具体范畴小类，它们大致对应于常见的语义角色。有的词语释义内容中虽有负面义关涉但并未真正影响整个词语的负面属性的显现。相对来说，如果施动者的负面性与动作的负面性对于激发整个释义产生负面性有较明显的作用，动作的限制要素中程度、方式和目的中的负面属性基本可以决定整个释义的负面属性及其指向，其他的限制要素如原因、条件、关系对象与关系事项等对词义负面性的作用要依具体情况而定，想要全面彻底地明确总结出各项目及其限制内容的负面属性与整个释义的负面属性和负面义指向之间的关系比较困难。

A：原因、条件

自流[2]：比喻在缺乏约束、引导的情况下自由发展。

A：在缺乏约束、引导的情况下　　D：发展　　d：自由

它的A含负面性内容，负面义指向B。

很多时候A本身的负面性还和其他要素的负面义建立密切联系，从而确定整个词义的负面性，如：

自绝：做了坏事而不愿悔改，因此自行断绝跟对方之间的关系（多指自杀）。

A：做了坏事而不愿悔改　D：断绝　d：自行　E：跟对方之间的关系

它的A有明确负面义，D多数情况下以其类似下义成分的负面性行为“自杀”的意义出现，两个负面义关涉合成的负面义皆指向施动者。

其他如：

串案、灰心、废弛、着忙[1]、捏合[2]、殉情、徇私、罪有应得、罪不容诛等

B：施动者具负面性的，也即 b 中的性状小类明确含有负面性的内容限定的，如：

流毒 1：毒害流传。
B：毒害　　D：流传
蠢动 2：（敌人或坏人）进行活动。
B：（敌人或坏人）　　D：进行活动

二词的 B 都限定为负面性的主体，整个词的负面义即指向此主体。

其他如：

串供、得逞、越狱、亡命[2]、自首、出笼[2]、出首[2]、蠢蠢欲动、死灰复燃、借尸还魂

D：动作含有负面性的一般也能确定相关词语的负面义属性，但其指向（包括指向重心）则存在差异，如：

糟蹋[1]：浪费或损坏。
D1：浪费　　D2：损坏
非难：指摘和责问。
D1：指摘　　D2：责问
责备：批评指摘。
D1：批评　　D2：指摘

三个词的动作行为要素都是负面性的，“糟蹋[1]”的负面义指向施动者，“非难”的负面义指向施动者和关系对象，“责备”的负面义指向施动者和关系对象，但其负面义重心一般是后者。

D 所属的语义范畴内容和语义配价上的差异是造成这种指向不一致的主要原因，后文将会专门讨论。和 D 的这种不一致性比较起来，动作限制要素 d 中程度、方式、伴随情况等小类的负面属性与词义负面义的指向之间就有较简明的对应关系，如：

迷信[2]：泛指盲目地信仰崇拜。
D1：信仰崇拜　　d1：盲目地
滥用：胡乱地或过度地使用。

D：使用　　d1：胡乱地　　d2：过度地

前一例的 d1 表方式，后一例的则兼有方式与程度，二者的 d 都具有负面性，词语所含的负面义皆指向施动者。

在一般情况下，如果表方式、程度或伴随情况的 d 具有明显的性状类负面成分的话，基本可以断定相关词义的负面属性是与整体词义负面属性有正向关联的最密切的负面义关涉，且这类词语的负面义指向也较一致，都指向施动者。其他如：

取巧、挥霍、侈谈、沽名、姑息、滥情、肥私、咕哝、捞取[2]、占便宜[1]、搬用、巧取豪夺

d 中的其他小类较难体现出负面属性如数量、时间、空间、工具等小类所具有的负面性一般与整个词义负面性之间的关联不是非常紧密，往往要和其他负面性的要素联合起来发挥作用。如：

咽气：指人死断气。

B：人　　D1：断气　　d1：死亡时　　F：（死亡）

后三个要素都含有负面义，d1 表时间，它的负面性只是进一步为 D1 和 F 提供信息，其中 F 是隐含性的内容，负面义指向 B。

起获：从窝藏的地方搜查出（赃物、违禁品等）。

D：搜查出　　d1：从窝藏的地方　　E：（赃物、违禁品等）

三个要素都含有负面性，d1 表地点，它的负面性属性不是整个词义负面性的决定性要素，只是为 D、E 构成的语义框架提供补充信息，其中 D、E 是隐含性信息，D 的负面义是由“搜查”的词义中蕴涵的权势关系决定的。

E：关系对象或关系事项，它的负面性还可由 e 即关系对象或关系事项中的性状限制体现出来，从 E 的负面性要明确判断出整个词义的负面义指向也较为困难。

招致[2]：引起（后果）

D：引起　　E：（后果）

它的 E 本身具有负面性属性，整个词的负面义指向施动者。

斥责：用严厉的言语指出别人的错误或罪行。
D：指出　　d：用严厉的言语　　E：别人的错误或罪行

要素 E 带负面性，整个词的负面义指向施动者和关系事项，但其负面义重心要视具体情况而定，且由于“错误”和“罪行”都是一价属性名词，有隐含的所属主体，“斥责”的负面义在指向关系事项的同时具体指向的是它们的所属主体，它的指向重心可转移，参见后文对权势关系与负面义指向的讨论。

当 E 某一小类为非生命类的概念性负面义，其动作义表示促成、保存等内容时，相对来说相关词语的负面义指向比较一致，都指向施动者，如：

招惹[1]、招灾、招认、着凉、找病[1]、窝藏、造假、说谎、耍赖、成性

F：F 中的目的小类也可成为决定整体词义负面性的重要负面义关涉要素，相关负面义一般都指向施动者，如：

巧立名目：定出许多名目，以达到某种不正当的目的。
D1：定出　　E：名目　　e：许多　　F：达到某种不正当的目的

此词的要素 F 中带有明显的负面义成分“不正当的”，其负面义指向施动者。

这类词语还有：

囤积、窥视[2]、拉关系、拉拢、攀附[2]、杀害等

负面义关涉之间有较强的合作性，很多时候表动作行为的词同时有几个负面义关涉一起生成并显现其负面属性，如：

厌烦：因不耐烦而讨厌。
A：不耐烦　　D：讨厌

A、D 两个要素都是其负面义关涉，其负面义可指向关系对象或事项，也可指向施动者，负面义重心的确定需要更多的语境信息。

从释义内容的组成来看，负面义关涉要素越多的词越容易断定其整体

上的负面性强度，如：

欺骗：用虚假的言语或行动来掩盖事实真相，使人上当。

D：掩盖　d：用虚伪的言语或行动　E：事实真相　F：使人上当

它的 D、d 与 F 都含有负面性，后两个都是与整体负面义有密切正向关联的负面义关涉，其负面义可指向 D 和 F 中的人与事。

也存在这样一种情况，有时候将释义模式中的每个要素分开来看时，它们都无负面性内容，然而组合成一定的结构关系时，则有负面义，如：

招摇：故意大张声势，引人注意。

D1：大张声势　　d1：故意　　F：引人注意

D1、d1 和 F 三个要素都没有负面性内容，但作为一个整体动作，在汉语的社会共性心理作用下有负面评价，因而有负面性，负面义指向未出现的施动者。这里的负面义关涉是由 D1、d1 和 F 三者联合起来承担的，其中 d1 的存在对于激活相关共性心理生成负面评价起到了关键性的作用，这与前文讨论的 d1 的方式类是与整体词义负面属性正向关联最密切的结论相符。类似的还有“旁落”“招摇过市”“逞能”“崇洋”“垂涎欲滴”“牟取”等。

二　动词的语义配价与负面义指向

(一)动词负面义对共现成分正负面属性的选择及硬性或软性限定

动词的语义配价关系对其搭配组合影响非常大，它的负面义关涉和负面义指向会通过它的语义配价框架对相关组合共现成分的正负属性进行选择。这种选择性是对共现成分的一种属性限定，如果它要求共现成分必须从词义内容上直接反映出相应的属性限定，则为硬性限定；或是它虽对共现成分的属性有限定，但不要求其从词义内容上直接反映出该限定要求，而允许通过相关组合或语境隐含反映出来的则为软性限定。具体的动词对相关共现成分属性的限定是硬性或软性的没有统一的标准，且对于语义角色不同的共现成分要求也可能不一，又或是对同一语义角色的共现成分既可采取硬性限定也可采取软性限定。软性限定要比硬性限定使用更普遍，也更富有灵活性。

某一动词对相关组合共现成分正负属性的选择性限定有限定焦点，它实际上主要针对充当特定语义角色的共现成分或其修饰成分，但也会对整个语境中出现的特定要素成分有限定，本书统称为共现成分。

一价动词只有一个配价成分，即其动作的施动者，该词的负面义指向亦即此，它要求充当此角色的共现成分（包括其修饰语）没有与此负面义相对的正面性属性。如：

得逞：（坏主意）实现，达到目的。

B：（坏主意）　　D1：实现　　D2：达到　　E2：目的

它的释义对要素 B 带有负面限定，该词的负面义也指向 B。但由于 B 是一价属性名词，此处可能需要区分表层施动者（坏主意）与深层施动者（“坏主意”的所属主体，某人），“得逞”的负面义通过表层施动者指向深层施动者。如果没有特殊的语用表达需要的话，在成句时若其共现的表层施动者为带有正面属性的义位则违反该词的负面义关涉与指向对共现义位的限定要求。如：

不要让达赖喇嘛分裂祖国的诡计得逞。

此句中的“得逞”尽管存在表层施动者与深层施动者的差别，但其负面义只指向施动者，负面义表层指向为“诡计”，深层指向为“达赖喇嘛”。

而像下面这样的句子则不成立：

＊不要让祖国人民维持民族团结的主意得逞。[①]

与之相类似，像“毕露”这样的词语要求前面的施动者有负面性属性并承担相关的负面义指向，如“爱心毕露”之类的组合违反相关共现属性选择，因而不成立。

又如：

毕命：结束生命（多指横死）[②]。

---

① 按：语言学著述中“＊”表示该句不成立或不合语法、实际语用等。

② 按：目前动词词典释义内容的配价关系与其真实的语义配价关系之间不是相等的，有时释义内容中出现的相关语义角色在运用时并不出现或不以此角色出现，如此处“毕命”的 E 和下例的 E2。

D：结束　　E：生命

其动作 D + E 多数情况下以其下位义“横死”的形式出现，整个词的负面义指向动作主体，该词的 B 隐含负面性限定，故在正常情况下，成句的动作主体不能带有正面性属性限定，如果不是表示讽刺或调侃，下面的句子不成立：

＊伟大的英雄登时毕命。

对共现义位属性的限定要求是由相应词语的负面义关涉与指向共同决定的，一价动词的负面义指向比较简单，可指向虽一致，不同的一价动词的负面义关涉差别却较大，其相应的限定力大小也不一致，一般说来，对充当 B 和 E 的共现成分的限定最强，如前面提到的：

蠢动[2]：（敌人或坏人）进行活动。

它的要素 B 限定为“敌人或坏人”，若充当此语义角色的共现成分含有正面属性，则一般句子不成立，如下面的句子在正常语用状态下不会出现：

＊联欢晚会就要开始了，国家领导们开始蠢动。

D 作为负面义关涉对一价动词本身不发挥作用，但它可能对共现的联动成分有负面属性限定，这也可能与词义负面义影响了共现语境有关，如“横加”指“不讲道理，强行施行”，它常与负面义位如“指责”“阻挠”“干涉”等共现；又如“横行”指“行动蛮横；仗势胡作非为”，其常见的后继成分如“不法”“无忌”。常规语用条件下不可能生成诸如“＊横加贡献”“＊横加表扬”“＊横行无伦”之类的表述。当然，具有负面义的一价动词所包含的 D 本身也会对其相关的共现成分有负面性限定要求，它可能针对施动者，此时与其负面义指向合一，又或是针对相关动作的修饰补充成分。

其他要素对相应共现角色的限定力大小要视具体情况而论。

（二）共现成分正负属性的选择性限定与负面义指向

二价动词的语义框架中存在两个配价，其负面义会指向其中一方或同时指向双方，先从简单的说起，如：

挥霍：任意花钱。

D：花　　d：任意　　E：钱

它的动作限定条件 d 决定了释义内容有负面性，其负面义指向施动者。

"挥霍"的 E 要素是固定的不带负面属性的内容，其负面义关涉与相关共现成分的关系也比较简单，成句时除了要求不出现与 d 的内容相矛盾的成分之外，其负面义与指向对相关配价成分的负面属性没有限定，像下面的句子是成立的：

俭省的他将积蓄挥霍一空。

如果动词释义模式中的 E 是负面义关涉要素的话，情况要复杂得多，与之相关的负面义指向和负面义关涉可能会对两个配价中的一个或同时对两个配价的语义范畴、正负属性及两个配价之间的关系等有限定性条件。如：

检讨[1]：找出缺点和错误，并做自我批评。

D1：找出　　E1：缺点和错误　　D2：做　　E2：自我批评

它的 E1 和 E2 都含有负面性内容，从逻辑上可得出施动者有缺点或错误的认识，其负面义指向施动者。该词的释义框架中的 E 作为负面义关涉要求成句时充当相应语义角色的共现成分不能含有正面性内容或正面性的修饰语，除非有特殊语用环境，下面的句子不成立：

* 我们需要好好检讨一下改革开放以来取得的丰硕成果。①

另外，像"你好好检讨一下自己"这样的句子中尽管"自己"没有明显的正负面倾向，但在"检讨"的语义逻辑中，可以推导出"自己"（即"你"）是有缺点、错误的，是需要反省的。

相关的负面义关涉的确立是建立在词义基础上的，其他如"纵容"

① 按：此处限于标准汉语范围，不考虑社区差异如港台地区的表述习惯。

“姑息”“包庇”“罗织”“捏造”等都有这样的共现成分属性限定。词语中某一构词语素的意义与用法习惯都可能会产生对充当动作关系对象或关系事项的硬性或软性负面限定，如“招惹[1]”“招致[2]”“招降”“招认”等。

二价动词的配价成分一般出现在B和E的位置，若是释义内容中负面义关涉要素恰好也在这两个位置，往往会同时对充当对应语义角色的共现成分产生负面性限定要求，如：

招认：（犯罪嫌疑人）承认犯罪事实。
B：（犯罪嫌疑人）　D：承认　E：犯罪事实

它的B与E都含有负面义，其负面义指向B。在成句时，对和E充当同样语义角色的共现成分有明确的负面性限定要求，进入该词语义配价框架中的相应的B也因语义逻辑的推导而隐含有负面属性。不过，对明确的负面义关涉要素的负面属性限定要比对隐含成分的负面属性的限定严格，请看下面的例子：

他招认了犯罪经过。

这是符合相关的属性限定的正常句子，“犯罪经过”有明确的负面属性，施动者“他”可通过逻辑推导产生负面性理解。

*他招认了救人经过。

此句没有特殊语用环境，无法成立，“救人”的属性与“招认”对动作关系对象的负面属性限定相矛盾。

无辜的他招认了犯罪经过。

此句成立，但在理解过程中会自发形成下面的理解：“他”不是犯罪行为的真正施动者，不应当承受相关的负面属性，原负面义指向不成立，实际上“招认”的原有词义在某种程度上已被拆解。其他如：

指责：指摘；责备。
D1：指摘　D2：责备

它的D1指“挑出错误，加以批评”，隐含有负面性的E（错误），其负面义指向E及其所属主体，二者对相应的共现成分有负面性限定，成句时须满足此限定性要求，如：

大家指责他不爱护公物。

这是“指责”生成的常规性句子，其负面义指向“他”及其“不爱护公物”的行为。下面的句子不成立：

* 大家指责他爱护公物。

又如：

美国有人指责我们努力维持人民币汇率的稳定。

此句成立，但有双层语义，表层受“指责”原释义框架的负面义关涉与负面义指向对共现成分的限定，可推导出要素E“我们努力维持人民币汇率的稳定”带负面属性。但此推导成分明显与正常的理解相矛盾，后者反过来否定对相关共现成分E所做的负面属性判断，从而部分拆解原词义，原来的负面义指向不成立，新的负面义指向施动者主体“有人”。

这可能是语用过程中针对相关词语因负面义关涉和负面指向对相应共现成分负面属性限定的一种反动，该反动会使原有词义部分被拆解，原有负面义指向不成立并有可能发生反向转化，也即其负面义指向重心发生非常规转移，从而达到特殊的语用效果。

符淮青的释义分析模式中没有细分E所充当的语义角色，实际上E作为关系对象或关系事项还有作为受事和与事之间的区别，当其是与事时，成句时相应的共现成分也有同样的负面性选择限定要求，如：

袒护：对错误的思想行为无原则地支持或保护。

D：支持或保护　　d：无原则地　　E：错误的思想行为

它的d和E都含有负面性内容，其负面义同时指向施动者和与事E。在成句时负面义关涉要素E要求相对应的共现成分含有负面性内容，常规语境下违反此限定要求的句子不成立，如：

*坚决袒护可持续发展思想。

又如“有染[1]”，意为“（和某些坏人或坏事）有关系”，其与事有负面义，所以正常语用条件下若出现“跟劳模有染”，一般不会理解为原义，而是会将此义理解为“有染[2]”。

违背相关负面关涉对象的限定反向推导成立的，如：

处罚：对犯错误或犯罪的人加以惩治。

其动作关系对象为负面义关涉，有显著的负面属性限定，若为特殊语用效果故意违反此限定时，相关的负面义重心会发生语用转移，如在“处罚良民”“处罚善良的老百姓”这样的表述中，受事的明显的正面属性特征会让人质疑“处罚”施行条件，从而生成指向“处罚”施事的负面义。

三价动词有三个语义配价，在一般情况下，它的负面义关涉至少包括两个配价成分，负面义指向也至少是双指的，相应的对充当特定语义角色的共现成分有正负属性上的选择性限定。有时在施动者之外，三价动词的释义内容中有两个E，即另两个配价，其中一个是与事，一个是受事，此时该动词的负面义双指或三指，双指时指向施动者与受事；又或是它有两个连续性的动作，其中一个的E是另一个的B2，而此施动者又产生了E2，此时该动词的负面义多数是三指，分别是施动者与受事1、受事2。相关的负面义关涉都有可能会对相应的共现成分做出属性限定，其中若与最重要的一个要素对应的共现成分违背此限定要求，则整个句子不成立。另外，共现成分也可能因组合成短语后从整体上看其属性不符合负面属性的限定要求，因而导致句子不能成立。前者如：

转嫁：把自己应承受的负担、损失、罪名等加在别人身上。

D：把……加在　　E1：负担、损失、罪名等　　e：自己应当承受的　E2：别人身上

它的与事要素E1具有明显的负面义，与事的特征限制要素e则隐含了负面性成分，二者的负面义指向施动者和E1、E2，其中施动者B（自己）与e（自己应当承受的）有关联。在成句时，作为负面义关涉的与事E1对与其对应的共现成分有属性限定要求，若违反此要求，负面指向则无法实现，如：

*他转嫁名誉给朋友。

此处的“名誉”直接与E1的负面性属性要求相矛盾，语义框架无法实现，句子不成立。

后者如：

教唆：怂恿指使（别人做坏事）。

D1：怂恿指使　　E1：别人　　D2：做　E2：坏事

其中的D1、E2有明显的负面义，E1在此语义框架中的逻辑推导下隐含了负面义，整个词的负面义指向为未出现的B及须出现的E1，受作为负面义关涉之一E2的影响，成句时相应的成分必须遵循负面性限定要求，反之不能成立，如：

*幼儿园的老师教唆小朋友们要尊敬长辈。

此句中由动宾组成的D2短语是正面性的，这与原语义框架要求的D2+E2的负面属性要求相违背，负面义指称无法实现，句子不能成立。

不同的词语对其语义角色的共现成分负面属性的限定要求会存在不同，一般会对某个充当特定语义角色的共现成分要求特别严格，因为D1本身是带负面性内容的，含三个负面义指向的负面属性限定要求重点集中在E1和D2+E2上，具体是E1还是D2+E2要视词义内容而定。如：

勾引[1]：勾结某种势力；或引诱人做不正当的事。

D1：勾结　E1：某种势力　D2：引诱　E2：人　D3做　E3：不正当的事

它的D1、D2、E3都含有负面义，其负面义指向三方，一是施动者，二是与事，三是关系事项。该词负面义属性限定最严格的共现成分是关系事项，其次是与事，再次是施动者，因为相对来说，对施动者及与事的负面属性的理解来源方式要比关系事项多，反映到语用过程中就是当充当共现成分的E3为正面性内容时，违反相关共现成分的负面性限定要求，负面义指向无法实现，句子不成立，但当施动者或与事（包括其修饰语）有与E3相矛盾的正面性内容时，整个句子的接受度不一，若能被接受，在理解上也倾向于按原语义框架将施动者和与事处理为负面性内容。如：

＊他勾结附近的邻居主动关心照顾老人的生活。
＊他勾结正直的邻居偷窃老人的财物。
他勾结善良的邻居窥探老人的生活。
民族英雄勾结敌人进行破坏活动。

类似的词还有：

指使、教唆、唆使、怂恿、鼓动[2]、煽动、挑唆、挑拨、引诱[1]、勾搭

（三）其他小类

可以按照动词释义模式分析的一些副词亦有类似的限定，如：

大肆：毫无顾忌地（做坏事）。
D：做　　d：毫无顾忌地　　E：做坏事

它的E有隐含性的负面限定要求，其负面义指向施动者和关系事项。若以正面性的成分充当E，则句子不成立：

＊政府大肆强调坚持和平共处五项原则的重要性。

另外，负面义关涉和负面指向对相应共现成分正负属性的选择限定在态度倾向式负面义中也是存在的，如：

居心：怀着某种念头（多用于贬义）。
D1：怀着　　E：某种念头

D1和E双方面都没有直接的负面义关涉，但由于对立视角带来的负面态度指向没有出现的B，“居心”的负面义指向即此行为主体。一般在理解上会倾向于E具有的相关属性隐含负面性限制，即e为负面性的，从而施动者B也有负面性限制b，尽管e、b本身并未出现在释义内容中，但它们确实存在于相关的认识理解框架中。在成句时，与隐含的负面性关涉要素相对应的共现成分或上下文语境中不能含有与隐含的负面义关涉相矛盾的正面性内容，即一般不能出现有正面属性或正面修饰语的施动者和关系对象，在“居心”的词义框架中表现为对关系对象的负面属性的限定更

为严格。其他如“明来暗往”“窥视”“宠信”“附和”“无独有偶”“一唱一和”“一个鼻孔出气”等亦同。

第三节 动词的配价与负面义指向及权势关系与负面义重心的转移

一 动词的配价与负面义指向

动词的配价关系与其负面义指向的关系随其配价数量的增多而复杂程度增大。以一价动词为例，前已指出，它们的负面义皆指向施动者，至多只是存在因相关施动者是一价属性名词而有表层指向与深层指向的区别，但所指实是同一主体，不存在负面义指向的重心转移问题，二价、三价动词的负面义指向就明显不同。

李斌、陈小荷（2009）将二价动词的褒贬指向分为四类：说话人对施事（如“牟取”）、说话人对受事（如“散布、抹杀”）、施事对受事（如“伤害”）、双层叠加。其中说话人对受事的褒贬指向不能单独存在，它可能与说话人对施事的褒贬一致，如“散布”，或不一致，如“抹杀”；双层叠加者指的是一些二价动词如“亵渎”，它的内层贬义由“亵渎”的施事发出，指向受事；外层贬义则由说话人发出，指向施事，李斌、陈小荷还指出有一种是内层为施事贬受事，外层为说话人褒施事的，如“驳斥”。

我们认为，李斌、陈小荷二人所说的说话人对受事的褒贬指向与说话人对施事的褒贬一致或不一致是由其释义框架确立的语义关系和相关负面义关涉要素充当的语义角色决定的。尽管层次不同，但与他们所说的双层叠加式中的内外层不一致现象如“驳斥”有同样的生成原因，后者完全应该纳入相关词汇负面义的讨论中来。

实际上可以针对这种关系区分三种性质的负面义指向：一种是性状负面义，即词义内容框架中相关要素呈现的状况具有负面性性状限定，一般是客观性的描述；二是属性负面义[①]，即词义内容中对相关要素基本属性所具有的主观评价式负面属性限定；三是陈述负面义，即言说者对于施动

① 此处的属性负面义和之前所说的负面义属性限定不是同一个概念，前者只包括与某词根本属性特征相关的概念性负面内容，后者指的是词义的正负面属性及其相应的表现元素。

者的整个行为的负面性主观评价态度。三种性质的负面义指向的生成方向也是不同的，前两者是从个体的某个方面指向相关个体，而第三类陈述式负面义是从整体指向个体，与前两者不同层。如：

发泄：尽量发出（情欲或不满情绪）。

其关系对象具有属性负面义，施动者有陈述负面义，整个词的负面义指向施动者与关系对象。其他如：

杜撰、捏造、陷入[1]、陷身、沾染、姑息、包庇、窝藏、掩盖[2]

有一类词的负面义指向类型针对的对象存在分化现象，如：

破坏[2]：使事物遭到损害。

它的负面义指向施动者和关系对象“事物”。在其语义框架中，遭到损害的关系对象从客观性状上来说具有性状负面义，按照人们的普遍性认识心理，言说者对发出此动作行为的施动者有负面性评价态度，施动者有陈述负面义。但“事物”本身无属性负面义，言说者对于受事本身也无负面性评价态度。其他如：

损坏、损毁、损害、损伤、打击、摧残、污蔑、诋毁、伤害、恐吓、封杀、篡改、践踏、折磨、丑化、骚扰、连累、陷害、冤枉、奚落、嘲笑、贬低

下一类则表现为负面义指向类型作用点合一、单指，如：

破获[1]：破案并捕获犯罪嫌疑人。

它的负面义指向只针对动作的关系对象“犯罪嫌疑人”，该对象从概念上看具有属性负面义，同时作为“捕获”的受事该对象还具有性状负面义。按社会普遍理解方式，捕获犯罪嫌疑人是于社会整体有益的正确行为，所以言说者对施动者的态度为中性甚至可能是正面性的。此类词还有：

破除、杜绝、批驳、抵制、抵抗、抗议、控诉、谴责、批评、鞭挞、肃清

词汇语义框架中的重要成分的具体语义特征并不绝对固定，上述分类只是取其大概，但受词义内容蕴涵的负面义关涉和指向分布的影响，不少词语的施动者或者关系对象都有正负倾向性的偏好，如“炮制[2]”的关系对象无论是否有明确的属性负面义都可因语义推导出负面陈述义，“鄙弃”“唾弃”的关系对象不仅因词义框架而有性状负面义，还常带属性负面义。而有时，语义框架及推导中并未出现明确的属性或性状负面义，只是因动作及其限定本身就产生了陈述负面义的，如“卖弄”和“搬弄[2]”，前者指“有意显示、炫耀（自己的本领）”，后者指“有意显示；卖弄”，两个词的负面义都来源于陈述负面义，皆指向施动者，其动作关系对象的正负属性不是决定性因素，所以它们可以在搭配时组合上一个带属性负面义的成分，如“卖弄”有常见组合“卖弄风骚”；也可以和无负面性的共现成分组合，如“卖弄学问”。

总的说来，三种负面义指向类型中，属性负面义指向相对来说最重要，在一般情况下，词汇语义框架中就明确了的负面义关涉的属性负面义会直接促成陈述负面义的生成，词语的语义内容框架与相关逻辑推导则决定了性状负面义的生成。反过来由社会共性心理、常识和语义逻辑推导出来的陈述负面义也可看作一种潜在的未定型的属性负面义，成为负面义指向的重要来源。各种类型负面义指向之间的这种依存关系，究其根源主要还是由词义的语义内容框架及语义配价之间的关系决定的。

在三价动词中也存在三种类型负面义指向的区别，如：

唆使：指使或者挑动别人去做坏事。

D1：指使或挑动　　E1：别人　　D2：去做　E2：坏事

它的 D1 和 E2 有负面义，其中 E2 明显带有属性负面义，在语义逻辑的推导下可以判断出 E1 具负面性，相应的陈述负面义指向 D1 的发出者与 D2 的发出者即 E1，整个词的三个负面义指向分别为未出现的施动者 B 和已出现的关系对象 1 兼施动者 2 的 E1 和动作 2 的关系对象 E2。

另外，各种类型的负面义指向合成的总负面义指向及其重心与动词配价和各种类型的负面义之间的关系实际可能比李斌、陈小荷二人的分析更为复杂，而且与词义本身内容所属的语义范畴和认知框架的关系非常密切，其负面义指向重心在不同语用环境中存在转移现象。

如施事可和与事共同承担性状负面义，但整体的负面义是同时指向双方还是重点指向其中一方要依具体语境而论。以“抵触”为例，其义指“跟另一方有矛盾”，即施动者和与事都受对方牵制，双方都承担此种“矛盾”带来的性状负面义，整个词的负面义同时指向施动者和与事，但在一般情况下，性状负面义侧重于与事，整体的负面义指向重心则在施动者，如：

在个人利益和集体利益有抵触的时候，应该服从集体利益。

当然，在不同语境下该义位的负面义指向重心是可以转移的，这些词还有“抵牾”“相持”“僵持”“相抵[2]”“相扰”“闹别扭”等。

另有一类词与“抵触”相类似，其语义框架中施受者间有双向的负面影响，相关的负面义指向在施动者与关系对象之间有一种对立性的移动关系，如：

得罪：招人不快或怀恨；冒犯。

在“得罪”的语义框架中，动作关系对象同时兼有性状负面义和属性负面义，其动作与后果也使施动者反过来承受其动作对象反作用的性状负面义，因此施动者兼有性状负面义与陈述负面义，整个词义的负面义指向重心多数情况下在施动者，但由于相关语义特征的制约作用，切入点不同时负面义指向的重心也会不同。如：

就连街道办事处，我们也得罪不起。（http：//news. xinhuanet. com/newscenter/2008 – 08/29/content_ 9733005. htm 2008 年 8 月 29 日 9：34：54）

其他如：

冲撞、顶撞、顶[7]、顶牛儿[1]、招惹[2]、开罪、触犯、冒犯、碰撞[2]

还有些词，其动作关系对象无属性负面义，只因具有性状负面义而使相关施动者生成陈述负面义，此时整个词的负面义指向重心在施动者。它们可以以动作关系对象为主语构成被动式，受被动式的影响强调关系对象的性状负面义，并激活潜在的陈述负面义甚至是属性负面义，使整个词的负面义重心向动作关系对象转移，如：

蛊惑：毒害、迷惑。

此词的施动者承担陈述性负面义，关系对象承担性状负面义，整个词的负面义重心在施动者，但进入被动式之后则不同，如：

他受人蛊惑参加了邪教组织。

此句施动者“人”的负面性不强，相关负面义重点指向关系对象“他”。

在被动式中有这样负面义重心变化的还有：

诱惑[1]、荧惑[1]、迷惑、引诱[1]、诱骗、欺骗、哄骗、误导、抢白、束缚

对比之下，表欺侮压迫类内容的词即使生成被动式，其负面义重心仍在施动者，如：

欺负、欺压、欺侮、剥削、压迫、迫害、压榨、压制、盘剥、剥夺

还有一些词的负面义指向重心较灵活，在主动式与被动式中的具体表现要从语境来判定，如“辱骂”“侮辱”“刁难”“排挤”“排斥”“打击”等。

二　权势关系与负面义指向及负面义指向重心的转移

在很多情况下，以分立模式生成的具有负面义的词语中施动者及关系对象（主要是受事）之间存在一种权势关系，它会对相关负面义的指向产生影响，请看下面一个小类词：

背离、背叛、叛逆、叛乱、叛变、叛卖、叛逃、叛徒

它们中施受二者有权势关系，预设的二元分立立场保障了权势地位高的一方，虽然其共同的核心意义是“违背”，但它们的负面义只指向施动者，对与施动者对立的关系对象——受事是否具有负面属性则彻底地被忽视了。

实际生活存在但表达中甚少会出现“他背叛了叛徒”样的句子。

权势关系不仅会影响共现成分正负属性的选择性限定，还会对共现成分体现的语义角色关系类型做出限定，要求保证实现施动者与关系对象之间的权势关系成立且方向性正确。

本书主要讨论两类蕴涵权势关系的词语，第一类语义主要内容涉及打击、限制、消灭等，其施动者与关系对象之间有稳定的立场对立性权势关系。如：

严打、打倒[2]、平息、镇压[1]、镇压[2]、平定[3]、讨平、捣毁、清剿、清洗[2]、肃清、扫荡、奇袭、讨伐、征伐、歼击、剪除、剪灭、消灭、歼灭、查获、缴获、虏获、俘获、击毙、毙伤、枪毙[1]

这些词的施动者的动作行为都使关系对象生成了相应的性状负面义并成为陈述负面义的指向对象。不过稍不同的是，它们的施动者与关系对象之间已依动词的语义框架先行确立了对立敌视的权势关系，且施动者处于权势高级即控制方，关系对象处于权势低级即受控制方。如：

取缔：明令取消或禁止。

在没有语境的情况下，它的负面义指向关系对象。其施动者与关系对象之间的关系是不平等的且是对立性的，前者对后者具有明显的权势控制能力，以施动者的视角观察，关系对象有负面属性义，需要对其采取相应的约束打压行为。

可以看出，在此类词语义框架内蕴的评价系统中，关系对象已被对立立场预先赋予了负面属性，施动者则因对具负面属性的对象有相关打击、限制、消灭类行为而获得正面属性评价，相关负面义因而都指向关系对象。但这种负面属性义本身只是建立在对立立场基础上的相对属性负面义，它们的确立与显现在某种程度上依赖其对立立场的稳定程度，与言说者的态度也有很大的关系。在正常语用条件下，多数内蕴权势关系决定的对立立场与视角很难更改，这些词有：

严打[1]、严打[2]、打倒[2]、平息、平定[3]、讨平、扫平、肃清、扫荡[1]、奇袭、讨伐、征伐、歼击、歼灭、消灭[2]、查获、缴获、虏获、俘获、击毙、毙伤在运用这些词语时，外部言说者一般必须采取与词义框架内蕴立场同一的视角，言语者对关系对象正负属性的判断与内蕴立场的判断一致，相关陈述负面义与属性负面义皆指向关系对象。

另一些词则可能因言说者的视角不同而灵活可变，这类词有：

镇压[1]、镇压[2]、清剿、清洗[2]、剪除、剪灭、清洗[2]、扫荡[2]

如果外部言说者的基本立场视角与词义内蕴的立场视角恰好相反，它们原有的负面义指向发生反向转变：关系对象被赋予的负面属性义不再，施动者因让关系对象产生负面性状义而承担陈述性负面义。

又或是外在言说者采取不偏向施动者与关系对象任一方的中立立场，则原语义框架中的相关性状负面义仍然存在，但也不排除施动者同时承担一定程度的陈述负面义的可能。在实际语用中，关系对象的属性是正或负以外在言说者的判断为准，若言说者认为关系对象有属性负面义，则整个词的负面义只指向关系对象；若言说者认为其为正面属性，则整个词有两个负面义指向，相关的陈述负面义指向施动者。

具有类似权势关系的还有：

褫夺、制裁、驱逐、斥逐、放逐、流放、革职、斥退[1]

第二类蕴涵权势关系的词语的语义内容主要与用言语向别人表述意见或指出别人的错误相关，其施动者与关系对象体现的是会话过程中存在的角色分立式权势关系。这种权势关系或以社会中存在的上下级或师生、长后辈等关系为基础形成，或以临时在会话中建立某种会话角色式的对立为基础形成，如：

教训[1]、训诫[1]、训斥、非难、指摘、谴责、指责、斥责、斥问、训斥、责骂、责备、责难、责问、叱责、呵斥、呵叱

它们从内容上大致可分为两个小类，第一个小类的内容体现为：施动者对关系对象提出相关的意见与建议。如：

教训[1]：教育训诫。

训诫[1]：教导和告诫。

训话：上级对下级讲教导和告诫的话。

这三个词的语义框架中施动者和关系对象主要是以社会关系为基础形成话语权势关系，施动者、动作、关系对象三者都没有明显的负面性限定因素存在，但整个义位却带有不同类型的负面义，且指向也不同。“教训[1]”的负面义指向重心变化较灵活，常规思路中有错误的人才有受到“教育训诫”的必要，所以“教训[1]”的关系对象在共性思维中隐含了属性负面义，如：

战士们把侵略者教训了一顿。

“侵略者”已有负面属性限定，承担了属性负面义与陈述负面义的指向，“战士们”则兼有本身的正面属性倾向义和言说者对施动者的正面陈述义。

不过，有时“教训”整个词的负面义并不完全按语义逻辑推导准确无误地指向关系对象，它的陈述负面义往往同时指向施动者与关系对象双方，又或是只指向施动者。如：

老师教训我们不要乱说话。

句中的负面义分别指向“我们”和“老师”，我们因后文而有“乱说话”的属性负面义，从语义推理上看，“老师”应有陈述正面义，但从多数人的语感来看，老师反有一定程度的陈述负面义。又如：

他爱教训人。

句中“教训”的负面义指向重心为施动者“他”而非关系对象，为陈述负面义；泛指的“人”只有一定的不明显的性状负面义。

我们认为，“教训[1]”的负面义指向重心的灵活转化与其内蕴语义框架要求的权势关系的实现和强弱程度有关。与前一类蕴涵权势关系的词语类似，“教训[1]”也要求与动作关联的施受双方存在权势关系，其中施事为权势控制方，关系对象为受控制方，此权势反差越大，权势关系越明显、越固定，则其负面义指向对内蕴的常规逻辑的服从程度越高，即明显按原语义框架内蕴逻辑扬施抑受的方向发展，保持稳定的单一指向，如前面的“战士”对“侵略者”；反之则其负面义抑施扬受，除了由相关共现成分提供的属性负面义外，该词的陈述负面义只指向施事，关系对象有性状负面义，但可淡化不强调。前例“他爱教训人”中陈述负面义指向“他”有一定的社会心理基础，一般人之间无权势关系，所以“他”与“人”的权势关系不成立，“教训”的反向语义推导成立。

若是施动者与关系对象之间有一定的权势关系，但不很强或是不稳定，具有临时性，则其陈述负面义为双指，根据语境而有所侧重。如前面的师与生虽确有上下权势关系，但社会普遍心理并不强调这一点，反而更提倡师对生的关爱与教诲，所以前面的句子中施动者“老师”也有一定的陈述负面义，换成亲子关系亦有相似表现，但相对来说，不同的亲子关系之间权势反差也有大小之别。

比较起来，反向权势关系生成的指向施动者的陈述负面义要比正向权势关系生成的指向关系对象的陈述负面义更强，如：

儿子教训老子，太不像话了。

此句“儿子”以下犯上，明显违背“教训”正常的权势关系方向，因此有明显的陈述负面义。

当然，为了表达某些特殊的感受，也有可能在语境中改变原有权势关系，反向用之，如：

我今天把我们领导狠狠教训了一顿。

句中负面义指向“我们领导”，虽说在正常情况下“领导”为上级，但此处采用这种说法已意味着“我”将“领导”降了级，在心理上确立了自己对他的权势关系。

“训诫”“训话”也存在这样的权势关系，不过，二词的负面义较淡，相关权势的影响不是非常明显，其变化较“教训[1]”要简单得多，只是反向时非特殊语用常不能成立。

第二个小类的内容体现为：施动者认为关系对象的言行等不正确，并对其提出批评，如：

非难：指摘和责问。

指摘：挑出错误，加以批评。

责备：批评指摘。

责难：指摘非难。

以下有相关方式（大声或严厉）限定：

责问：用责备的口气问。

斥问：责问。

责骂：用严厉的话责备。

斥责：用严厉的言语指出别人的错误或罪行。

谴责：责备、严正申斥。

训斥：训诫和斥责。

斥骂：责骂。

叱问：责问；大声问。

叱责：大声地斥责。

叱骂：责骂。

呵斥：大声斥责。

呵叱：同上。

从它们的词义内容看，它们的关系对象基本上都带有属性负面义，无方式限定的义位其施动者可确定没有任何负面性义素特征，按词汇语义框架的逻辑可推导出推理关系对象同时具有属性、性状、陈述三种负面义，施动者无负面义。但实际情况并非如此，它们的陈述负面义往往还指向施动者，有时甚至可以忽视、淡化关系对象的属性负面义，将整个词的陈述负面义指向施动者，如在“备受责难”组合中，陈述负面义明显指向施动者，关系对象只有性状负面义。其他动作有“大声、严厉、用责备的口气”等方式限定的则其负面义的双指更明显。比如：

他从不当着客人的面叱责孩子。

尽管这是一个否定句，但从中可以看出，“叱责孩子”有负面属性，“叱责”的语义框架中“孩子”应承担的属性负面义已无，仅有的性状负面义也淡化不强调，施动者承担了整个词的负面义指向。

相对于此，较特殊的是“谴责”，受到“严正”的修饰影响，若无特别语境做铺陈，它的三种负面义皆指向受事。

同“教训[1]”一样，第二小类词语的语义框架中相关负面义逻辑推导的实现程度与其施动者和关系对象之间的权势关系的反差强度、鲜明程度成正比，不过，第二小类更强调的是一种道义伦理上的权势关系而非社会地位上的权势关系。当这些词的关系对象为概念性的属性负面义位特别是有对立立场关系的负面义位如“敌人”“侵略者”“入侵者”“破坏分子”等时，施动者对关系对象明显占据道义上的权势高位，相应的原有语义框架中的逻辑推理可以较好地实现，此时相关属性负面义、性状负面义及陈述义都指向关系对象，且关系对象的负面属性越强，则所承担的负面义越明显，相应的施动者具有一定的陈述正面义。

由于第二小类词内蕴的这种道义伦理上的权势关系多不是有明确社会等级等强制性条件保障的硬性权势关系，加上对施动者或关系对象在道义伦理上的是非正误因言说者立场视角的不同有很大的差别，且它们也不存在如“肃清”般有言说者立场要与内蕴施动者立场完全一致的限定，所以它们在平常用语中很难有完全明确实现的时候，反之也不常有完全逆向的权势关系生成，所以相对来说处于中间阶段的较多，相应的其陈述负面义的指向也就比较灵活，多数为双指，具体负面义重心的判断存在主观性差异。

第四节 汉语词汇负面义的辖域及其实现方式

第二章有关词汇负面义的生成方式与条件的讨论已指出，组合倾向式负面义是因语用习惯而形成的，即通过语用环境中经常共现的组合成分的负面属性而生成负面义。一般的负面义关涉多是可具体细化的限定性要素，相关负面义的指向也是某个特定的对象，组合倾向式的负面义则不同：它的负面义关涉是与此义位共现的整体上有负面属性的成分组合。我们可把它看作一个负面性的语块，它不直接存在于该义位的语义内容中，所以用“辖域”来指称它似乎更加合适。该义位的负面义指向也不是有某种较稳定的负面属性的具体对象，它有表层与深层指向之分，表层指向为该义位与负面义辖域共同组成的暂时构成的负面性命题，深层指向是与该义位相关联的适用主体。

从组合倾向式负面义的辖域，即与之共现的负面性语块的负面义的实现方式来看，可以有以下两种实现方式，不同的实现方式与其负面义的辖域大小有关。

一　语义组合

某一组合倾向式负面义的关涉要素的负面性通过与具有负面性的义位或短语组合而产生，如：

万状：很多种样子，表示程度极深（多用于消极事物）。

它的前面直接出现负面属性显著的共现成分，如“危险万状”“痛苦万状”“狼狈万状”等。

有点儿：表示程度不高；稍微（多用于不如意的事情）。

其负面义辖域为释义中说明的“不如意的事情”。“有点儿”若要表达出这种负面义，可以与直接表示不如意的负面性义位或短语组合，如生成“有点儿烦、有点儿累、有点儿困、有点儿生他的气”等，也可以通过与有负面义的短语组合来实现，该组合可以由“不＋褒义词”构成，如“有点儿不高兴”“有点儿不顺利”“有点儿不舒服”“有点儿不清楚”（周健、彭小川，2004：221）。与之组合的义位可以在词义上没有明显负面倾向，但因处于否定句中而带有负面性意味，如“有点儿不敢相信他”“有点儿不愿意借笔记本给她”“有点儿不情愿答应他”等。这些负面性的义位、短语或整个负面性的语块就是该义位的负面义辖域，而它的负面义表层指向为此“有点儿……”的陈述命题，深层指向具有“有点儿”某种负面属性的相关主体。

其他如：

热衷[1]、百出、包藏、市井、昭著、昭彰、频发、频仍、可怜[3]、温床[2]、滋生[2]、不堪[3]、蔓延、滋长、无名[3]、活活[1]、平添[2]、活生生[2]

这些义位的词义内容中都没有负面性义素特征，但它们只与包含负面属性的内容组合从而使整个表述具有负面属性。如“市井”指的是街市、市场，只表场地，但它后面最常出现的搭配成分是具有负面属性的“小人”“之徒”，与此二词组合后的它便感染了负面义；再如“昭著”的意思是“显明”，可它在多数情况下都与“恶名”“罪行”等具有负面义的义位组合，因此也感染了负面性，“昭彰”亦类似。

语义组合方式实现的负面属性还可能是义位本身不具备但与特定成分组合后由社会主流态度赋予的负面性评价。如“热衷[1]”的释义“急切盼望得到（个人的地位或利益）”本无负面性，且其组合对象的语义范围限定也无负面性，但由于它常与“名利”“权力地位”等组合，而中国传统的道德评价系统中对急切渴望并追求个人名利、地位的人是持批评性态度的，进入这一语义框架后便具有了负面义。

上述义位的负面辖域的位置可以不一：一类为辖域前指，如“百出”“昭著”“昭彰”“不堪[3]”“蔓延”“温床[2]”；一类为辖域后指，如“热衷[1]”“包藏”“活活[1]”“市井”“平添[2]”“无名[3]”“活生生[2]”“口服[1]”；还有一类的负面辖域可前可后，如“滋生[2]”“滋长”。

各义位的负面义深层指向情况比起其辖域的分布位置来说稍复杂一些：形容词性的“昭著”“昭彰”“不堪[3]”“无名[3]”等的深层负面义首先指向它们的当事，还包括适用对象的所属主体；名词类“温床[2]”的深层负面义指向其适用对象；“热衷[1]”“平添[2]”“包藏”的负面义则指向其施动者；“滋生[2]”“蔓延”“滋长”的负面义指向相关动作的真正主体，它可以是施动者，也可以是动作的结果；“活活[1]”“活生生[2]”的负面义既可指向施动者，又可指向动作关涉对象，视具体语境方可确定深层负面义指向的重心所在，还可参照关于属性负面义与陈述负面义的介绍进行进一步的分析。

词义组合方式中最典型的负面性组合成分是否定式，即通过与特定的否定形式组合使整个组合具有负面性。这类义位为数不少，按照其义位义的属性可以分为三类（下文括号中列出的是最常见的否定式表达方式）。

一是其意本身无所谓正负面，与否定形式组合后具有负面性的，例如“分身”意为“抽出时间去照顾其他方面”，没有明显的正负面属性，但多用于否定式，构成如“难以分身”“无法分身”“分身乏术”等短语，都带有无法实现“抽出时间去照顾其他方面”的意思，据常规理解有负面性。

其他如：

万万[2]（没有/不可）、死活[1]（不）、断[2]（无/不可）、断乎（不能）、（不可）开交、老大[5]（不……）、（不）答话、（不）搭理、（不容/不由）

分说、（不）认账、（不）买账、（不敢/无人）问津、（没）分晓[3]、（不分/问）青红皂白、（不知）天高地厚[2]、（不跟/跟……）一般见识

二是本身具有正面性或包含有“正常”“合理”等内容的，因与否定形式组合而被否定，组合后的整个结构带有负面义，如“讨好[2]”意为“得到好效果”，加上否定式后就变成了“得不到好效果”，如“费力不讨好”有负面义；又如“景气[2]”指兴旺、繁荣，是正面的，但用于否定式后意思恰好相反，常见表述“市场不景气”，是负面性的。

这类词还有：

（没个）好气儿、好景（不长）、（无福）消受[1]、（难以）望其项背、（绝非）善类、（不）得了、（不）对头[2]、（不）自重［1］[1]、（不）成气候、（不）雅观、（不）待见、（决不）容情、（不）作美[2]、（不）顶数[2]、（未能）免俗、（不）入流[2]、（不）足［2］[3]、（很不）道德[2]、（不）耐烦、（不）作兴[2]、（不）抵事、（不是……的）吃素[2]

三是词语本身有负面性前提或负面性搭配，与否定性短语组合后的整个结构也具负面性倾向，比如“消受[2]”意为“忍受、禁受”，而“忍受”的对象在多数情况下是承受者不希望承受的，有负面性，而其常用否定式（消受不起）也是负面性的。又：

释怀：（爱憎、悲喜、思念等感情）在心中消除（多用于否定）①。

卧病在床的母亲让他挂念，难以释怀。

爱憎、悲喜、思念等感情的存在消除与否若无场景限定是无所谓有无负面性的，也就是说即使消除也不能确定是负面性的，但“释怀”的常用否定形式“难以”“不能”有客观上无法实现之意，产生了一种愿望上想要消除但现实中消除不了的矛盾，从而使组合含有负面义。

同类词还有“（没法）下台[3]”“招惹[2]（不得）”“迟迟（不）”“（好不）识羞”。

从上面的例子中还可以看出，语义组合方式的否定形式是限定性的，

① 此释义须调整，实际语用中没有“喜”无法释怀之说，且此处如与“爱”搭配，则此种“爱”有言说者认为不当有，或是其存在对所属主体有一定的不良影响的主观性判断。

此类义位只与特定的一个或数个否定形式相结合，以“不×”为主体，“没×、无×”次之，也有其他形式的如“难以”等。不同的否定形式与组成成分对于组合后负面意义实现与否有影响，特别是一些义位完全依靠与之组合的否定形式，使整个结构表现出“主观上希望（某种情形等），但客观上不能实现”的框架性负面义。

相对特别的是“太[4c]”，表示“很（用于否定，含委婉语气）”，它的负面共现成分分别位于其前后，生成的“不太……”格式，先由“太”与正面性的表性状词组合，再在前面加“不”构成否定式。

常用于否定式的义位在词义内容上虽然差别较大，整体数量也不少，但其负面辖域和深层负面义指向对象相对统一：否定形式本身或否定形式与相关义位义组合一起组成了它们的负面义辖域；它们深层的负面义指向则通常都是前面关联的施动者、适用对象或其所属主体。

较特别的是“（不和/跟……）一般见识”，它的共现组合与负面义表层指向其实是“和/跟……一般见识”，命题中的深层负面义指向的是施动者，但进入否定式后的其辖域实际上已无负面性，表层负面义指向按逻辑推导已不存在，但仍有深层负面义指向“和/跟”后引入的名词主体，它同时具有隐含的性状负面义和主观的陈述负面义，而非否定式的“跟……一般见识”则会让施动与“……”同时承担这两种负面义。

通过语义组合方式实现的组合倾向负面义还包括做量词用的：

顿[6]、通[11]、气、伙［2］[3]、帮［3］[2]

何杰（2008：175）指出，“顿”选择的动词群都表达了贬斥意义，而“通”的语义表达特点和“顿”相重合，两词的常见共现搭配有：

一顿/通打、一顿/通吹、一顿/通责难、一顿/通臭骂、一顿/通批评、一顿/通呵斥、一顿/通挖苦、一顿/通嘲讽、吓唬一顿/通、胡吃海塞一顿/通

“顿[6]”和“通[11]”的共现动词“打”“责难”“臭骂”等在语义上都有负面色彩，它们即“顿[6]”和“通[11]”的负面义关涉，使两个量词也带上了负面义。“顿[6]”和“通[11]”可用于主动或被动形式中，在主动形式中，其深层负面义指向可能是施动者也可能是动作关涉对象；但当处于被动形

式中时，深层负面义指向在没有特殊强调的情况下一般指向承受者主体。

另外，根据刘慧（2009：59～62）的统计，与“伙［2］[3]”“帮［3］[2]”搭配的大部分是消极性评价义名词或短语，与“气”组合的都是消极性评价动词或短语也即组合生成的指称性成分都具有陈述性的负面义。

语义组合方式实现的负面义其负面性共现成分出现的位置多数有固定偏好，也即其负面义辖域有一定的方向性，可以总结为三种情况。

前项约束式：和它们组合的负面共现成分一般出现在它们之前，有：

透顶、得慌、百出、成性、频发、频仍、不堪[3]、可怜[3]、昭著、昭彰、温床[2]、地步[1]、田地[2]、天地[3]、无所不至[2]、（不/……吗?）像话、（没个）好气儿、（不可）开交、（不）认账、（不）买账、（不）对头[2]、（不/请）自重［1］[1]、（不）雅观、（不）待见、（决不）容情、（不）作美[2]、（不）顶数[2]、（不）成气候、（不）入流[2]、（无福）消受[1]、（不）足［2］[3]、（很不）道德[2]、（不）作兴[2]、（不）抵事、（不是……的）吃素[2]、（不能）自己、（不甘）示弱、（好不）识羞、（不）对头[2]、（不）耐烦、（不）对头[3]、（不）对味[2]、（不）对付[2]、（不知）天高地厚[2]、（不/还……吗?）得了、（不分/问）青红皂白、（没法）下台[3]、（未能）免俗、（绝非）善类、（难以）望其项背、（无可/……不得）奈何、（无心）恋战、（不跟/跟……）一般见识

后项约束式：其负面组合共现成分紧随它们之后出现，这些词有：

热衷[1]、有点儿、包藏、市井、听信［2］、活活[1]、活生生[2]、眼看[2]、横生[2]、迟迟（不）、好景（不长）、消受[2]（不起）、万万[2]（没有/不可）、招惹[2]（不得）、老大[5]（不）、断[2]（无/不可）、断乎（不能）、死活[1]（不）、犯得着（……吗?）

前后约束式：此类稍微有些不同，它们的负面共现成分可以出现在它们之前，也可以出现在它们之后，或者从前后双方同时形成约束，前者如“滋生[2]”“蔓延”“滋长”“顿[6]”“通[11]”，后者如“（没有……的余地）调和[4]”“（不……A）太[4c]”“（不和/跟……）一般见识”。

二　语篇参照方式

通过此种方式实现负面义的词语词类各异，用法差别也很大，没有统

一的表现形式。它们的组合倾向式负面义表现为一种隐含着的负面态度，虽然有时其直接组合成分也有所体现，但多数情况下是在参照上下文语境所提示的信息后才能体现出来的。也即其中所隐含的负面义主要是由同一语篇单位中的非直接组合成分激发的。语篇的大小没有明确限制，小的只有一个句子。按照参照成分外在表现方式的不同可以将它们分为特定句式语气参照和关联语义及知识参照。

（一）特定句式语气参照

一部分词汇负面义是通过进入特定句式如反问句或祈使句表达出来的。① 当反问句被用来表达质疑与批评时，它带有某种负面性的评述态度，有部分组合倾向式的负面义词汇正是利用反问句句式的否定性激发生成了自己的负面义关联从而生成了负面义。如：

像话：（言语行动）合理（多用于反问）。
例句：这像话吗？

它的内涵义在反问句中已被否定，意为“不合理”，带有负面性意义。能进入此框架的词语还有：

得了：表示情况很严重（用于反问或否定式）。
这还得了吗？
犯得着：值得（多用于反问）。
为这么点小事犯得着再去麻烦人吗？
老几^{2}：用于反问，表示在某个范围内数不上、不够格（多用于自谦或轻视别人）。
我不行，在他们中间我算老几？
体统：指体制、格局、规矩等。
这成何体统？

除了反问句之外，祈使句有时在使用一些词语时蕴涵了某种状态没有达到要求的语义前提，与特定语义限定的词语组合也表达出负面性的评述

① 因其没有不与特定句式组合的常规表达方式故此将其列入，而不当成一般的临时修辞效果。

态度，如：

自重［1］[1]：注意自己的言行。

词义中没有任何的负面性成分，但在进入祈使句“请自重!”后，则意味着受话人在言行举止上没有达到说话人的要求，甚至有可能已对说话人有所冒犯，故说话人用此句以表示不满。

其他如“自爱”“好自为之”也常通过同种方式进入祈使句句式中表达出言说者对受话方某些言行及其表现出来的某种行为意图的负面性评价：

请自爱!

你好自为之吧!

相对来说，“好自为之”在语气上更委婉，表达更含蓄，其负面情绪可强可弱也可无，其显现也更依赖对具体的语境中相关关系、动作态势等所做的辅助性判断。

又如：

尊重[3]：庄重（指行为）。

该义位一般只在祈使句中出现，表现出言说者对受话人的行为的负面性评价：

（你）放尊重些!

上述通过相关句式实现的关联负面义没有具体形式上的承担者，只能说是在句式与相关语境的共同作用下生成了负面性的要素义，它们负面义的深层指向倒是非常一致，全部指向受话者一方。

有的义位所隐含的负面态度往往表现为某种较显明的否定性语气，如：

所谓[2]：（某些人）所说的（含不承认意）。

难道这就是所谓的代表作?

未免[1]：实在不能不说是……（表示不以为然）。

他这样对待客人，未免不礼貌。

老是：总是；表示一直如此（多含不满或厌恶意）。

他老是把朋友的劝告当成耳旁风。

此处“所谓[2]”和“未免[1]”所隐含的否定性语气与第二章提到的“倒是[7]”含有负面性语气不同，前者表示的是言说者对于陈述对象或其言行的负面性评价，它针对的是陈述对象或其言行而非当前的交际对象；后者则主要是言说者因自身情绪而产生的负面态度，主要作用于当前针对的交际对象。

（二）关联语义及知识参照

关联语义及知识参照指某一词语隐含的组合倾向式负面义往往在与共现成分组合后，借由共现成分所提供的关联内容及相关的背景知识激发显现出来的，从而使整个句子带有对相关内容或主体的负面性态度。这类义位的共现的负面义辖域可以是一个短语，也可以是一个分句，或是二者兼而有之。作为激发整个句子的负面性判断的参照关联成分可以是明确有负面性属性的直接组合成分，也可以是不带有明显负面义成分的间接组合成分，有的甚至由该句子所属语篇中的其他句子中的某一成分充当。

先说由明确有负面属性的直接组合成分实现的语义参照，请看下面的例子：

到头来：到末了儿；结果（多用于坏的方面）。

倒行逆施，到头来只能搬起石头砸自己的脚。

动不动：表示很容易就产生某种行动或情况（多指不希望发生的），常跟“就”连用。

她动不动就感冒。

以免：用在下半句话的开头，表示目的是使下文所说的情况不至于发生。

我们应加强安全措施，以免发生工伤事故。

免得：以免。

多问几句，免得你走错路。

以致：用在下半句话的开头，表示下文是上述原因所形成的结果（多指不好的结果）。

他事先没有充分地进行调查研究工作，以致做出了错误的结论。

上述数例中诸如“搬起石头砸自己的脚”“感冒”“发生工伤事故”

“走错路”“做出了错误的结论”等词语的负面属性可以从字面内容上就做出判定，作为“到头来”等词的直接组合成分，使整个句子带有负面性的评价义。

有时相关修饰或引导的直接组合成分本身不是负面属性较明显的内容，单独看不具有明显负面义，但是置于整个句子所处的语境中，参照其他非直接关联成分可以明确判定出负面属性。如：

不要紧[3]：表面上似乎没有妨碍（下文有转折）。

你这么一叫不要紧，把大伙儿都吵醒了。

例句中与“不要紧”直接共现的成分“这么一叫”从字面内容上看并无任何负面义，只有通过它在下文所造成的后续结果“把大伙儿都吵醒了”才能判断出“这么一叫”在言说者角度看来是具有负面性的，这里两者都是“不要紧”的负面义辖域。

再如前面所举的“动不动”，当它生成“动不动就感冒”“动不动就生病”时，由于生病对人有损害，是人们普遍不希望发生的事情，所以很容易就可以判断出后续的共现成分的负面性。但当“动不动”生成下面的表达时，情况就不同，如：

动不动就回娘家，哪有你这样做人家媳妇的？

“回娘家”从内容上看没有负面义，但在中国传统的家庭礼仪与行为规范中，正常情况下已出嫁的女儿是不能很容易就实现的，而一个很容易就有“回娘家”的念头或行为的媳妇是容易招致非议的，例句中对于“回娘家”所具有的负面性的理解与确立建立在中国传统道德观念的基础上，后一个分句作为一种评述性的补充从理解背景上进一步明确了“动不动就回娘家”的负面属性。

也就是说，要确立此种实现方式中的负面义辖域的负面属性不仅依赖于作为共现成分本身的内容，有时还必须在句中或句外的以其他背景情况的交代做参照的前提下才能显现出来，即它们的组合倾向负面义依赖特定的常识性认知或言说者个人主观认识做参照，若是后者，则整个负面义的成立需要有一定的语境背景的支持。可以说，关涉义辖域除了有具体的共现成分外，有时还有一个参照背景，此参照背景可以是上下文，也可以是潜在的主观性认识。

又如：

倒是[2]：表示事情不是那样（含责怪意）。

说得倒是容易，你做起来试试。

此例中的“倒是”插入了“说得容易”之中，而这个直接共现成分原本是个不带负面义的短语，它的负面属性只有在和后面的分句“你做起来试试”以及俗语的“说易做难”常规判断结合起来，才能确立并显现出来。

前面所举词例共现成分的负面属性也都可以且经常通过相似的情况显现出来，它们的深层负面义指向关联动作施事或是命题陈述内容的主体，这一类词语还有：

免不得、免不了、难免、动辄、导致、到头来、未免[2]、情愿[2]、宁可、宁愿、甘愿、甘心、甘于、甘居、不甘、长此以往、注定

有时，相关命题之所以表现出整体性的负面义是因为语境所补充提供的信息与该义位的意义形成了直接矛盾或与一般理解思维相反的间接矛盾，这样的义位有：

口服［1］、口惠、口口声声、口血未干、貌似、青天白日、光天化日、信誓旦旦、三令五申

“口服［1］、口惠、口口声声、口血未干、信誓旦旦”的主要内容都是言说类的，其关联负面义主要因语境提供的信息与言说内容有矛盾所致，如“口服心不服”“口惠而实不至”，从而影响言说内容及言说者的可信度，其深层负面义指向即为言说动作的行为主体。如：

口口声声：形容不止一次地陈说、表白或把某一说法经常挂在嘴边。

他虽然没有讲“台独”，却通篇充满“台独”意识；他虽然口口声声说和平，但实际上却是在搞对抗。（CCL 语料库检索第 13 条，新华社 2004 年新闻稿_ 004. txt）

其他如“貌似”隐含“表里不一”的暗示性信息，常用表述“貌似

公允”“貌似能干”指“实际上不公允”或“实际上不能干”，其语义框架中已内含了否定性的后继信息，它的补充后继成分出现与否都不会影响其负面性隐含信息的表达。“青天白日”“光天化日”则主要是关联动作的行为主体的活动时间与场合和常规的理解思维相违的缘故，它们和“貌似”的深层负面义指向命题陈述内容的主体。如：

青天白日：白天（含强调意）。

青天白日的，竟敢拦路抢劫。

“青天白日”除了强调是白天外，还强调是一种公开的正大光明的场合，而抢劫是违法犯罪行为，按一般理解思维，应该避人耳目，但行为者却在非常规理解的时间场合中施行了犯罪，深层负面义即指向此命题中陈述内容的主体。“三令五申”与此类似，它提供的是一个参照，其负面义指向的是置“三令五申”的内容及其施动者于不顾的行动对象。

通过关联语义与知识实现的组合倾向负面义还可跨越句子。在由数个句子组成的语篇中，某一个句子中的词语的负面组合倾向通过其他句子中的相关成分提供相关联的语义参照。这些语义参照可以一次性完成也可以逐层展开，“信誓旦旦”的负面共现成分在展开方式与间隔分布上的差异是最明显、最大的：

信誓旦旦：誓言诚恳可信。

该义位义不包含任何负面性的语义成分，其负面共现成分可以紧接在后面出现，也可以在后继分句中出现，或是在所属语篇的后继句子中出现，二者之间的语义关联可跨越短语、句子甚至是段落。例如：

①可后来厂方的出尔反尔使这一信誓旦旦的说明成了一纸谎言。（CCL检索第38条1994年报刊精选\03. txt）

②刹车也是滕海清拍板通过的，在10月的电话和口头指示中，他也曾信誓旦旦地表示要承担责任。但几天之后，其态度便发生逆转。（CCL检索第97条《作家文摘》1996A. TXT《康生与“内人党”冤案》6）

③不要忘了，前两次谷歌涉黄时，也曾公开道歉，也曾信誓旦旦地表示整改。结果如何呢？谷歌中国还不是同样陷入色情的泥沼不能自拔。（人民网——IT频道《如果谷歌再涉黄，我们怎么办?》2009-06-24 08：18）

④美俄首脑莫斯科会晤后发表了联合声明，双方信誓旦旦地强调“两国关系将有一个全新的开始”。但是美俄两国要“重启关系”谈何容易。美国不太可能改弦易辙，不再挤压俄罗斯的战略空间；何况俄罗斯一向反对美国支持的科索沃独立；美国也声称，不能接受俄罗斯承认南奥塞梯和阿布哈兹独立的事实。美俄两国围绕能源、反导问题，以及从中亚、里海修建通往欧洲的油、气管道问题争夺激烈。至于在乌克兰和格鲁吉亚加入北约问题上，美俄两国更是尖锐对立，寸步不让。看到美俄两国之间的这些冲突，人们不难想到围绕着东欧反导系统的争斗，恐怕是旷日持久的博弈，难在旦夕之内解决。（人民网《解放日报》2009－07－13 日 09：58《美俄博弈未有竟期》）

⑤这一回，发狠话的是中消协副秘书长、新闻发言人武高汉，他信誓旦旦地说，要让那些“黑心经营者”无法承受但又必须承受的代价，实现“从舅舅家赔到姥姥家”。（新华社 3 月 14 日）

“从舅舅家赔到姥姥家”，把惩罚的力度上升到这一步，乍听起来很生动，又不乏狠劲。不过，这样的狠话消协这些年说得太多，现在只会让人麻木，甚至有些腻歪。（人民网《中国青年报》2010－03－16《消协的“狠话”只是一个维权笑话》）

上述例句中“信誓旦旦”的共现负面成分的实现方式有三种途径。首先可从语义上否定具有“信誓旦旦”这一属性的主体（人或集团等），又或是否定“信誓旦旦”中誓言的内容，又或是二者皆否定，从而皆表现出对“信誓旦旦”的关联对象的负面性评价。上述例①的负面共现成分是对“信誓旦旦”所修饰的中心语所做的负面性判断，与原词虽有间隔但在当句已出现；例②的负面成分在紧接的后继句中出现，例③的则在后继的第二个句子中出现，但之前已有一个反问句在语气上先做了铺垫，两个例子在语义上一直接一间接地对“信誓旦旦”的主体及誓言的内容进行了否定，整体上都具有对陈述主体的负面性评价。例④负面成分中的负面性要素表现得并不明晰，其在语篇中激发出相关负面义的语义关联不是一次全部直接显现的，而是通过渐次的论述展开对誓言的内容“两国关系将有一个全新的开始”的逐层分析，说明它的不可能，从而表达出对“信誓旦旦”的不认同态度。例⑤中的负面共现成分虽只间隔了两个句子，但跨越了两个自然段，且在出现前还插入了一个欲抑先扬的句子，而其内容本身也不是对“信誓旦旦”的誓言及行为的直接否定，无论在语义衔接还是在语气衔接上都是一个较大的跨越，但通过语篇间的相互关联仍激活了相关的负面义。如果说前三个例子中的负面共现成分的语义关联只要通过直接的语义激发就可实现，后两个例子中的负面义关联则需要一定的认知心理条件（如前面接受信息的保存与记忆能力）和一定的社会知识作为基础。

通过关联语义及知识参照方式实现负面义的词语从某种意义上说与通过语义组合方式实现负面义的成员有一定程度的相似，即它们若是通过直接或近距离明显带有负面义的共现成分而带有负面义的话，除了前者与共现成分之间多少总有其他功能性词语或起补充作用的相关短语作为中介之外，二者其实没有非常大的差别。

另外，义位可通过关联语义及知识参照方式中不同的小类生成关联负面义，详情请参见表3－1。

表3－1　负面义辖域实现方式统计

负面义辖域成分	相互关系	相关词语
带负面性义位的词语	直接语义关系	甘居、不甘、免不得、免不了、未免[2]、难免、导致、动辄、动不动、到头来、宁可、甘愿、甘心、情愿[2]、宁愿、甘居、惟恐、不甘、注定、险些、省得
后继成分说明	间接语义关系	口服［1］、口惠、貌似、倒是[2]、不要紧[3]、到头来、长此以往、殊不知、青天白日、光天化日、口血未干、口口声声、信誓旦旦
相关知识背景	相关理解框架与联想	倒是[2]、不要紧[3]、免不得、省得、免不了、动不动、动辄、宁可、情愿[2]、宁愿、甘于、甘愿、惟恐、注定、貌似、青天白日、光天化日、口血未干、口口声声、信誓旦旦

注：“貌似”也可以不借助后继成分说明即自我实现对直接共现成分的否定。

从前面的分析可以发现，组合倾向式关联负面义的小类所适用的词语互相之间是有交叉的。需要说明的是，现实中所有的语句理解都需要有相关的知识背景，此处只是强调在某些情况下它主要靠特定背景知识才能确定组合共现成分的负面属性。

另根据关联负面共现成分的明晰程度及分布距离的远近来看，它们中的不少成员对相关联的负面共现成分的选择都比较灵活，详情参见表 3 - 2。

表 3 - 2　负面义辖域的位置分布

	负面义辖域的位置分布		
	同一短语	同一短语或同句但间隔逗号等有停顿符号	后继句或跨句语篇
通过关联语义及知识参照方式实现负面义的词语	不甘、甘心、甘于、避免、宁可、宁愿、惟恐、到头来、导致、动辄、动不动、未免[2]、情愿[2]、免不了、免不得、难免、光天化日、青天白日、无奈[3]、不堪[2]、省得、险些、口服［1］、口惠	不要紧[3]、倒是[2]、殊不知、长此以往、口血未干、口口声声、貌似（它比较特殊，其关联负面义可不直接出现）	信誓旦旦

从表 3 - 2 可以看出，组合倾向式负面义的实现关联负面义的两种方式间不是完全不相交的，语义组合框架中通过加上否定结构来实现负面义的词语中就有不少还可以通过进入反问句或祈使句来实现其负面义，如“自重、自尊、自爱”既常与否定词组合又常进入祈使句格式；而“得了”倾向于和否定词组合或是进入反问句格式；“像话”除了组成反问句外，它与否定形式的组合频率更高，已固化成词。

含有组合倾向式负面义的义位在长期与共现成分组合后会容易感染上共现成分的负面义并将其直接沉淀在自身的词义中，不依赖组合共现对象也可独立存在，此时组合倾向式的负面义就变成了蕴涵式的负面义。在上述实现方式中，与独立的负面性义位搭配的语义组合最容易发生这种变化，如“包藏”长期与“祸心”形成固定的搭配并受其感染，使作为常用共现成分的“祸心”的负面义渐渐沉淀到了主导词“包藏”自身的词义中，于是“包藏”语义框架中的动作受事要素已开始生成“坏的、作恶的念头”等相关语义限定，即原本作为负面性语用条件限定外在于“包藏”的共现负面义位“祸心”的负面义已开始成了“包藏”的内蕴式语义限定，变成“包藏”的负面义关涉要素，但整个词语的负面义指向并没有改变，仍指向“包藏”的主体或其所属主体。

组合倾向式负面义的具体生成演变及相关语用频率比例的问题我们将在第五章词汇负面义的演变与社会因素的讨论中展开。

第五节　小结

本章主要讨论词汇负面义的负面义关涉的分布、负面义辖域的分布与实现方式、负面义指向与指向重心转移之间的关系，主要有以下内容与结论：

第一，结合词义释义模式与配价理论主要分析了表名物词、表性状词的概念性负面义的负面义关涉及负面义指向的分布，指出在表名物词和表性状词的释义模式中，相关种差和性状说明成为负面义关涉的比例较高，相应的负面义一般指向该名物词的指称对象和表性状词的适用对象，但可能存在表层指向与深层指向的差别。个别内容小类的副词和态度倾向式负面义的负面义关涉与负面义指向可参照上述方式分析。

第二，按表动作行为词的释义模式涉及的项目逐项分析讨论它们的负面义关涉所充当的语义角色和负面义指向的关系，得出要素 B（施动者）、d（动作限定）中的方式小类、F 中的目的小类若是负面义关涉要素的话相对来说较容易确定负面义的指向为施动者的结论，指出动词负面义关涉对共现成分（在多数情况下主要是与该词的负面义关涉充当同一语义角色的共现成分）的正负面属性是有选择性限定的。

第三，重点考察二价与三价动词中相关共现成分正负面属性限定与负面义指向、负面义指向重心转移之间的关系，区分属性负面义、性状负面义、陈述负面义三种性质的负面义指向。指出相关的负面义关涉都有可能对相应的共现成分有属性限定，其中若与负面义关涉要素对应的共现成分中关键的一个违背此限定要求的话，则整个句子多数不能成立。

第四，分别考察了蕴涵有立场对立权势关系和会话角色分立式权势关系的动词负面义中相关权势关系对负面义指向和重心转移的影响。认为前者存在一个显著稳定的权势关系，它的负面义指向有的可因词义内蕴的对立立场的稳定情况和外在言说者立场的差异而有所改变，但有些只能选择固定的预设立场；后者的权势关系对比多处于中间阶段，相应的其负面义的指向也就比较灵活。

第五，分析描写了通过语义组合实现的负面义辖域的组成内容与方向分布特征，并将通过语篇参照式实现关联负面义的词语分为特定句式参照、关联语义及知识参照两类，分析统计它们的负面义辖域的实现方式与分布位置情况。

第四章

历史文化因素与汉语词汇负面义的生成及演变

历史文化与语言的关系非常密切，特定的语言总是受到它所从属的文化背景的影响和限定，特别是对于传承了几千年文化的汉语来说，相关的历史文化因素往往会不经意地在汉语的各层面中显现出来，而词汇语义是历史文化因素反映最集中、最显明的层面。不同的历史时期会生成不同的文化词汇，当时的社会文化心理取向也会反映到当时的语言词汇层面中，直接影响当时人们对某类人事物、某些言行及性状的判断，表达人们或正面或负面或没有明显正负倾向的主观态度。随着历史的发展，这些主观态度可能已随历史而消逝，也可能沉淀到词汇语义中，变成一种无意识的习惯而保留了下来，影响着今人对相关指称对象的判断，这些保留下来的不同历史时期的主观态度与判断极大地影响了汉语词汇负面义的生成与显现。

关于因历史文化因素而生成词语的正负面属性的讨论有很多，与词语负面义演化相关的主要思路有两种。

一是讨论个别词语的词义由正至负或由负变中、由负变正的演变。多数词义演化的研究中都会涉及民族文化与词义演化的关系问题，学者在讨论词语的感情色彩的历时演变时对此尤为关注，常敬宇（1995）、刘桂华（2001）、段纳（2006）等都提到了社会风俗文化和道德准则与价值取向等的变化会造成词义褒贬的变化。

历史文化影响较集中的领域是成语，孙雪梅（1999）、左林霞（2000；2004）、刘晓梅（2005）等关于成语演化的讨论都涉及因历史文化而产生的相关语境和道德行为准则等因素对成语的褒贬演化产生的影响。

然而由于汉语的发展过程非常漫长，而词义的演化是综合了众多因素相互影响的结果，在不同历史时期可能出现的情况也还没有被完全揭示出来，这使得多数讨论相对集中于两头，对具体的历史文化因素的分析和影响方式的探讨也欠深入，相说来说稍嫌简单。真正能将不同历史时期、不同文化因素与不同使用场合结合起来讨论的是洪成玉（1985：139～143）和杨琳（1996：81～97），洪成玉主要从政治领域分时期详细地讨论了中华民族尚左或尚右习俗在语言中的表现，指出在官场上此种习俗屡有改变，且语言与社会政治的评判标准并不完全一致；杨琳按地域、民族、场合（如喜、丧等）、行业（官、商、军）等细致地讨论了“左”“右”在不同历史时期因尊卑之分带来的褒贬义。洪、杨二人的讨论是个别词的褒贬义演化中最详细、最深入的。

二是以某一语义范畴为单位讨论相关词义的褒贬义。如谢丹（1986）对含五官词语素的词语的感情色彩进行了统计，指出它们总体上贬义词占多数，其中含耳类和含鼻类语素的词有贬义的约占四分之三，含口嘴类语素的词带贬义的约占三分之二；关英伟（1995）讨论了动物词语的褒贬义及其变化；常敬宇（1995：15、30）谈到了汉民族的尊卑观念（如男尊女卑）、夷夏之分的排斥异己观念（如指称少数民族的胡、蛮、番、狄等）等所蕴涵的贬低意味和生成的相关贬义词等；张志毅、张庆云（2001：198）指出，受传统文化的影响，许多表颜色的义位都有贬抑的意味。

还有部分学者讨论某一语义范畴词语整体上的负面性演化倾向，如左林霞（2004：84）从汉文化“求实”“中庸”思想出发，考察了“吹嘘”类和“标新立异”类词语总体上呈现的贬义和贬义化现象；张博（2004：237～249）指出，受到道家“抱朴”“绝巧”等哲学观念的影响，汉语中有相当一部分表示从事、技巧等人为技术类的词语都曾衍生出消极否定性的意义，如单音节的“为”“妆”“矫”“做”“化”“巧”“雕”“造”“饰”等和双音节的“作为”“造作”“做作”“矫揉”“机械”“伎俩”“技巧”“构架”“装潢”等都曾产生过表示错误、虚假等消极属性的意义。

中国历史上受外来文化影响最大的是佛教，它也在汉语词汇中打上了明显的印记，梁晓虹（1994）详细地探讨了佛教教义、仪礼与传播方式等对汉语词汇生成和演化的影响，其中也涉及了词汇负面义的生成问题；另外，相当一部分对成语的褒贬变化的讨论如孙雪梅（1999）也提到了佛源成语的贬化。

第一节　从鬼神观的演变看含“鬼”词串负面义的生成与演变

一　中国古代鬼神观的发展演变情况与鬼神含义的变化

鬼神文化在中国的历史源远流长。人们对鬼神的看法在不同历史时期、不同阶层或是同一阶层不同集团、个体之间都有差别，但从鬼神观演变的总规律来看，可以以西汉成帝即位第二年首次进行政府性的大规模罢非礼之祠为分界线，大致分为前后两个时期。前期人们对于鬼神以正面评价为主，后期鬼神观发生负面化与分化，人们对鬼的评价以负面为主，对神的评价较前期的正面化程度有所降低，但仍多为正面性。其转变的中间阶段较长，从西汉武帝至东汉灵帝都属于转化过渡期。

（一）前期鬼神观的表现及鬼神之含义

敬事鬼神是三代的重要传统，春秋、战国时儒、墨亦以自己的方式分承其绪。以儒家为例，祭祀鬼神是儒家礼制的重要组成部分，也是慎终追远的直接体现，孔子尚礼重祭崇孝道，连带着也非常重视鬼神，在《论语·泰伯》中他曾对“菲饮食，而致孝乎鬼神”的禹大加称赏。《墨子》敬鬼远胜过儒，葛兆光（1999：103）指出，在墨家的学说体系中，鬼神的地位非常高，鬼神的存在与制约是帮助人们实现维护整个社会的安定和平和富足繁荣所不能少的。

自秦统一六国至两汉，鬼神的神力与威望对社会上下层一直有较大的吸引力。《汉书·郊祀志》载：“及秦并天下，令祠官所常奉天地名山大川鬼神可得而序也。”武帝更是痴迷于鬼神，此风沿袭至后，官方奉祠的鬼神数目已相当多，汉成帝初即位时，有“长安厨官县官给祠郡国候神方士使者所祠，凡六百八十三所”；而哀帝时有“凡七百余所，一岁三万七千祠云”；到王莽篡位末年仍有“凡千七百所”，可见尊神鬼风气之盛行。

人们对鬼神的崇拜来自他们对鬼神的认识。从上面所举的例子来看，“鬼”在前期绝大多数时候都是对人死后的一种称谓，尤其是祖先，如《左传》宣公四年子文云“若敖氏之鬼，不其馁尔”，即指其祖；而“神”

则泛指各种神灵，其最高者亦称天或帝。“鬼”与“神”的并称在当时非常普遍，当“鬼神”并称时由分指祖先与神灵进而统称神灵，以《左传·僖公五年》为例：虞君以为“吾享祀丰絜，神必据我”，宫之奇则谏之云“鬼神非人实亲，惟德是依”，前者言“神”，后者言“鬼神”，二者所指实一。

张劲松（1991：17～18）指出，鬼的出现往往早于神，神其实来源于鬼。前期华夏民族仍处于原始宗教信仰末期，祖先崇拜与神灵崇拜合一。《墨子·耕柱》认为“鬼神之明智于圣人，犹聪耳明目之与聋瞽也”，在祖先崇拜与神灵崇拜心理的共同作用下，人们对鬼神，既敬其德智，又感其与己相亲，在今传世的正统文献中多持正面性评价。

（二）鬼神观的负面化与分化表现、转化后鬼神含义的变化及其在汉语语义语用上的分化

鬼神观的负面化与分化的原因及表现。

随着历史的发展，原始宗教的祖先崇拜逐渐解体，佛教传入、道教产生后它们与各种方术谶纬巫鬼等的竞争激化了不同体系鬼神的竞争，其次是迷信鬼神对社会政治经济产生的严重负面效应，特别是影响政权的稳定，遭到了统治者的制止，再加上无神论的进一步发展，合力导致了鬼神观后期的转化尤其是鬼的负面化。

鬼神观的转化是一个渐变过程，刘勰《文心雕龙》载汉武帝时，“东方朔有骂鬼之书”，但受当时社会整体心态的限制，他的态度并不具备普遍性。随着历史的发展，官方祭祀的性质、方式也在悄然改变，刘勰指出：“汉之群祀，肃其旨礼，既总硕儒之仪，亦参方士之术。所以秘祝移过，异于成汤之心；侲子驱疫，同乎越巫之祝。”则汉代的鬼神崇拜中祖先崇拜的成分已较少，巫鬼、方术等的影响力增大。此种汉式的鬼神崇拜在汉武帝时与王莽篡位前后都演变为极端，暴露出淫祀鬼神的众多弊端，人们对鬼神的负面评价开始由个别向普遍发展。

鬼神观的普遍性转变以政府开始干预崇鬼佞神、罢除淫祀为标志。《汉书·郊祀志》载汉元帝最早罢郡国宗庙，但占官祠比例不大，真正首次大规模的罢祠是在汉成帝即位第二年，旧有的六百八十三所祭祠被罢去四百七十五不应礼的，相当于削减了大约三分之二。东汉事鬼神之风曾复炽，至曹操父子则明确禁止淫祀，《魏书·武帝纪》记汉灵帝光和末年，

曹操迁为济南相，便在当地“禁断淫祀”。而据《魏书·文帝纪》记录，曹丕子承父训，黄初五年十二月其下诏曰：“叔世衰乱，崇信巫史，至乃宫殿之内、户牖之间，无不沃酹，甚矣其惑也。自今，其敢设非祀之祭，巫祝之言，皆以执左道论，著于令典。”此诏态度强硬，并以刑罚惩处相威胁，极大地加强了“禁淫祀”的力度，显现出统治者坚决打击淫祀鬼神的决心。

魏后各朝罢淫祀之令不绝，亦多类此。而此后鬼神观的转化主要表现在以下四个方面。

首先，鬼神的崇高地位被颠覆。早期的鬼神有操控和主宰人世的大权，后期的人们反过来具有驱使、惩治甚至是斩杀鬼神的权力与能力，这就大大降低了人们对鬼神的敬畏，也是鬼神的负面含义产生的前提之一。

其次，鬼神与人类的关系向负面方向发展。鬼神害人三代时已有，但后期人们对鬼神的敌视憎恶情绪与防范心理要明显和强烈得多，东汉许慎《说文》解“鬼”云“鬼，阴气贼害”，代表的是当时的普遍看法。

再次，人与鬼神关系的疏离。此种情况在魏晋南北朝的志怪小说中便已常见，如《幽明录》黄原遇青犬的故事，有“人神异道”之言；《旌异记》有“人鬼道殊”之语，二者俱强调人与鬼神在本质归属上的区别。后期人们还相信人与鬼神接近于人有害，如此则人对鬼神相亲之意日少，畏惧之心实多。如托名干宝的《搜神记》卷十六“紫玉”条：玉与韩重彼此心许，后玉死为鬼，邀重入，“重曰：‘死生异道，惧有尤愆，不敢承命。’玉曰：‘死生异路，吾亦知之，然今一别，永无后期，子将畏我为鬼而祸子乎？’”又《录异传》“如愿”条，青洪君邀请欧明，“（欧）明知是神，然不敢不往”，且“甚怖，问吏，恐不得还”。同一时期，鬼丑陋吓人的外表开始在人们的意识中定型。《幽明录》阮德如遇鬼的故事，阮“徐笑语之曰：‘人言鬼可憎，果然’”。其语反映了当时鬼在人们心目中的普遍印象①。

最后，无神论者（主要是儒者），否定鬼神及其超能力的存在。后期如东汉桓谭《新论》、王充《论衡》、阮瞻《无鬼论》、范缜《神灭论》、卢藏用《析滞论》、李华《卜论》等都是非鬼神之说，否定鬼神的神性与

① 本节中引用的六朝小说出自《汉魏六朝笔记小说大观》，上海古籍出版社，1999。下同。

神力，揭示奉祀鬼神的荒诞无益。《魏书·释老志》记载，有儒者曾指出佞信鬼神“乱天常”，会导致“政教不行，礼义大坏，鬼道炽盛，视王者之法蔑如也”的严重后果。

转化后鬼神含义的变化及其在汉语词汇语义和语用上的分化如下。

后期人们仍普遍认同前期“人死为鬼”和“神为神灵”的提法，但受不同系统的鬼神体系互相竞争的影响，“鬼”与“神”产生意义偏向与正负面分化：“鬼”的行为偏向作祟，意义向负面化发展；“神”的行为偏向降福，含义多为正面性。这种联想偏向也在语义上形成分化：迷信鬼神，尤其是淫祀鬼神则称“鬼”，灵验、有神力则称“神”。同时后期鬼神的抽象化意义都有较大的发展，如二者在方言中都可指聪明，“鬼”形容机灵、狡黠，带些狡猾的负面伴随义，“神”指聪明则只有夸赞义。另鬼神皆可形容神秘不寻常的事物或行为，但“神”偏指神奇、神异，“鬼”的神秘莫测背后却总与害人的阴谋相关。

鬼的相关譬喻性还能产生新义新词或新的搭配组合，如“鬼”可表示具有负面性意味的讨厌的人，有“穷鬼”“冒失鬼”“色鬼”等；或者表示暗中损人自利的诡计或行为，如“心中有鬼”“搞鬼”皆属此类。

在语用功能上，鬼神也分化开来。“鬼”可作为贬称、恶称，如《魏书·李玚传》中推崇儒学的李玚贬佛教为“鬼教”。“神”则作为尊称、美称，《文选》中沈约《钟山诗应西阳王教》：[①]“翠凤翔淮海，衿带绕神坰。”吕向注云：“称神者，美言之”。后期，这两种用法在日常语言生活中都非常普遍。

此外，后期儒家的解经者汲取《老子》论道的思想，使鬼神分别滋生出与阴阳二气相关的意义。

鬼神之同异、不彻底的分化及对语义语用的相关影响如下。

如前所述，后期鬼神的意义内涵有正负分化的过程，但此种分化是非常不彻底的。此期鬼神的外延所指仍边界模糊且常相重叠，不能明确划清界限，除受历史上鬼神多同源思想的影响外，实因不同的社会集团利用鬼神进行斗争时其立场视角有差异所致。王充《论衡·辨祟》曰：“圣人举事，先定于义。义已定立，决以卜筮，示不专己，明举鬼神，同意共指，欲令众下，信用不疑。”从社会功能上看，鬼神不仅可作为民众苦难生活

① 本章中的词语释义与来源未加注明的话皆采用《汉语大词典》的释义与引证。下同。

中的精神慰藉，还是统治者宣扬君权神授，合法驱使民众，维护其统治的法宝。为了防止他人借鬼神名义操纵人民造反，同时又方便自己利用鬼神来控制人民，当权者便将鬼神分化，合己利者称神，礼敬；违己利者称鬼，贬黜。然而对于受统治者或欲谋逆者而言，鬼神之称谓及其所指的确立只当从己之需要，不须受当权者的限制，结果便是“二者以认知之差距，使官方不断取缔淫祀，采取贬神为鬼的做法”（沈宇宪，1993：76～77），如此官方之“鬼”即是民间的“神”。由于社会矛盾斗争的复杂性，不同的集团都有可能存在此种认识角度上的对立，于是，尽管后期大多数社会成员都认同鬼神的内涵中鬼作祟、神降福的分别，且相对于某一集团来说，鬼神的指称分化是必然而且是相对清楚的，但对于整个社会集体来说，不同的集团所云鬼神的外延并不一致甚至每每相反，于是外延的分化始终无法统一。鬼神的分化在具体外延指称上不能明确体现，真正的分化就不可能实现。

如后期鬼与神在指称上仍可以互相通用。如《幽明录》“河南阳起”条：“（阳起）为日南太守，母至厕上，见鬼头长数尺，以告圣卿，圣卿曰：此‘肃霜之神’。”这种在甲为神在乙为鬼的现象实因历史上不同阶层和不同地区、不同信仰的人们对于同一鬼或神的看法与认识及心理感情不一所致。即使鬼神从概念上可按其为善或为恶而区别开来，但实际上对具体的指称对象而言，仍难分别。在同一宗教信仰中，也有亦鬼亦神的，佛教中的“神道”就包括有“六道”中的前三道：天道、阿修罗道、鬼道（丁福保，2002：914），佛教所奉的鬼子母神，原本为鬼，皈依佛教后才被视为护法神。加上鬼神自身及其属性善恶、神力良莠都是人们思想意识所塑造的，没有实际存在可以作为区分标准，因此断言是鬼还是神的判断标准具有很大的主观性，根本上取决于言说者所处的立场。

且鬼神语用上的贬、美称的分化有时也反过来造成了鬼神指称上的不分，最明显的例子如宋代佚名的《摭青杂说·阴兵》：“兼闻有生人不相关之言，而知其为鬼兵也，乃免胄出见守寨门官，因再拜曰：‘某大宋刘太尉下踏白军也，不知神兵自何道来也？’”心以其为“鬼兵”，面见则称“神兵”，“神”成了对“鬼”的礼貌称谓。

鬼神还有分指与泛指的关系，如合称同指魂魄，后人再分出“鬼”指魂“神”指魄的区别。泛指鬼神时亦然，分言则云鬼与神，合称则都为鬼神。

故而实际上后期鬼神的分化主要是其相关联想意义在语义词汇与语用

层面的分化。鬼神发展出正负面相反的意义并以此为基础分别衍生出大量相关含“鬼/神”词串，具有各自的特有搭配、形式与用法，且分别组成了不同的语义场，使鬼神在语义词汇语用层次上不相交的部分日益扩大。但同时，鬼神不分也使“神”的含义在某种程度上受到了“鬼”的含义包括其负面义的影响，在明清特别是清代以后，它与一些负面性语素组合生成了带有负面义的词语。如：凶神，凶恶的神。《水浒传》第七回：“撞着年庚不顺利，方知太岁是凶神。”

另如“穷神”“神脚”“神狗乾郎”“神棍”，而同时含有“神”与“鬼”的词语的负面义也较明显，下面是对兼含鬼神词串的“神 X 鬼 Y”格式的讨论。

二　汉语词汇中含“鬼”词串的负面意义的演化

比照思想史中人们鬼神观的发展历程而言，汉语词汇中“鬼”和含“鬼”词串的正负面意义的演变具有总体上的同向性、明显的滞后性及相对的独立性。这些特征体现在以下几个层面。

（一）“鬼”的正负面义位变化

《汉语大词典》（以下简称《大词典》）中“鬼”共有 15 个义项，分别为：

（1）迷信者以为人死后魂灵不灭，称之为鬼。

（2）指为鬼，死亡。

（3）祖先。

（4）特指天子诸侯贵族已不在庙、坛中享祭的元祖。

（5）万物的精灵；鬼怪。

（6）对人的蔑称。

（7）对人的昵称。

（8）形容恶劣，糟糕。

（9）谓迷信鬼神。

（10）狡黠；机灵。

（11）引申为不光明的事，不正当的心计。

(12) 神秘莫测。
(13) 远; 绝远。
(14) 星宿名。
(15) 姓。

15 个义项中 4 个有正面义，除做昵称者外皆出现于东汉前；7 个呈中性义，当中有 3 个后期变为负面性；另有 4 个为负面义，多产生于南北朝后期。至现代，“鬼”15 个义项中正面义与中性义多数已消亡或已向负面义转化。《大词典》中“鬼”目所收录词条除去字形字音相近通假及类似的重复者外，共 312 个词条 412 个义项，其中 28 个正面义项，149 个中性义项，余为负面义项。

2005 年版《现代汉语词典》中“鬼”共有 7 个义项，分别为：

(1) 迷信的人所说的死后的灵魂。
(2) 称有不良嗜好或行为的人。
(3) 躲躲闪闪，不光明。
(4) 不可告人的打算或勾当。
(5) 恶劣，糟糕。
(6) 机灵。
(7) 二十八宿之一。

其中 1 个是正面的，1 个是中性的，其余 5 个都是负面的；“鬼”下共收录 27 个词条 31 个义项，其中 3 个义项是正面的，3 个义项是中性的，其余的义项都是负面性的。

两相比较，“鬼”的意义负面化趋势明显，负面义浓重。

（二）含“鬼”词串构成的发展及其正负意义的表现与演化

由于宗教信仰等原因，含“鬼”的词串非常多。我们不讨论各种宗教信仰中表示来源、功能、处所、性状等内容的指称性词串，只从与“鬼”组合的构词语素义内容出发，重点考察带有评判功能的指称性词串。

从先秦至西汉，“鬼”最常见的组合是“鬼神”或“神鬼”，带有正面含义。其他含“鬼”词串如：

鬼入、鬼雄、山鬼、新鬼、故鬼、鬼妻、鬼责、鬼薪、妖鬼、恶鬼

其中前3个有正面义；“新鬼”“故鬼”在原文中无正负倾向；“鬼妻、鬼责、鬼薪、妖鬼、恶鬼”所指有负面性，但此时鬼在人们的意识中不带负面性，后4个词串的负面性来源于另一个组合语素或是组合语素之外，特别是“鬼责”，指的是鬼神的斥责、惩罚，整个词串虽带有负面性，却突出了鬼神的神权威力。另外，除“鬼薪、鬼入、山鬼”外，其余词串作为词的身份还不能完全确定。

东汉至南北朝含“鬼”词串大增，有：

鬼仙、鬼道、鬼卒、善鬼、游乐鬼、客鬼、正鬼、虐鬼、厉鬼、魍魉鬼、疫鬼、伧鬼、鬼人、灵鬼、鬼妇、鬼子、鬼手、痴鬼、疫鬼、鬼话、鬼语、病鬼、鬼魅、友鬼、死鬼、鬼幻、鬼吏、鬼气

这些词串可分成三类：“鬼仙、鬼道、鬼卒”表现喻指义，“鬼子、鬼手”可兼有实义加表詈义，其余皆是实指与鬼相关的内容。“鬼道”最早见于《史记·孝武本纪》：“开八通之鬼道”，但不成词，其成词当在东汉末，《三国志·张鲁传》：“（张）鲁遂据汉中，以鬼道教民，自号‘师君’”，此中“鬼道”为五斗米教教派称谓，原无负面性，后来由于道教系统的分化乃为葛洪所贬，是比“神道”低一级的民间道教总称。另外，“鬼道”还是佛教“六道”之一，也无负面性。“鬼仙”与“鬼卒”则分别指修炼有成的最低一层和新入教的五斗米道教民，也只是在道教系统的比较中所处等级较低而已。负面性显著的是“鬼子”“鬼手”，它们作为詈语用法的出现是“鬼”成为詈语构词成分的开始。实指类的含“鬼”词串其正负面义多由另一构成成分决定：如“疫鬼、痴鬼、厉鬼、病鬼”呈负面性，“善鬼、灵鬼、游乐鬼”有正面色彩，“友鬼”“鬼人”分别指死去的友人和能与鬼沟通之巫，无负面色彩，“鬼话”“鬼语”皆实指鬼说的话，还未发展出负面喻指义。

隋唐两代时佛教在中国已基本上站稳了脚跟，受其影响，与佛教内容相关的“鬼”的词串骤增，并有不少溢出宗教范围，进入日常用语中。如唐初仅王梵志诗集中就有下列含“鬼”词串：[1]

① 据张锡厚校辑的《王梵志诗校稿》，中华书局，1983。

长眠鬼、愚痴鬼、受罪鬼、短命鬼、死鬼、掣拨鬼、无常煞鬼、无常鬼、煞鬼、老烂鬼、外鬼、巡门鬼、寄住鬼、真鬼、鬼朴

王梵志多选负面性内容与“鬼”结合，其中不少已可作为表喻指的贬责用语，如王诗《人纵百年活》中的“老烂鬼”居然指的是号称长寿的彭祖，无疑带有某种骂詈戏谑的成分；又如此时的“死鬼”非魏晋时“人死后为鬼”之义，已带上了詈语的意味。

唐代还衍生出不少无负面色彩的含“鬼”词汇，如：“鬼工”“鬼功”“鬼眼”“鬼市”“鬼炊”“鬼胆”等，前三个还带有褒扬性的正面色彩。

由于鬼神观的转化，魏晋之后“鬼”的常规正面义与非常规负面义互相对转，“鬼”的负面含义无语言形式标记，若要表示正面的鬼的形象，就必须与表示正面义的其他语素结合。此后，大多数正面意义与“鬼”构成的词串都是临时性的，但多数负面意义与“鬼”的组合却稳定下来成为固定词语。在唐代，已有成词化了的“穷鬼”与“穷寒鬼”随写入的诗文流传，如张祜《感归》诗有：“乡人笑我穷寒鬼，还似襄阳孟浩然”，张鷟《游仙窟》有：“诚知肠欲断，穷鬼故调人。”

宋元之后，新增的含“鬼”词串大多是负面性的，且负面义有加重趋势，词串中的很大一部分都可用来作为詈语。刘福根（2008：105）指出：宋元时期产生不少新的带“鬼”的詈语，如“小鬼”“酒鬼”“破家鬼”“催命鬼”“地头鬼”“鬼话”等，这些是指称类詈语。除此之外，宋元后还出现了很多表性状类的负面性含“鬼”词串：如宋“鬼质”“鬼祟”“村鬼”等；元“鬼狐犹”“鬼画符”“鬼随邪”“鬼促促”等；明“鬼打钹”“鬼慌”“鬼迷”“鬼伥”等；清“鬼鬼头头”“鬼鬼唧唧”“鬼串”“鬼吵”等；现当代“鬼里鬼气”“鬼迷心窍”等。

清代，具负面义的含“鬼”词串大增的另一来源是用于指称西方人。明末清初，西人东来，国人既惊其形貌，又恶其侵害，故以鬼类视之，名之为“X鬼/鬼子”。近现代，此义成为对西人的通称，其负面义随中外民族矛盾的尖锐化而加重。同一时期内还滋长出大量与西人相关的人事物的含“鬼”词串，皆带负面色彩，如“鬼子”“鬼子教”“鬼子话”等。

从上面所列的含“鬼”词串的组合发展及其正负面意义的有无可以看出，汉语中反映与鬼相关词汇负面义的演化亦与中国古代鬼神观的转化大方向一致，不过在词汇层面体现出来有明显的滞后性。鬼神观的转化在魏

晋就已完成，但是含“鬼”的相关词串的负面化在宋元后才更明显，明清时“鬼”开始与一些形式化的构词成分组合成词串，让词汇结构也表示出负面义，如“鬼促促”“鬼鬼唧唧”即是，现代的“鬼里鬼气”套上了“×里×气”结构，负面义就更显明了。

含“鬼”词串中同样的构词成分在不同时代意义可能不同，其正负面色彩也不同。它们的正负转化大多与鬼神观的转化方向一致。如“鬼眼”，唐时为称赞相士之语，清代则为贬语。又如“鬼婆婆”，元时指女神，有正面义，黄雪蓑《青楼集·孙秀秀》：“孙秀秀，都下小旦也。名公巨卿多重爱之。京师谚曰：‘人间孙秀秀，天上鬼婆婆’”，然清代则指女鬼，带负面义。对比之下，一些负面语素组成的词串在早期出现时多为实义，至后期才演化出表贬责或骂詈意味的喻指义。如前面提到的“死鬼”在魏晋出现时只表示人死为鬼，而其作为骂詈语的用法则要到唐初才产生；又如唐初王梵志诗集中“短命鬼”实指人生短促，死而为鬼，之后才产生作为詈词的用法。

不过，词汇中也有逆鬼神观转化大方向而行的，体现出语言发展的相对独立性。如《新辑搜神记后记附录》中有“小鬼”指善惊人小儿的鬼，负面性较强；今“小鬼”却指称小孩特别是聪慧的小孩，多带亲昵意味。而作为贬称褒用的一类，“讨厌鬼”“死鬼”等常常被关系非常亲密的人用作昵称，在现实生活中大行其道。此外还有表示聪明类的含“鬼”词串，如“鬼才”出现于唐之后；“聪明鬼”“机灵鬼”“伶俐鬼”“鬼灵精”等都带正面义，兴起多在明清，时代更晚。

（三）兼含鬼神词串的正负意义表现（以“神 X 鬼 Y”格式为例）

《大词典》中收录了兼含鬼神的“神 X 鬼 Y”格式的 23 条词条 28 个义位（有神鬼或 XY 倒序者），我们将忽略意义相同但表现形式稍异的词条（如将有通假字替换或 XY 倒序的归并为一条），如此可把它们分成三类，词后用括号注明的是《大词典》所引用例的产生年代：

第一类是具正面意义的，如：

神出鬼没[1]（汉、唐）、神工鬼力、神施鬼设（唐、宋）、神区鬼奥（明）、神输鬼运[1]（宋）、神枢鬼藏（唐）、神藏鬼伏（唐）；

第二类是具负面意义的，如：

神牵鬼制（清）、神焦鬼烂（清）、神神鬼鬼（现代）、神号鬼泣、神说鬼话（现代）、神哗鬼叫（清）、神头鬼面（宋、明）、神头鬼脑（元及现代）、神机鬼械（清）；

第三类是中性或轻微偏负面性的，如：

神出鬼没[2]（宋、现代）、神不知鬼不觉（元、明）、鬼使神差（清、当）、神鬼莫测（现代）、神眉鬼道（现代）

从中可以看出，兼含鬼神的“神X鬼Y”格式的词条正负面意义的显现有以下特点。

首先，显现正面意义的词串多出现在明清以前，而含负面意义的词串多出现在明清之后，尤以清代为多。

其次，含正面意义的词串所显现的正面意义的程度一般要强于含负面意义词串所显现的负面意义程度，如“神施鬼设”等都有强烈的赞赏意味；而“神头鬼脸”只是形容不愉快的表情或者不加修饰的乱发罢了。

再次，正面性词串的正面意义大多来源于“神”与“鬼”，而负面性词串的负面义往往来自“XY”。如“牵制、焦烂、哗叫、机械、号泣”等词本身的词义中就已具有相当程度的负面意义，故而这些词串的负面意义并不完全来自“鬼”与“神”。

最后，同一词串在不同时代可能滋生出正负义迥异的两个义位，如“神出鬼没”的两个义项，义项1西汉已有，出自《淮南子·兵略训》，至唐固化成词，比喻用兵的变化，或隐或现，迅速巧妙而难以捉摸，赞赏的意味很浓。义项2出自宋代朱熹《论差役利害状》，其义泛指变化神奇，难以捉摸，释义不带正负面评价，然而从实际用例中看，有负面义。又如“神输鬼运”义项1是正面的，到明代又滋生出了负面性的义项2。

鬼神观的前后转化分界在西汉成帝初，然而在唐宋时期的“神X鬼Y”词串中，神鬼的负面义却没有明显反映，要到明清方才较频繁地沉淀到词汇层面中，至现当代完成定型，可见词汇语义发展虽与思想发展同向，但明显滞后，且具有相对的独立性。

兼含鬼神词串的负面义发展慢于只含“鬼”的词串，这可能是受鬼神合称时可泛指神的影响。如清代出现的“神鬼天”的说法只是称呼清明前后阴雨无定的天气而已，负面性不强。词串中其他成分的正负面义亦可反映构词义图和鬼神负面义的发展进程。如后起的“装神弄鬼”“疑神疑鬼”在构词义图上多少有贬化鬼神、故意生成负面义的成分，待到鬼神的负面性色彩在语言词汇中完全定型后，才有可能使诸如“求神拜鬼”之类的词串带上负面色彩，使得鬼神在词汇层面的负面性进一步加强并固化。

（四）鬼的含义及其转化在词汇层面的反映机制

鬼的特性、相关联想与“鬼”及含“鬼”词串的正负面意义有一定关系。首先，鬼是超现实的非人的存在，其来源包括人死、物、怪、山、河、病等，尤以人死为鬼最典型。其次，在人们的想象世界中，鬼外形多丑陋骇人，但常有神力，如能预知未来、为福降灾等。鬼为善与为恶皆有可能，只是后期人们倾向于鬼多作祟。

鬼的这些特性、联想经由正负面意义的激发确立原则（这里起作用的主要是排斥异己、趋利避害、乐生畏死三大原则）的甄别归类，使人激发出或正面或负面的相应心理感受，再投射到词汇层面中去，从而显现出相应的正负面意义。激发确立原则的主体视角与立场同时受客观历史语境、主观心理倾向、语体等因素影响而产生差异性。该差异性会有选择地突出具体词串中鬼所具的某一特性或相关联想，从而调节甄别归类的结果，进而影响词串正负面意义的生成与显现。故虽说异质性是最根本的属性，但它不一定会彰显，所以含“鬼”词串才不会从古到今都带负面性。这种选择性的隐显与突出，会直接影响词串正负面意义的生成与显现。

以排斥异己原则在“家鬼”上的应用为例，今人认为人与鬼绝非同类，鬼为异己，然而上古的人们就不这样想。《论语·为政》孔子云：“非其鬼而祭之，谄也。”刘宝楠《论语正义》，“非其鬼为非祖考”，祖先当然与自己同属一个集合，此突出的是亲属关系，故无负面义。南北朝时，鬼的含义已向负面转化，旧有的正面含义又未完全消亡，故出现了两种不同意义的“家鬼”：一个是带有亲切内涵的“家鬼”，指“自家祖先的灵魂”，北朝时即已成词，如北齐颜之推的《颜氏家训·风操》：“丧出之日，门前然火，户外列灰，祓送家鬼，章断注连。”由于中国古代传统孝道中对祖先祭祀的重视，它在稳定程度上占了上风，尽管鬼的负面化是社会思想的大趋势，它却逆大方向而行，沿用至后代一直都无负面性。如敦煌小说《秋胡变文》中，（秋胡妻）云：“女生非家人，死非家鬼，虽望门之主，不是耶娘检校之人。”又如宋刘斧《青琐高议》别集卷六之“大眼师”条：“师云：‘彼人将死，一鬼入其室，召其魂；一鬼守其门，防家鬼之入救也。’”二例中“家鬼”均无负面性。类似论调在现当代语言生活中都还有残留，“生是X家的人，死是X家的鬼”的说法即本此。另一个是指某人家里出现的鬼，“家鬼”为词组，还未成词，如《异苑》卷六“床下老公”条中的“计此，乃牙之家鬼”，指的是先前在太守朱牙之家中出现的鬼。此例中的鬼并未在主人家作什么恶，倒是帮助主人家救治生病小儿，但因后来所记载的鬼到人家中来，作恶的远远多于为善的，此种用法后来便渐渐引申为指家里暗中做坏事害人的人，清初固化成词。

人与鬼的利害关系亦有判断角度与基本立场的区别。受某一历史时期总体心理倾向的影响，前期鬼并非无害人的举动，然而人们将其理解为惩戒、警示或是复仇，就算有专门害人之鬼神，也未能经由趋利避害原则影响人们对鬼的总体崇敬态度。李零（2006：54～55）指出，中国民间盛行“厌胜”，即驱鬼除邪之术，历史非常悠久，睡虎地秦简《日书》中的甲种《诘》中就提到了七十一种鬼神妖祥的特点及厌劾法，其中的鬼包括各种物老精怪，当时人们认为这些鬼是造成人畜病痛灾祸的根源。

尽管当时在人们的意识中有这么多害人的鬼神物怪，却没有产生鬼的负面语义内容。

又“人死为鬼”作为“鬼”的核心内涵一直未变，然而唐宋后少有单独用“鬼”来称祖先的，这种避称是因唐宋后“鬼”单用负面义已相当重，后辈为了维护自家祖先的尊严，只好避免单用“鬼”指称祖先，遂使得“鬼”表“祖先”这一义位的使用逐渐减少，至现代汉语已消失。但准确地说，祖先也是“鬼”的一种，中元节俗称“鬼节”，今人仍忙着祭“鬼”。

以上事实说明，在正负面义的激发确立原则发挥作用时，受特定时代相关文化心理影响的主体的立场与视角对具体的含“鬼”词串正负面意义的生成与显现具有决定性作用。另外，语言使用者的心理倾向也会使正负面意义的激发产生偏移。

要言之，在中国古代鬼神观转化前，汉语中的含“鬼”词串很少具负面性含义，“鬼”与负面性内容组合而成的词串不多；转化后，尤其到了现代，含“鬼”词串绝大多数带负面义，此演化历程与鬼神观的转化大体同向，但就具体词串的演变情况来看，含“鬼”词串正负义的演化相对滞后于鬼在思想上的正负转化，并有相对的独立性。从鬼的相关含义与正负面词义激发确立原则的关系来看，这些原则在不同视角立场下有差异性表现，此主体视角立场才是真正决定某一具体含“鬼”词串正负面意义生成及彰显与否的关键因素，而它本身又是在某些历史文化因素作用下确立的。

可见，受鬼神观总体演变规律的影响，鬼神在汉语词汇语义和语用的演化中也呈现出正负分化走势，但并非与思想观的演变完全同步或一致，作为一种文化现象，鬼神观的演化是一个过于复杂的过程，它的产生与原始宗教的解体、不同政治集团的利益斗争、民间信仰的发展等情况密切相关。同理，汉语中“鬼”“神”及含“鬼”“神”的词串的演变不仅是鬼神观思想在语言中的投射，还有着正负判断准则在不同立场、不同角度下所产生的差异性结果，是中国古代社会不同阶层团体的冲突斗争在汉语中留下的痕迹。鬼神观的转化在汉语词汇层面的激发确立过程中还受到其他相关文化因素的影响，这些文化因素在不同视角和立场下的差异性表现是影响含“鬼”词串负面意义彰显与否的关键因素，体现出历史文化众多因素不平衡发展及其相互作用对汉语词汇语义发展的影响。

另外，我国历史文化中还有妖、魔、怪、灵、精、仙等非人的超现实意象的存在，它们与鬼、神组成了一个互相交错的立体化语义场。鬼、神正负面意义的演化与这一语义场及其中其他成员的关系仍有待探讨。

第二节 动物词中的负面文化潜义及其演化
——以含“狗”词串负面义的演化为例

在大多数语言中，都有着相当数量的动物词的存在，汉语也不例外。曹炜（2009：117）提到，汉语文化的丰富性还表现在汉人审美取向的复杂性上。人们将在社会生活中得到的自己对动物的各种经验累积下来，以不同的方式投射到词汇中。汉语的动物词便这样反映出了漫长岁月中汉族先民对动物的不同认识、不同心态，也从一个侧面反映出了当时的文化体系中人们是如何解读人类和动物的关系的。

一 生活经验的直接投射而生的负面性动物词

很多时候，人类把自己在生活中得到的对某种动物的最直接的感受直接投射到了词汇中，其主观感受可同时向正负两极发展。如汉语词汇中关于虎和狗的相关词汇赞赏与否定厌恶两种态度并存。以“虎”为例，它是一种凶狠而危险的大型动物，它不仅在猎食时是人们的对手，同时人类所蓄养的家畜包括人类本身的生命在生产力不发达年代都曾受过它的威胁，虎是恶的代表，让人因恐惧而憎恶；但虎又是一种美丽的动物，灵活而勇猛，富有气魄和威严，这些都是人类所渴望拥有的，于是它又是人们欣羡的对象。两种矛盾的心理直接投射到词汇中去，就表现为汉语中与虎相关的词汇在正负属性上呈两极分化，正面性的如“虎威”“虎劲”，也有不少具负面性的，如：

白虎星、死老虎、纸老虎、虎视眈眈、虎头蛇尾、为虎作伥、为虎傅翼、为虎添翼、虎落平阳、谈虎色变、前怕狼后怕虎、骑虎难下、狐假虎威、画虎类猫、虎口余生、虎口拔牙、羊入虎口、虎视[1]、虎穴龙潭、虎狼、虎穴、虎兕出柙、狼吞虎咽

上述含“虎”的负面性词语中，负面义来源于有关人们对虎的理解的（包括主观臆想）意义主要集中在两个方面，一是形容危险，如：

谈虎色变、前怕狼后怕虎、骑虎难下、虎口余生、虎口拔牙、羊入虎口、虎穴龙潭、虎狼、虎穴、白虎星

二是形容祸害、凶恶，有：

虎视眈眈、为虎作伥、为虎傅翼、为虎添翼、虎兕出柙、虎视[1]

这与实际生活中虎给人们的直接经验与感受是一致的，相对特殊些的是“白虎星”，迷信指会给人带来灾祸的人。会带来灾祸因此是危险的，也是于人有害的，二者兼而有之。

其余的含“虎”词的负面义还有部分是由其他构成语素带来的，但也有客观的生活经验：“死老虎”“纸老虎”只有有恶害的身份却不再有恶害之实力与伤人能力，只有挨打受骂的份；而实际的老虎在吃食时一定不符合人们“细嚼慢咽”的要求，“狼吞虎咽”自然是非常狼狈的吃相了。

如果忽视人与兽之间的对立关系的话，尽管在汉文化中对“虎”确实

有某些正面性的文化象征义（如表守护、避凶驱邪的虎头形象等），但从上面的分析可以看出，在负面性的含“虎”词中，它们的负面义只来源于相关语素和人们的直观生活经验的投射。

与“鼠”“鸡”“狼”等动物相关的汉语词语的负面义也是来源于人们的生活经验的直接投射。可能老鼠在人们的眼里永远都是猥琐卑鄙的窃贼，这种对鼠的主要习性的了解和厌恶的态度也沉淀到了汉语中的含“鼠”词中去，如：

鼠窃狗偷、鼠目寸光、鼠辈、过街老鼠、贼眉鼠眼、社鼠城狐、鼠窜、鼠肚鸡肠

二　象征性文化潜义和比拟性文化潜义

汉语词汇中某一类动物词所具有的正负面义并存现象可以通过汉语动物词的具体意义来源展开讨论。如果把汉语言传承的文化中对动物的认识与评价定义为动物词的文化潜义的话，很多动植物和一些常见事物都有文化潜义，可以分为两个层次。

第一类是象征性文化潜义，即当人们提到某种动植物或事物时用它来表示或象征非本体以外与人的社会性相关的其他意义，如在汉文化中，“龙”象征高贵、吉祥、非凡，“竹”象征高洁。象征性的文化潜义明确且较稳定，可以用来独立表达相关的意义，但它是通过其整体的文化背景来表达意义的，一般不需要其他附加的语素内容作为辅助。

第二类是比拟性文化潜义，即人们在使用语言时形成的两物之间的比拟习惯，通过提取本体某物或与其相关部分的特征并将其与喻指对象相对照而生成的意义，它一般通过与之结合的语义内容和组合结构表现出来，且其具体所指内容不单一，也可以不一致，受到所结合内容的明显制约，如“鸡毛蒜皮”比喻无关紧要的小事。

两种文化潜义的根本来源都是现实生活，但是比拟性的文化潜义来得较直观，一般是人们实际生活经验的直接映射，象征性的文化潜义则不然，它的生成要复杂得多，在提取了本体的某些要素后往往会经过较强的主观加工，可以和原型有较大的差距，有些与某民族早期的图腾崇拜等有

一定关系，或有类似的感情体验。相对于比拟性文化潜义而言，象征性文化潜义是一种更高级的状态，它的背后一般还有相应的传说、节日、祭祀礼仪等文化内容的存在，比比似性文化潜义更稳定，影响更深远，而且，象征性文化潜义中正面的要远远多于负面的。不过，象征性文化潜义也随着历史的发展而变化，当某动物正面性的象征性潜义随时间而消逝时，它是可能因比拟而生成负面性词语的。

互相独立的两种文化潜义的矛盾常表现为民族普遍心理和相关内容的词汇语义存在正负反差，汉文化对“牛”的心理情感和某些含“牛”的词语就有此矛盾情况。在奉“耕读传家”为圭臬的汉文化中，“牛”是不可或缺的生产工具，故“牛”有“勤劳肯干”“憨厚老实”“吃苦耐劳”等正面的象征性潜义，但在汉语中，“牛”仍可以引申出“比喻固执或骄傲”的义位，另外，还生成了一些带有负面义的词语，如：

牛劲[2]、牛鬼蛇神、牛头马面、牛马、牛皮[2]、牛皮筒、牛脾气、牛头不对马嘴、牛性子、对牛弹琴、泥牛入海、牛角尖、牛口、牛口之下、牛心、牛心拐孤、牛吃蟹、牛衣、牛衣岁月、牛折齿、牛步化、牛后、牛马走、牛马相生、牛气、牛黄狗宝、牛喘、牛祸、牛童马走、牛腹书、牛鼻子[1]、牛头[2]、牛蹄中鱼

甚至在《京本通俗小说·错斩崔宁》中“牛子”可做詈语。

“马”的情况亦同，它在汉文化中带有正面性的象征潜义，但也不能避免在汉语中生成不少含“马”的词语负面义（前面含“牛”词串已录者从略）。如：

拍马屁、马脚、驴年马月、驴唇马嘴、马大哈、人仰马翻、马失前蹄、马屁精、马前卒、马上房子、马牛襟裾、马毛猬磔、马去马归、马生角、马仔[2]、马市[3]、马耳东风、马耳风、马羊劫、马足[3]、马足车尘、马伯六、马尿、马后驴前、马前剑、马前泼水、马捉老鼠、马席、马浪荡

负面性的含“牛”、含“马”词串虽说有大部分已不再使用，但它们在重牛耕、以马为贵的封建社会中生成并被广泛使用，说明生活中动物词的象征性文化潜义与词汇中比拟性文化潜义的正负属性相矛盾是可以被接

受的，并不会在人们理解与使用语言时造成障碍。

三　中国古代狗的文化潜义的演变及汉语含“狗”词串负面义的发展

“狗”的民族文化心理认同整体上经历了由正而负的变化，与它相关的汉语语词也随着此种民族文化心理的变革总体上经历了一次由正向负的转化。

（一）汉语含“狗”词串负面义的语义类型

现代汉语中大多数含“狗”词串都具有较强的负面色彩。2005 年版《现代汉语词典》中“狗”字条下收录 18 个词条 19 个义项，其中 15 个词条的 15 个义项具有负面义，另有两个词条在历史上也曾衍生出带有负面内涵的义项。概括说来，现代含“狗”词串的负面性主要集中在以下几个方面。

表示社会地位低贱，如：

狗畜生、狗杂种、狗奴才、狗东西

表示处境差或生活环境脏乱，如：

落水狗、丧家狗、狗洞、狗窝

表示为人猥琐，外形或举止不雅观：

狗头鼠脑、癞皮狗、狗啃泥、狗吃屎

表示道德品性卑劣，行为恶劣，如：

狗仗人势、走狗、狗腿子、猪狗不如

表示才能、效用低下、质量低劣：

狗屁不通、狗嘴里吐不出象牙、狗尾续貂、狗皮膏药

表示其他意义，有：

狗血喷头（形容骂得很凶）
鸡飞狗跳（形容混乱的程度高）
画虎类狗（比喻不伦不类）
阿猫阿狗（用轻蔑的语气泛指某类人或随便什么人）

这些词串都寓有对所指对象的鄙视、厌恶之情，多为詈词。

（二）汉语含“狗”词串负面义的生成与发展阶段

从中国古代文献、古汉语中含“狗”词串的相关内涵及其发展来看，“狗”的负面意义是次生的，它有两个明显的孳生增长时期：一个是魏晋南北朝，另一个是元代。以这两个阶段为界，以狗的负面义发展的总趋势为主要依据，狗的文化潜义的演变大致分为三期，前期从上古至两汉，中期由魏晋至赵宋，后期从元明至今。极个别例外的含“狗”词串不影响对总规律的描述。

1．前期：上古至两汉

狗在人们的生活中有重要的地位。狗是上古祭祀用牲之一，也是重要的食用肉畜之一，且其作为田猎用犬也是重要的贡品。如《礼记·少仪》载赠狗时，接受者“受之，乃问犬名”，足见其重视。《论衡·祭意篇》记孔子慎重葬其畜犬，所引时谚“弊盖不弃，为埋狗也”反映出当时人们对畜犬的感情。上古统治者亦有因重畜犬过于重民而受到批评的，如《孟子·梁惠王上》孟子之论梁王“狗彘食人食而不知检”，《汉书·东方朔传》东方朔批评汉武帝“狗马被缋罽”。

此期“狗”已有不少映衬或喻指用法，其在语境中的相关联想或喻指义因文而异，并不固定，如《论语·为政》中的“犬马皆有所养”以犬马衬托人，即使《战国策·齐策六》的故事中“跖狗吠尧”是负面评价，但文中以狗喻人臣绝非侮辱性的比喻，因当时这一形象化的比喻是大众所认同的。于此也就不难理解为何《史记·孔子世家》载有人状孔子在郑国与弟子失散时其自腰以下“累累若如丧家之狗”，孔子竟欣然笑云“然哉”。

从上古至两汉，与狗相关的词串中与“狗”结合的语素基本上不带负面性，如：

狗国、狗民国、狗种、狗屠、狗中、狗监、狗附、狗走、狗市、功狗、犬人、犬封国、犬戎、犬子、犬服、犬马

其词义皆确实与狗有直接联系，俱无负面性，如“狗中”“狗监”“犬人”是官职名；“狗附”“狗走”“犬服”是器具或设施名；“犬戎”“犬封国”“狗国”“狗种”“狗民国”是边远的少数民族的名称或所建国家的名称；“狗屠”则是一种职业名称，虽身份低下，但本身无负面性；“功狗”还带有较强的褒扬意味。“狗马/犬马”是臣子的自喻，有为君主效忠之心，两汉“犬马”孳生出一系列表谦词，如“犬马心”“犬马疾”“犬马养”等，并演为传统，无负面义。

上古带负面性的含“狗”词串如“狗盗”“狗偷”，它们的负面性并不很强，且其中的负面义来自“盗/偷”而非“狗”。

2. 中期：魏晋至赵宋

中期“狗”孳生出大量带负面性的词串，如：

狗汉、汉狗、吴狗、氐狗、傒狗、狗辈、庸狗、人面狗心

可见“这一词语在魏晋南北朝时期被普遍用作詈词无疑已成为现实”（刘福根：2008；39）。

其他含“狗”词串还有：

狗态、狗脚朕、狗彘不食其余、猪狗不如、狗尾续貂、蝇营狗苟、狗鼠

这些词串大多是描述性或评价性的叙述或喻指，与前期确实与狗相关的单纯性实指不同，其负面性来自“狗”的喻指用法或者来自其余的构词词素及别的动物词。

中期同一词串在不同语境中意义有异，如佛教的“狗心”指得到一点就满足的平常人心理，负面义比“人面狗心”的“狗心”要轻得多。新出现的含“狗”词串也有不带负面义的，如“白云苍狗”；或负面义不强的，如柳宗元《答韦中立师道书》中的“蜀犬吠日”。

要言之，中期含“狗”词串的负面性处于发展中并呈渐强趋势，前期“狗”的中性或正面性用法，如与“马”并称在魏晋后仍有沿用，但使用范围缩小了很多，“犬马心/疾/病”等主要用于自谦而不用于他称，用于

他称则有鄙视义。而一些与狗相关的实际指称在中期稍晚阶段也开始出现负面喻指义，如《新五代史·孙晟传》中就以“狗屎”喻卑劣者以示鄙夷。

不过，中期阶段“狗”的负面意义似乎只是来自其喻指用法，“狗”本身并无。《魏书·灵徵志八》中太和二年、三年都有地方向中央敬献五色狗以为祥瑞的记录。在此时期的文学作品中，狗仍是被颂扬的对象，如晋傅玄的《走狗赋》、魏贾岱宗的《大狗赋》、吴张俨的《赋犬》诗、唐杜甫的《天狗赋》、北宋吴淑的《狗赋》等都是赞美狗之作。又如“乌龙”是此期狗的常用名，唐诗宋词中常用以泛指狗，李商隐《题二首后重有戏赠任秀才》“遥知小阁还斜照，羡杀乌龙卧锦茵”，反映出人们对狗的宠爱。

同早期一样，中期狗的某些行为也并无明显的负面色彩，如犬吠，《北史·宋游道传》载宋游道性鲠直不避权贵，杨遵彦以“譬如畜狗，本取其吠，今以数吠杀之，恐将来无复吠犬”为被人弹劾的宋脱罪，则时人以犬吠有预警之用，并非恶声。《老子》第八十章中的“鸡犬之声相闻”恬淡自足，该联想义至中古已渐演化成经典田园意象之一，犬吠在诗文中常代表着田园生活情趣，唐刘长卿《逢雪宿芙蓉山主人》：“柴门闻犬吠，风雪夜归人”中的狗吠声就让深山雪夜充满了一种亲切感，变寒冷为温馨。

3. 后期：元明至今

后期狗的相关喻指义进一步负面化，并大量沉淀到词汇熟语层次，其负面比拟性文化潜义占据主要地位，狗的本身形象与社会集体心理认同也受到影响而负面化。

桑吉扎西（1998：295）在比较唐宋和元明文学作品中的狗形象后得出结论：元以后文人笔下狗的形象几乎与卑鄙无耻、肮脏、下流等联系在一起。此落差可能与中后两期文学作品中狗形象的表现方式不同有关：中期人们对狗进行赞美，元明后文学作品中的“狗”却受喻指不良品德的人的用法影响，很少真正指狗，多数是为讽刺某一类人而作，成为整篇的隐喻，带有相当重的负面评价，如元代贡性之的《题犬》有较强的贬刺义。此种喻指义使作品中狗的负面性比拟形象及其负面性比拟倾向逐渐发展并定型。

与此伴生的是元代带负面义的含“狗”词串激增，其构成语素严重粗俗化，负面义显著且极强，多数可直接做詈语，如：

狗嘴吐不出象牙、狗养的、狗油、狗刮头、狗沁歌、狗行狼心

这种情况延续到明清，产生了下列詈语：

狗奴才、狗塌皮、狗血淋头、狗改不了吃屎、狗爪子、狗屁、狗颠屁股儿、狗攮的

至现代，狗的品种名、某种性状也衍生出强烈的负面喻指义，如：

哈巴狗、巴儿狗、走狗、落水狗

后期一些本无负面义的指称语在与“狗”结合后都成了带浓烈贬斥鄙视义的詈词，如“狗男女、狗命、狗眼”等，更何况是本身就具有蔑视义的词素，如“东西、奴才、杂种”等与“狗”结合后可谓恶上加恶。此时狗的吠叫也感染了负面喻指义，如斥人胡说、骂人为“狗吠、狗叫”。

总之，汉语中“狗”的负面义和含“狗”词串的负面义有一个由渐生到激增的过程。从构成词素的选择及整个词串负面义的发展来看，前期含“狗”词串中“狗”与组合词素都不带负面性；中期“狗”做喻指已具负面性，整个词串虽带负面性但“狗”多与不带负面性、负面性较弱或不显明的词素组合；后期含“狗”词串沿袭并发展了中期负面性的比拟义，且更倾向于与负面性强，特别是比较粗俗的成分组合，所含负面义都很强，最后生成了固定化的詈词结构“狗 X 的”，如：

狗养的、狗娘养的、狗攮的、狗日的

它们的贬斥意味极强。

（三）汉语含“狗”词串负面义的来源类型

以往学者一般将汉语中狗的负面义看作是国民总体憎狗心理的体现，并将其归因于我国不以狗做宠物却以此为食的传统民族文化，然而国人亦食牛羊肉，何无憎牛羊之心？稍异的如沈锡伦（2004：38）引《说文》段注“犬为独”之说，认为“狗”的“独”违背了大一统

的价值要求，逐渐形成贬狗的民俗文化心理。刘福根（2008：39）则认为，秦汉时畜狗主要用于食用，未广泛形成嗾使狗的习惯；魏晋后，狗主要用于看守和狩猎，普遍转变为真正受人唆使的“走狗”并形成相关的公众意识，从而逐渐演化成骂人的詈语。

沈说只以字形解词义，与语言使用实情不符；而狗的看守、狩猎和食用三种主要用途在魏晋前都已普遍存在，余说亦经不起推敲。我们认为，汉语词汇中“狗”的负面义的生成与人类文化史中狗作为图腾崇拜具有的影响力随生产力的发展而逐渐消亡相关，相应的，其文化内涵呈现出的由正面或中性向负面转化的规律，是人类文化发展共性和不同民族、阶层的社会斗争差异性表现相结合的产物。

据不完全统计，我国以狗为祖先及相关的狗取谷种的神话母题传播广泛，至少在二十五个民族的文化中有所反映（桑吉扎西，1998：69～81）。在中国，“完整的、典型的动物祖先崇拜，流传的资料最丰富的，要数犬图腾的崇拜了”（傅亚庶，2005：48）。这就不难理解古代文献中何以有不少用“狗”名国者，如“犬戎、犬夷、狗民国、狗邦”等。

结合前面讨论含“狗”词串负面义发展的文献资料可以看出，从前期到中期，“狗”在整体大中华文化圈中的心理认同态度是正面性的，作为图腾崇拜，“狗”在早期的华夏文化中具有正面的象征性文化潜义，一直传承到唐宋[①]。前中期含“狗”词串的负面义只是一种因喻指而生的比拟性文化潜义，通过词汇的传承而开始扩大势力的它与“狗”的正面性象征潜义虽存在矛盾，但属于不同层面的并存，彼此是独立的。然而从汉末开始，“狗”的象征潜义就开始衰减，因为在动物祖先崇拜解体、人本位思想确立的过程中，人为了突出万物之灵的地位努力划清与其他动物的界限，旧有的动物崇拜往往出现由正到负的对立转化，狗的神性消散，其依附性彰显，很容易产生负面义。

人们在进行汉语和英语的动物词比较时，最喜欢举的例子是含“狗”

① 其实作为此种文化象征性潜义的影响余绪，直到明清江浙一带仍有六月初六浴狗的习俗，近现代湘滇黔等地也仍有小孩戴狗头帽、年夜饭让狗享用一份的习俗。参见桑吉扎西《戌犬通灵》，社会科学文献出版社，1998。

词语，认为是汉语的特点，其实，狗的文化潜义由正而负的转化在人类历史上并不少见。据我们考察，汉、法、德、意、西、英、俄、葡、日、缅、越南、罗马尼亚、泰、阿拉伯、乌克兰等语言中狗的相关表述也都有负面性含义①，除英语外，其余十四种语言中狗的相关表述基本都以负面性为主。故尽管“欧洲有很多以狗作为图腾的家族”（南方雄楠，2006：576），可其主要语言如法、德、意、西、俄等语中“狗”都有负面义。法、意、西同源，但俄、日、缅、阿等国语言文化差异巨大，无同源关系，由此看来，“狗”在语言中产生“生活条件差、地位低贱、品行卑劣”等负面义有普遍性，具有词义衍生的文化类型学意义。

此外再加上种种其他激发因素，如民族矛盾和阶级矛盾的激化，狗便迅速地发展出了负面性的喻指义。当民族关系恶劣时，某族尊崇的“狗”对他族而言就是负面性的代表，方便依人畜有别原则将“狗”当作詈称。“狗”的比拟性负面化大量生成主要集中在魏晋南北朝时期及元代就与此密切相关：前者汉族与北方少数民族混战，互相敌视，西晋末的“五胡乱华”对汉族的政治经济文化打击甚大，魏晋时出现的詈词“狗汉、汉狗、吴狗、氐狗、傒狗”都由民族或地域名称与“狗”结合构成。吴地的傒（盘瓠）、氐（南夷）都是崇狗的少数民族（桑吉扎西，1998：137），北方的鲜卑等也奉狗为祖先，其时有的已处于动物崇拜向人本位转化的阶段，前引数例便是他们与汉族之间的敌对性称谓。元代是中国历史上汉族地位最卑下的朝代，因成吉思汗家族有过犬人交配的图腾信仰，蒙古族属狗取谷种的神话母题文化圈（桑吉扎西，1998：77、244），汉人便承继中期“狗”的负面喻指义并加以创新，造出大量贬斥力极强的含“狗”詈词，曲折地表达对统治者的怨恨。

上层统治者残酷的压榨与剥削会激起下层人民的强烈怨恨与反抗，其

① 其他语言的资料来源于《新世纪法汉大词典》（外语教学与研究出版社，2005）、《新德汉词典》（上海译文出版社，1999）、《意汉词典》（商务印书馆，1985）、《新西汉词典》（商务印书馆，1982）及《牛津高阶英汉双解词典》（第6版，商务印书馆 & 牛津大学出版社，2004）、《大俄汉词典》修订版（商务印书馆，2006）、《葡汉词典》（商务印书馆，2001）、《当代日汉汉日大辞典》（北京大学出版社，2008）、《缅汉词典》（商务印书馆，1990）、《越汉辞典》（商务印书馆，1960）、《罗汉词典》（北京语言文化学院出版社，1996）及朱立才《汉语阿拉伯语语言文化比较研究》（新世界出版社，2004）和万方学位论文库的农雪梅硕士学位论文《汉泰比喻对比研究》（2008：34）、同方博士论文库卡丽娜博士学位论文《乌汉语词汇对比研究》（2008：172）。

腐化的生活习惯也让人民憎恶。上古以狗喻人臣本是传统，其英雄与得力助手的喻义是先秦以田猎喻战争隐喻框架的组成部分，随着该框架在历史中渐趋淡化，兼因东汉末至魏晋多乱臣贼子，斗鸡走狗之徒尸位素餐，气焰熏天，祸国殃民，连带使喻体“狗”也感染了负面义。

除上述原因外，含“狗”词串负面义的激发因素众多，生成情况甚为复杂，屡有看似矛盾的对立转化，如“狗血淋头”源自我国不少民族地区都有洒狗血为人驱邪的风俗，因为人们相信狗有神力，其血能去邪，后焦点转移生出负面性的喻指义。

综上所述，魏晋以前狗在华夏文化中有正面性的象征义，社会对狗基本持正面性的心理认同态度，此时汉语词汇中负面性的含“狗”词汇负面义主要是某些临时性的比拟生成；魏晋到唐宋时期，狗的正面象征义仍有但开始慢慢消褪，此时因形象比拟而生成的含“狗”词串的负面义已发展成为一种负面化的惯性倾向，但整个社会对狗所持的心理态度没有明显负面性，狗的象征文化潜义和含“狗”词串的负面喻指义形成一种矛盾；金元以后到现代，狗在华夏文化中正面性象征潜义已磨灭殆尽，含“狗”词串所具有的负面性比拟文化潜义一统天下。

第三节　佛教语源的词汇负面义

佛教自汉末进入中国以来，对中国的社会、政治、经济与文化生活产生了深远的影响。在语言层面，受佛教影响而产生的相关词汇数量非常多，具有佛教语源的汉语词汇负面义数量亦非少数。通过比照它们在佛教历史语境和现代汉语中具有的不同意义与用法，可以发现佛教语源中的汉语词汇负面义的生成有以下几种途径[①]。

一　对应于原域中的负面性特征转域后有相似理解

佛教相关佛理、教义的阐释与传播是佛教传播中最重要的内容。随着佛教引进中国并在中国完成本土化转变、完全融入中华文化中，成为传统

① 本节中的词语注释，除了《现代汉语词典》和《汉语大词典》外，皆出自《佛源语词词典》（孙维张主编，语文出版社，2007），以下简称《佛源》。

文化的重要组成部分，它的一些重要的负面性教义概念及解说，包括由此生成的词语也流传了下来。不过进入汉语词汇系统后，它们的负面性与主要特征保留了下来，但是适用内容、主要属性特征的提取或主要意义可能会发生一些转变，如：

泡影：泡泡和影子。佛教用以比喻事物的虚幻不实，生灭无常。后比喻落空的事情或希望。（《大词典》）

原出自佛教教义中的一个概念“六如”，也称“六喻”。佛教以梦、幻、泡、影、露、电，喻世事之空幻无常。《金刚经·应化非真分》有云：“一切有为法，如梦、幻、泡、影，如露亦如电，应作如是观。”

又如：

有染：佛教原指有所沾染，有所依连，指六根未彻底清净，仍与尘世烦恼有粘连。近代成为避讳语，指男女有奸情。《京本通俗小说·志诚张主管》：“只因小夫人生前甚有张胜的心，死后犹然相后，亏杀张胜立心至诚，到底不曾有染，所以不受其祸，超然无累。”（《大词典》）

另有对原概念的负面属性特征加以发挥的，如：

劫：“劫”在佛教教义中本是一个时间概念，梵文 kalpa 的音译，“劫波”（或“劫簸”）的略称。意为极久远的时节。古印度传说世界经历若干万年毁灭一次，重新再开始，这样一个周期叫做一“劫”。“劫”的时间长短，佛经有各种不同的说法。一“劫”包括“成”“住”“坏”“空”四个时期，叫做“四劫”。到“坏劫”时，有水、火、风三灾出现，世界归于毁灭。后人借指天灾人祸。《敦煌变文集·温室讲唱押座文》：“百年（千）万劫作轮王，不乐王宫恩爱事。舍命舍身千万劫，直至今身证菩提。”（《大词典》、《佛源》）

这是截取了其原生概念所具有的负面性特征（此时间概念以毁灭、重新开始为首尾标志）加以引申而成的负面义。该意义后来成为一个独立的义位，作为构词语素生成了不少新词语，保留到现代的有“劫数”“劫难”“在劫难逃”“劫后余生”等。

其他如“魔”，进入汉语词汇系统中后成为一个构词语素，生成大量含有负面义的词语（梁晓虹，1994：145）、（史有为，2004：184）：

魔头、魔掌、魔王、魔爪、魔鬼、魔窟、妖魔、病魔、魔怪、着魔

也有些词语在保留佛教原概念的基础上，根据一些生活经验生成了新的引申义，如：

业障：佛教指妨碍修行的罪业。南朝梁慧皎《高僧传·译经中·昙无谶》："进更思惟：'但是我业障未消耳。'"（《大词典》）

由于佛教传教中有"子女本是前生业"的说法，以说明父母养育子女也是一种因果报应关系，故旧时用来称不孝子弟，成为"业障"的新生义位。

这类词语还有：

夜叉、地狱、阴司、阎王、鬼判、超度、万劫不复、六根不净、邪魔外道、涅槃、罗刹、苦海、火坑、刀山

佛教在阐说佛教教义时最常用的是譬喻法，其实前面所举的一些概念及其释义如"泡影"等就用了譬喻，从早期的《百喻经》到稍后的《五灯会元》等都有大量形象化的譬喻，尽管有时个别词语在用字上有些许出入，它们当中有很大一部分在现代汉语中仍基本保留了原语域中所具有的负面义，如：

对牛弹琴、风中之烛、空中楼阁、水中捉月、味同嚼蜡、作茧自缚、水月镜花、众盲摸象、泥牛入海、隔靴搔痒、七手八脚、七颠八倒、心猿意马、鼓唇摇舌、雪上加霜、拖泥带水、回头是岸、驴年马月、驴唇马嘴、半斤八两

还有很多负面性的词语是在本土生成的佛教文献中最先开始使用并流传下来的，它们中甚至有不少常用词（陈秀兰，2002：17～141），如：

改悔、懊恼、病患、吵闹、胆怯、依赖、恐吓、忙乱、寸步难行、千辛万苦、酸疼、头疼、面如土色、命若悬丝、道西说东、冷面、龙蛇混杂、胆战心惊

由于佛教进入中国的历史很漫长，其本身也有一个逐步发展演变的过程，有些譬喻在早期的佛教宗派经典中是正面性的，但是随着不同观点的佛教教理、教义的分流，原正面性的词语譬喻在新的宗派说法中会成为负面性的表述并且传承下来，如：

天花乱坠：《法华经·序品》《大乘本生心地观经·序品》："六欲诸天来供奉，天花乱坠遍虚空"。

佛教禅宗不事浮华，在"灯录"中，"天花乱坠"多用以贬喻巧言令色，浮言虚语。《景德传灯录》卷十五："聚徒一千二千，说法如云如雨，讲得天花乱坠，只成个邪说，争竟是非"（梁晓虹，1994：88）。

二　对原域概念、譬喻的重新分析

尽管佛教确实已进入中国寻常百姓的生活，深刻地影响并改变了中国的传统文化，但是佛教中的有些概念还是逐渐地被非信徒所遗忘或拒绝，他们在理解由佛教相关教义生成的一些概念时，有意或无意地对其进行了重新分析，多数情况下提取了在原域中非主要因素的负面属性特征，置于一定的心理理解背景中便生成了含有负面义的新义位，如：

想入非非：原是佛教中的概念。《楞严经》卷九："于无尽中发宣尽性，如存不存，若尽非尽，如是一类，名为非想非非想处。"非想非非想处，指无色界四空天之一。（《大词典》）

但其原义后消亡，由于"非"是具有负面属性的词，可指"错误""邪恶""违背"等义，作为构词语素使整个结构按字面解释变成负面性的，现代汉语遂解为"思想进入虚幻境界，完全脱离实际；胡思乱想"。

又如：

悲观：在佛教语中为"五观"之一。谓以慈悲之心观察众生，救人苦难。《法华经·普门品》："悲观及慈观，常愿常瞻仰。"注："以大悲人观众生苦，拔其苦难，名曰悲观。"（《大词典》）

佛教中的"悲"是梵语源词，音形借自古汉语中的"悲"，其实不同质，现代汉语中“悲观”解作“精神颓丧，对事物的发展缺乏信心（跟‘乐观’相对）”，词中的“悲”承上古汉语语义，是“痛苦、伤心”之意，整个词与佛教原域中的“悲观”同形不同义（梁晓虹，1994：21）。

另如古汉语原有“非人”，可指“恶人、坏人”，或者“有残疾的人”，或者“责备别人”，可见对“非”取不同的理解，则生成的词义不同。进入佛教语域后，“非人”中的“非”解为否定副词，由于佛教教义的需要，此处对人的属性的否定并没有生出负面义，“非人”有其特定的宗教所指：

非人：相对于人间而言的天界、冥界的众生。如天龙八部及夜叉之类。《法华经·提婆品》：“天龙八部，人与非人。”（《大词典》）

现代汉语中的“非人”因袭了佛教“非人”将“非”作为否定副词的理解思路，但脱离了佛教语境的限定后，“不是人”符合作为主体的人排斥异类的负面义生成条件限定，生成了负面义，后来其词义在构词语素义的基础上还进一步发展，从指称某类人变成陈述动作，意为“不被当作人来看待”，带有负面义。

观点不同，对某一事物概念的理解不同，自然可能出现同一行为或性状在佛教语境内无负面义但在世俗语境中有负面义的现象，其他如现代汉语中“割爱”“棒喝”“呵佛骂祖”的负面化皆同理。

佛教文献中的譬喻在脱离佛教语境后，由于原有的概念理解、思维方式的差异会出现原域中无负面义而非原域有负面义的现象，如：

肝胆俱裂：佛家用“肝胆”以喻心性，故《五灯会元·卷二十·剑门安分庵主》中“肝胆俱裂”指透彻地参悟了佛法。（《佛源》）

从字面意思上看，“肝胆俱裂”对生命个体带来的后果是致命的，脱离了佛教语境后，此语被纳入常规的认知心理模式中，故此语今用以形容非常的恐惧。

佛教善用譬喻，有很多佛教教义都是通过譬喻的方式表达出来的，但是这些譬喻多数是一个完整的故事，当某些非常形象化的语言被从中截取出来以后，再移到其他的语境中使用时因对比喻本体提取的特征要素和适用对象的不同就可能产生负面义。如佛教文献中的“海口”指如海之大口，喻善于言辞，能够宣传阐述，说出更多的话语。而脱离原语境后，此语只被用来形容人们说话漫无边际。

其他如：

昙花一现、回光返照、青天霹雳、摇头摆尾、看风使舵、逢场作戏、八面玲珑、饮泣吞声、青天白日

三　语用态度的改变和其他因素

佛教的传播并不是一帆风顺的，由于佛教有不少与汉族原有的传统道德准则与文化心理相抵牾的教义、教规，且佛教在传播过程中曾在政治、经济等方面参与了不同统治者团体争夺权势的斗争，故它曾受到过来自道、儒两家和统治者的抵制，反映到词语中就是语用态度有所改变，对佛教的一些常规传教活动和礼仪进行负面性的改造。如“说教”在宗教场合中指的是宣传陈说教义。由于宣传教义时往往有不少与佛教教义相关的做人道理的演说与行为准则的要求，对于抵制佛教的人来说，此类说教活动是非常乏味无聊的，于是后来在世俗语境中，此词用来比喻“生硬地、机械地空谈理论”。

又如“唯我独尊”，多数佛教经典中都有关于佛祖释迦牟尼出生时有种祥异现象出现的传说，其中有这么一段：

（释迦）一手指天，一手指地，自言自语：“天上天下，唯我独尊。”

佛教信徒以此表示对佛祖的仰赞，充满颂扬美化之情，然而对于非教徒特别是抵制佛教者来说，此举此语只代表了无知小儿的狂妄自大。脱离了原语境后，此语在字面意思的基础上引申出负面义，指“认为自己最了不起”。

佛教的教规特别是礼佛的方式是最容易生成此类曲解的，如：

顶礼膜拜：“顶礼”是佛教中的一种表敬方式，指行礼者跪下，两手伏在地上，用头顶着所尊敬的人的脚，是佛教徒最高的敬礼。（《大词典》）

以此方式向某人表示礼敬意味着非常尊崇某人，但此语今只用于负面义。

清规戒律："清规"指佛教规定的僧尼必须遵守的规则，"戒律"多指有条文规定的宗教徒的生活准则，二者合称指僧尼等必须遵守的规则和戒律。（《佛源》）

此语后来泛指规章制度，引申出负面义，多指束缚人的死板的规章制度。

贴金：佛教常在神佛身上贴上金箔，即帮佛像塑金身，也是虔心礼佛的一种形式表现。（《佛源》）

脱离佛教语境中用来比喻夸张、美化，慢慢衍化出负面义。

有时，可能是佛教在传播教义时采用的方式让一些概念义发生了负面性的偏移，如"报应"。佛教有因果轮回之说，强调重善因得善果，种恶因得恶果，在各种讲经故事如变文、说话等中常常有与此相关的题材，不过，毕竟现世的大善果真正能实现的可能性太小，让人生不出渴望皈依佛教的意愿，反倒是现世的苦难病患和地狱的悲惨能够让人因恐惧而崇佛，或许是为了吸引更多的信众，此类讲经的变文与说话中讲恶果报应的要多于善果报应的，久而久之，"报应"发生了负面性偏离，只指恶因造成的恶果。

从这些佛教语源词语负面义的生成方式来看，特定文化语境的差别性理解背景和思维方式是最重要的因素，如果佛教语境中相关的理解与认知框架一旦改变，新生的词义可以提取它们中的任一要素，只要放到一定的其他背景下加以限定，想要生成负面义绝非难事。对其他文化语境中的词语来说亦是如此。

第四节　词汇负面义在大小文化语境中的差异

很多汉语词语的负面义都是继承了古人对相关指称对象的观点态度而来，是中华先民在历史生活中积累的丰富生活经验的反映。然而历史文化的形成并非一朝一夕之功，数千年来它不断地在改变，而整个大文化语境中还有各种小文化语境在彼此竞争、相互影响，某些同时或先后出现且相互抵制对立的两个语境间某一语境和对手语境的相关概念、判断准则、思维方式都可能有抵触情绪，对手语境中的正面性词语在脱离了原语境的理解背景与推导方式后，会因抵触情绪与对立视角生出负面义。如果把中国古代文化和现代文化当作两种不同的文化类型，则近代中国社会痛苦的转折使现代思潮对前者持质疑态度，于是一系列与封建制度伦理相关的词汇都带上了负面义，如“封建”“神道设教”“三从四德”“天纲地常”“明哲保身”等都负面化了，这自然也就不难解释了。

总的说来，源自古代的现代汉语词语负面义的生成也大致如源自佛教语境中的词语一般由以上几种途径发展而来，若原语境已有负面要素，但受原域中异于普遍正负属性推导原则的认知方式制约而无负面义的，则脱离原语境后生成负面义的机会非常大。有不少词语负面义就是在历史发展过程中脱离原属小文化语境进入大文化语境后，因有关正负属性的推导原则改变而生成的。

最明显如与道家文化相关的词汇，对于物我关系的观照差异使其对类属区别的正负判断原则有别于普遍性的排斥异己原则，道家称赞的某类人可能在道家语境外即为负面性的。如“非人”亦是一个道家用语，指游心于物外，形神寂静，有如槁木的异人。《庄子·田子方》：“孔子见老聃，老聃新沐，方将披发而干，慹然似非人。”其中的“非”也解为否定词，“非人”具有与人异类的属性，但由于道家强调物我合一，泯没二者的界限，故“慹然似非人”是一种赞语，郭象注此语为“寂泊之至”即是因此。但在非道家语境中，不是人类符合排斥异己标准，满足生成负面义的认知心理条件。

又如，老庄之学强调自在适意，不拘外在礼法之束缚，以行为放旷自奉。然而先秦时代显学诸家除道家以外，儒、墨、法等家都强调对行为进行约束，在汉武帝独尊儒术之后，随着历史的发展，封建中央集权进一步加强，对人民的约束要求也逐渐加强，至明清而为极致。也即道家追求的自在放达在同时的其他思想流派及其后的整个中华大文化语境中都是负面性的。道德伦理上对个人行为约束的要求必然会反映到词汇中来，也就促成了含有“按己意行事、对行为不加约束”意义的词语负面化倾向的加强，表现为汉语中含有表示“按本意行事、对行事方式不加约束”意义的词语多有负面义①，如：

恣肆[1]、放肆、大肆、猖狂、恣意、任情[2]、任性、恣睢、得意忘形、

① 本小节的词语释义与句例皆来自《大词典》。

为所欲为、放纵、放荡、浪荡、放任、荡佚

它们中的一些成员现在仍有不是负面性的义位存在，如“任情”“恣肆”，还有部分在过去都无负面义甚至有正面的意义，如：

放肆：放纵，不加约束。《关尹子·六匕》：“一蜂至微，亦能游观乎天地；一鰕至微，亦能放肆乎大海。”

恣意：放纵，肆意。唐司空图《移桃栽》诗：“独临官路易伤摧，从遣春风恣意开。”

肆意：纵情任意，不受拘束。唐柳宗元《答韦珩书》：“雄之遣言措意，颇短局滞涩，不若退之猖狂恣睢，肆意有所作。”

任性：听凭秉性行事，率真不做作。《东观汉记·马融传》：“涿郡卢植、北海郑元，皆其徒也，善鼓瑟，好吹笛，达生任性，不拘儒者之节。”

猖狂：有数个无负面义的义位，分别为：

a. 谓随心所欲，无所束缚。《庄子·在宥》：“浮游，不知所求；猖狂，不知所往。”成玄英疏：“无心妄行，无的当也。”

b. 指清虚以自守的境界。唐沈佺期《答魑魅代书寄家人》诗：“独坐寻《周易》，清晨咏《老》《庄》；此中因悟道，无问入猖狂。”

c. 形容思想、感情、文章气势激荡奔放。晋陶潜《和胡西曹示顾贼曹》：“悠悠待秋稼，寥落将赊迟。逸想不可淹，猖狂独长悲。”逯钦立注：“猖狂，情怀激动。”

恣睢：不含负面义的义位有两个：

a. 放任自得貌。《楚辞·远游》：“欲度世以忘归兮，意恣睢以担挢。”王逸注：“纵心肆志，所愿高也。”

b. 谓文章气势豪放。唐柳宗元《答韦珩书》：“雄之遣言措意，颇短局滞涩，不若退之猖狂恣睢，肆意有所作。”

荡佚：放纵；不受约束。《后汉书·冯衍传下》：“常务道德之实，而不求当世之名，阔略杪小之礼，荡佚人闲之事。”李贤注：“放荡纵逸，不拘恒俗也。”

佚宕：超脱；无拘束。南朝梁简文帝《玄虚公子赋》：“追寂圃而逍遥，任文林而佚宕。”

佚荡：超脱；无拘束。《汉书·扬雄传上》：“为人简易佚荡，口吃不能剧谈。”

得意忘形：不含负面义的义位有两个：

a.《晋书·阮籍传》：“嗜酒能啸，善弹琴。当其得意，忽忘形骸。”谓因高兴而物我两忘。

b. 谓取其精神而舍其形式。宋欧阳修《试笔·李邕书》：“余虽因邕书得笔法，然为字绝不相类，岂得其意而忘其形者邪?”

统观上述诸词无负面义的义位，有以下特点：

一是出现时间最晚至唐（只“得意忘形”义位 b 例外），二是用来形容文学艺术作品时有明显的正面赞扬意味，三是其最初出处多与某些著名的才气纵横的文士相关。究其根源，实因《庄子》为中国古典文学的浪漫主义源头之一，其哲理文采及想象力在后世备受文士推崇，而魏晋与唐亦是古代历史上少有的对个人行为相对来说约束较少的朝代。在这样的背景与心理认同条件下，这些词语词义中的负面要素才没有被激发出来，生成负面义。也即相关文化词汇的负面义转域后保留与否还要受到具体的适用场合的正负心理认同规则的制约，此规则的标准本身也是历史文化的一种表现形式。

大小文化语境的差异有很多具体表现方式（Robert Redfield：1956 转自葛兆光，1999：129）。人类学中曾有所谓大传统与小传统之区分，既可称为上层文化和下层文化、民间文化和正统文化、通俗文化和学者文化，又可称为“科层文化”（hierarchic）和“世俗文化”（lay culture）。二者有时表现为某种对立性的态度，对词汇语义施加的作用力也是不同的，相关问题将在第五章展开论述。

第五节　小结

本章主要结合具体词族或特定语域的词汇负面义的演变讨论历史文化因素对汉语词汇负面义生成、演变的影响，主要包括以下内容。

第一，结合中国古代鬼神观的演变过程考察了含“神”“鬼”词串负面义的生成与演变情况，具体分析描写含“鬼”词串整体由正向负转变的过程及阶段特征，并分析其在词汇层面的反映机制，兼论及鬼神观发生正负转变后“鬼”“神”含义的变化及其在汉语词汇语用中的分化。认为含“鬼”词串负面义的发展与鬼神观的正负演化相比具有总体上的同向性、明显的滞后性及相对的独立性。

第二，考察动物词中体现出的负面文化潜义及其演变情况，区分象征性文化潜义和比拟性文化潜义，结合中国古代狗的文化潜义的演变分阶段考察汉语含“狗”词串负面义从无至有，从生成到增强的演变情况及各阶段在语素内容与构成形式上的特点，探讨相关词串负面义由比拟性文化潜义向象征性文化潜义的转变，兼及“狗”的负面义在词义衍生方面的类型学意义。

第三，分析讨论佛源词语负面义的三种生成途径：对原域负面属性特征与判断标准的直接提取、重新分析、语用态度改变及其他因素，并将之运用到大小文化语境词语正负面属性差异和古今演变的分析中。

第四，以道家词语和文艺评论类词语负面义的显现、演变为例说明，处于大文化语境中的小文化语域词语的负面义往往是在历史发展过程中脱离原属小文化语域进入大文化语境后，因有关正负属性的判断标准与推导原则改变而生成的。认为与特定历史文化思想或观点的演变相比，包含相应内容的汉语词汇负面义的演变呈现总体上的同向性、一定的滞后性及相对的独立性。

| 第五章 |

汉语词汇负面义的演变与社会因素

第一节　汉语词汇负面义的演变及其在相关词条、语义场中的表现

一　引言：词汇负面义演变的讨论

词汇负面义的演变也即词义负面意义的生成、消褪、增强或淡化的过程，其中最主要的是词义的正负面变化。人们都注意到了同一词语在不同时代可能会带有不同的褒贬色彩，此问题过去一般都置于词义转移中进行讨论，布龙菲尔德（1980：526～527）曾批评早期的学者仿佛以为“言语形式是相对地稳定不变的对象，而意义是一种可变的依附在它身上的卫星。他们希望对一个单独的形式的前后相继的意义加以研究……这导致了他们按照前后意义互相串联的逻辑关系，给语义变化加以分类。他们列出了如下的类别：意义的缩窄、意义的扩大、隐喻、换喻、提喻、夸喻、曲意、贬低和提升与抬高”，其中的“贬低”也即一般所提到的贬化。

然而词汇负面义的演变实际上在多个层面都有不同的表现，正如曹炜（2009：201）所指出的，由于词义的扩大、缩小和转移“已经成为关于词义的发展演变的标准表述模式……国内几乎所有的现代汉语词汇学或词义学著作，在讨论词义的发展演变这种现象时，也均跳不出这种标准表述模式的藩篱”，负面义的演变研究也相应受到制约。随着人们对词义认识的深入，词义演化的讨论也具体落实到以义位为单位，同时对词义内容的分析也细化到了义素特征层次，相关词汇负面义演变框架问题的探讨也进一步深化。

有几位学者的研究有较大的突破。按照张志毅、张庆云（2005：230，

251～254）的词义演变框架，词汇负面义的演变在语义场、词位、义位、义素层次都有反映，和词汇负面义的演变关系最密切的主要有两种演变内容：一是贬降（负面义的生成）；一是扬升（负面义的消褪），还有义位的组合也会有贬化，体现为贬降、变坏（张志毅、张庆云，2007：320）。另外，有些义位的偏义化与淡化也可能滋生出词汇的负面义。董为光（2004：142～143）在有关词义褒贬演变的讨论中也提到，在同形词语、同一词语、同一词义、同义词义场等层次都可能有词义褒贬的变化，他的后三个层次实际上也即词条、义位、语义场层次。[①] 周国光（2004：187～200）将词义的发展演变分为范畴内与跨范畴的词义变化，从他的分析来看，词义褒贬的变化在范畴内与跨范畴之间都可能发生。

张志毅、张庆云（2005：231，251～252）的相关讨论较为系统，他们对过去的一些褒贬义演化看法有所修正，指出“多数人着眼于褒贬陪义的演变，其实大多数同时包含着褒贬基义的演变”；主张称 degradation（或作 deterioration/pejoration/degeneration）为“贬降”，认为它“概括性大，指义位演变出不赞许的、否定的、坏的基义或陪义，是义位的质变之一……包括两种因素：一是基义，一是陪义（色彩），许多大学教材和论著常把基义的贬降误认为陪义的贬降”，只“发生在一个词位中的先后两个义位之间，或者发生在一个义位的历时变化之间”，并认为贬降一般情况下基义和陪义是连带贬降的，较少情况是基义基本不变，陪义贬降。但对于某些词语在组合义位褒贬属性上发生的变化归入基义上抑或是陪义上的变化他们没有明确的标准，如认为“人士”是基义中出现中性化的苗头，已可与中性或贬义组合；而“图谋”在现代许多实际语用中是陪义贬降了，与“图谋”结合的多是贬义义位。

上述观点中涉及两个重要指导思想，一是对贬降的讨论当以义位为单位进行，二是词义的褒贬及其演变与理性义和附属义都有关系。早期虽有学者如邢向东（1985）、周荐（1985，1993）、符淮青（1985）、詹人凤（1997：78）、苏新春（1997：53）等指出有的词的理性义本身就含有褒贬义，但并未引起足够重视。在张志毅、张庆云的强调下，目前愈来愈多的学者倾向于接受词义的褒贬还可存在于词的理性意义中这一意见，如曹炜

① 因本章的讨论以《现代汉语词典》的释义与编排为参照，故后面的讨论采用词典学中对应的术语“词条”。

（2009：197～199）区分理性义贬义的去贬义化与理性义变化而带来的贬义色彩义的去贬义化；王洁（2009：117～127）对新词褒贬色彩的变化也区分基义与陪义的变化，并主要就词语组合搭配上的变化造成的陪义演变展开讨论，指出"由基义变化形成的词义扬升或贬降是单向的，而陪义形态的褒贬色彩却可能在同一基义内发生双向游动"（2009：118）。

本章讨论的词语负面义演变主要侧重于负面义由无至有的生成和相关的语用组合变化的影响，对张志毅、张庆云讨论的"贬降"中的"降格"（指褒变中）不做讨论。本节主要通过具体的词例讨论词汇负面义的演变与相关语义场之间的关系。

二　词汇负面义的演变在所属词条中的表现

如果一个义位滋生并分化出一个含有负面义的新义位，则两个义位最可能发生的关系有：一是共存于所属的词条中，和平共处；二是旧的义位被新的义位所取代。相对来说，后者更容易引起研究者的关注，R. L. Trask（2000：45）介绍过有的英语研究者称此种现象为 Gresham's law of semantic change，认为是"Bad meanings drive out good"（坏的意义驱逐好的意义），特别是与人体排泄物、性、死亡、社会伦理禁忌等相关的内容更容易排斥好的意义。

但我们在第一章中提到，在生成汉语词汇负面义的五种模式中，除分立式外，隐喻式、限定式、感染式、提取式都可对应生成汉语词汇正面义，也即分立式当是汉语词汇负面义生成的特殊模式。由于隐喻式、限定式、感染式、提取式的新义生成没有明显的决定性排旧因素，故实际上一个词条下正负意义共存是普遍的现象。

故只以某一词条的某些意义来分析，前述"坏的意义驱逐好的意义"原则有不少词例证明，相关解释也有一定的说服力，但若以义位及所属词条的关系来看，则同一词的新旧正负面义位之间为竞争关系，新义位对原来词条意义容量与正负比例确有影响，但它要想在竞争中完全取得胜利并使旧义位因而消退很不容易，就词汇演变过程中多数词条的总体情况而言，新义位驱逐并完全取代旧义位的概率并不很大，如汉语中的"便利"曾可指大小便或排泄大小便（《大词典》"便利[6]、便利[7]"），但此词现在的常用义位有正面义；而"同房"也并不因其可指称性行为而丧失其另外的非禁忌内容义位，与之近义的“云雨”的相关意义也只在古典小说的背景中才获凸显，当代生活中更多的是将其视为两种常见的自然气象合称罢了。若一定要用隐喻来指称这种从没有负面义的词语中滋生出负面义现象的话，在大多数情况下与其说“驱逐”不如说是新旧义位“共处”一室，尽管这种“共处”是通过新义位挤压原词义迫使其从所属词条中让出一定空间给自己而实现的。

董为光（2004：142～143）指出，词义褒贬的演变中同一词义在不同时代因语义重点改变发生的意义及色彩代换与因重点偏移或理解泛化而促使词义色彩调整的不同，两者存在根本区别：前者如“明目张胆”，后者如“批评”“意见”“扬弃”等，前者是后起义位完全替代了旧义位，符合 Gresham's law 的“坏的意义驱除好的意义”；后者只是分化出新义位而已，旧义位仍然共存。从词条角度看，新的负面性义位的滋生对原词条来说是一种丰化，而从词汇演变的总体来看，丰化是大多数常用词条的主要演变趋势，很多词条都有负面义位与正面或中性义位共存的现象。实际上，更多的后起负面义位在分化后与所属词条的其他义位之间表现为竞争但和平共处的关系。

第二章在讨论到词汇负面义的生成条件时曾提到，大多数单音节常用动词都生成了以人或人的社会属性相关内容为动作关系对象的负面性义位，本文收集到的含有负面义位的 34 个常用单音节动词中只生成了一个负面性义位的有 17 个，另外一半含有两个及以上负面义位，这些负面义位并未驱逐词条中其他无负面义的义位，不过在多数丰化后生成负面义位的词条中，新生的负面义位与原义位之间的关系可能有常用义位与非常用义位的区别。前面所说的 34 个常用单音节动词中，除个别词条外，具有负面属性的义位在整个词条的整体语用频率中所占的比例多数不是最大的，它一般是非常用义位，如：

> 笑^1：露出愉快的表情，发出欢喜的声音。
>
> 笑^2：讥笑。

“笑”的义位 2 是在义位 1 的语义基础上滋生出来的，在实际的语言生活中，原无负面性内容的义位是常用义位，后起的负面义位是非常用义位。

又如前些年曾有不少关于“小姐”滋生出指称“从事性服务工作的女

性”的意义而使整个词条负面化的讨论，直到现在都还有人（曹芳芳，2008：96）认为，“小姐越来越趋向于指那些从事性交易和进行色情服务的女性，其意义发生了转移”。但当前的语言生活说明，“小姐”的新义位确实存在，如短语“做小姐”中“小姐”用的就是新生义位，但它作为对一般年轻女性面称时表尊敬的礼貌用法更为常见，后者并未因前者的负面义而淡化、消褪。在近代汉语中，“姑娘”等都曾滋生出过指称“妓女”的义位（参《大词典》“姑娘[5]”），然而尽管二词的负面义位具有“涉及社会伦理……相对容易触发情感的敏感地带”（杨振兰，2003a：45）的特定内容，非常容易生成负面的感情色彩，但这两个负面义位对其所属词条无负面性的常用义位的革命却未彻底成功，未能鸠占鹊巢反被前者驱逐出境。

前文已提到，生成词汇负面义往往需要相关的负面属性的限定，故后起的负面义从某种意义上来说是对原义位的语义要素加以限定修饰的结果。由于存在对适用对象、场合和相关语义特征的限制，同一词条的负面义位和正面、中性义位可以并存而不互相干扰，如：

看（平声）[1]：守护照料。

看（平声）[2]：看押、监视。

“看”的义位 2 在适用对象的属性上有负面性的限定，是一个含有负面义的义位，但不是常用义位，由于二者存在适用对象、场合等的分工，中性的义位 1 在使用上没有受到义位 2 的负面义的影响。

后起的负面义位和所属词条的其他正面或中性义位的关系还可从上下位角度来区分，具体可分为从属关系、相交关系与不相交关系。

如前面的“笑”的义位 1 与义位 2 之间就存在上下位的关系，两个义位的基本语义特征相同，义位 2 增加了对“笑”的方式与对象的负面性限定，从语义内容上看它从属于义位 1。

有时这种上下位关系会因后起义位语义特征的扩展而成为一种相交关系，如：

说话[1]：用言语表达意思。

说话[4]：指责、非议。

“说话”义位1用言语所表达的“意思”在义位4处限定为不满等负面性评价，义位1与义位4原有上下位关系，但义位4在发展过程中还可指用书面语言表达出来的负面性评价，与义位1的“用言语”分离开来，二义位演变为相交关系。

若是后起的负面义位与所属词条其他不含负面义的义位在相关适用场合和语义特征上有较大的差别，则二者表现为不相交关系，如：

后门[1]：房子、院子等后面的门。

后门[2]：比喻通融的、舞弊的途径。

其中义位2的喻指义与义位1的语义没有联系，二者的使用域也完全不同，没有相交点。

上述的上下位从属关系、相交与不相交关系都是会随相关义位的进一步演化而改变的。

除了由正面或中性义位滋生出的负面义位外，现实的词汇在演变过程中还存在由负面义位滋生出的新负面义位的现象，且新生负面义位可以不止一个，其在原所属词条中的表现与由正面或中性义位滋生出的负面义位的表现类似。后起的负面义位间往往很难断定生成的先后，它们作为常用义位和非常用义位的差异地位会因时代而改变，它们彼此间的上下位所属关系、相交关系和不相交关系也会发生变化。

根据前面所列举的情况，我们可以按正负面义位数量所占比重的大小把词条的正负面属性强弱分为以下几类。

一是完全没有负面义的，不在我们的讨论范围内；

二是以不是负面属性的使用为主体的词条，如“梦想”有三个义位，分别指“幻想；妄想”和“渴望”及“梦想的事情”，现实生活中对两个不含负面义的义位用得较多，其他如：

笑、巧、说话、货色、私人、四不像、算计、太岁、意气、心眼儿

三是词条整体上负面、正面或中性义位的使用没有非常明显的主次之分的，如“虎视”，义位1意为“贪婪而凶狠地注视”，有负面色彩，义位2“威严地注视”则无负面性。其他如：

看透、把柄、后门、花样、少礼、伸手、私见、私心、死守、死活、

松弛

四是以负面属性为主体的，如“调弄”有“调笑；戏弄”“整理；摆弄”和“挑唆”三个义位，只第二个义位不是负面性的，词条总体上偏负面性，其他如：

小儿科、把持、搬弄、酸溜溜、异物、重利、粗放、粗线条

五是完全是负面性的，如“调皮”的三个义位分别为：“顽皮”“不驯顺；狡猾不易对付”和“耍小聪明，做事不老实”，全部带有负面性，其他如：

难听、难堪、闭塞、奢求、阴郁、私情、私通、死脑筋、死板、松懈

鉴于工作量的关系，我们只对《现代汉语词典》里音序 A、G、N、T、Z 下多义项词条计 1865 条中所含义位的正负面属性进行了分别统计，它们中所含多义项词条数量、其中含有负面义位的词条数量及后者在前者中所占比例分别为：

A：94；32；34.04%；

G：698；164；23.5%；

N：248；86；33.87%；

T：584；158；27.05%；

Z：1035；241；23.29%；

其中：

词条所含义位中以不带负面属性的义位为主体的数量及其在该音序目下所有含负义位词条中所占的比例为：

A：3；9.38%

G：38；23.17%

N：11；12.79%

T：35；22.15%

Z：55；22.82%

整体上负面、正面或中性义位的数量没有非常明显主次之分的词条数及其在该音序目下所有含负义位词条中所占的比例为：

A：11；34.38%

G：56；34.15%

N：22；25.58%

T：61；38.61%

Z：80；33.2%

所含义位以负面属性为主体的词条数量及其在该音序目下所有含负义位词条中所占的比例为：

A：7；21.88%

G：12；7.32%

N：12；13.95%

T：11；6.96%

Z：23；9.54%

所含义位全部是负面性的词条数量及其在该音序目下所有含负义位词条中所占的比例为：

A：11；34.38%

G：58；35.37%

N：41；47.67%

T：51；32.28%

Z：83；34.44%

从现有统计来看，至少在这1865个多义项词条中正负义位同居一个词条也即有相关来源是非常普遍的现象，若在含有负面义位的多义位词条中，全部义位都含有负面性的概率约为三分之一。不同的负面义位的负面属性在强弱程度上是有差异的，或者要依具体的语境来判定，它们的强弱程度本身与彼此差异也会因语境不同而转变，这种转变对所属词条也会产生影响，这方面的相关讨论目前还处于萌芽状态中。

三　词汇负面义的演变在语义场中的表现

相关负面义位的演变不仅只影响到所属词条，还会对所属语义场产生影响，某一语义场中类似内容的负面义位成员的增加可能使整个语义场的共性语义特征要素增加些负面性的成分，这不仅会影响到相关语义场其他词语的使用与分布，还会对整个词义场的各个成员的重新界定产生影响，导致一些成员之间边界模糊，也使语义场的重心发生转变。

如“情人”，《现代汉语词典》各版皆释为“特指相爱中男女的一方”，2005年版新增补一义位：“可特指情夫或情妇”。由于“情人”新义位所涉及的道德伦理内容，可将其视为负面化的表现，我们估计，它可能是因用近义词做婉词感染而来，因为泛化而言“情人[1]”的语义内容中包括了“情夫或情妇”的语义内容，而后者是早有负面义的，故以上位词婉指下位义，造成了二者的词义纠缠，致使原下位义的语义内容得到特化，让上位词分离出一等义下位义。类似现象在特定语境中常有出现，伍铁平（1999：254）曾指出，“朋友”可以指“姘头”，不过它只是偶然感染贬化，并没有分离出此下位义。其实，近二十年来还滋生了不少与“情人[2]”内容相似的义位，如“第三者、小蜜、二奶”，并成为指称有男女关系的人的语义场的成员，所属语义场成员包括：

朋友[2]、情人[1]、情人[2]、情侣、爱人[1]、恋人、外遇、姘头、情郎、情夫、情妇、第三者、二奶、相好、新欢、对象[2]、小蜜（蜜儿）

新生负面义位的加入也使整个语义场的总体感情色彩向负面倾斜，语义内容重心也往负面化发展，其中没有明显负面色彩的只有“爱人[1]、情侣、恋人、情郎、朋友[2]、对象[2]”，带负面义的有“情夫、情妇、外遇、第三者、小蜜（蜜儿）、二奶、姘头、姘夫、姘妇”，尤以后三者的负面义最重。比照传统的“小妾”“二房”“外家[4]”“小老婆”强调的是家庭组织形式，“姘头”“姘夫”“姘妇”所强调的是男女之间存在的某种非正当关系，特别是肉体关系，除所指有男女性别区别外，这些义位之间在语义上很难做出明确区分，彼此间的分界并不清晰。

上述情形造成整个语义场的核心义素出现偏移，并因现代社会有关爱情一般意义上的一对一的限定前提隐含有受伤害者与破坏性存在，从原为“一对一相爱或处于恋爱关系中的男女”向“非一对一正常相爱关系，有肉体联系的男女”转化，这和相关语素义的负面化有相同的趋势，“情欲”虽然义为“对异性的欲望”，但在很多情况下“情”语素已无任何表义作用，“情欲”仅被理解为“性欲”，具有负面义，刁晏斌（2006：193～194）指出，近年来“情趣”有指向情爱、色情趣味的倾向，“激情”亦是如此，呈现出部分负面化趋势。

有时语义场的负面化是一种总体性的趋势，且整个负面化的过程中有其固定的负面语义特征范畴和负面化模式。房德里耶斯（1992：232）提到，人们的一些共现心理或社会因素会使某些具有相近内容的词贬化，如在许多语言里，与“善良”“温柔”“平和”等概念相关的词都被用来表现愚蠢，它们表现出词义演变的类型学意义。这种整个语义场的总体转化有时与特定的主流文化意识的产生发展同步，如第四章讨论的表示人“按本意行事、对行事方式不加约束”意义的语义场，它们多数都有丰化现象，新生成的负面义位比原义位增加了相关的负面属性限定，原义位虽与新义位存在一定的竞争关系但只是使用域受到约束，而整个语义场的原义位都可以运用于艺术类语域，有不少不带负面义的用法保留至今。这类语义场为数不少，我们可以直接从其语义内容、相关历史文化思想的演变及二者的关系中找出整体化演变的认知机制与总的语义特征的演变路线。

除文化因素外，还有主要因社会语用因素而形成的整体性演变。

如表示“存有某种意念（要做某事）”的语义场，在现代汉语中，该语义场中的词语多数有组合倾向上的负面义，有的已直接沉淀到了定义中，如：

存心^2、居心、安心［1］、企图、图谋、一味、成心、蓄意

从历时情况看，这个语义场所包括的负面义位的生成对所属的词条来说都是丰化，相关词条中的大部分成员在古时都无负面义，如《大词典》的释义有：

存心：

a. 犹居心。谓心里怀有的意念。《孟子·离娄下》：“君子所以异于人者，以其存心也。”赵岐注：“存，在也。君子之在心者，仁与礼也。”

b. 专心；用心着意。《北齐书·文宣帝纪》：“始则存心政事，风化肃然，数年之间，翕斯致治。”

居心：

a. 安居之心。《吕氏春秋·上农》：“皆有远志，无有居心。”高诱注：“居，安也。”

b. 指安心。《后汉书·公孙述传》：“使西州豪杰咸居心于山东，发闲使，招携贰，则五分而有其四。”

c. 心地；存心。《二刻拍案惊奇》卷三七：“你自宜居心清净，力行善事，以副吾望。”

图谋：

a. 谋划。明李贽《与周友山书》：“不能为子子孙孙图谋万年也。”

b. 谋求。鲁迅《彷徨·孤独者》：“你在图谋的职业也还是毫无把握罢?”

蓄意：存心；有意。唐开元宫人《袍中诗》：“蓄意多添线，含情更着绵。”

或是现在仍有不带负面义的义位，如《现代汉语词典》中的释义有：

安心［1］：心情安定。

存心[1]：怀着某种念头。

比较特别的是，该语义场的负面化倾向都是通过同样的方式实现的，即只适用于具有某种负面属性的对象，表现为与相关负面义位的组合共现。如“存心[1]、成心、蓄意、企图、图谋”在共现成分上都有负面性偏好，便将相关负面性偏好变成对内在的动宾结构中宾语义素即相关动作关系对象的属性限定，并外化为共现的动词或短语的负面属性，自身则作为状语与此负面性内容结合，从而整体上显现出负面属性。

此语义场中的另一个成员“用心[2]”（义为“怀着某种念头”）虽没有完成类似的负面倾向化演变，但除了“用心良苦”外，它基本与类似的负面义位共现生成如“用心险恶”“险恶用心”等短语，或是固定的带负面义的组合“别有用心”。

杨振兰（2003b：110）指出，同义聚合尤其是词汇意义存在细微差异的同义聚合，可以同化色彩意义，如“爪牙”“喽啰”等在发展的过程中由非同义关系演变为同义关系的同时，色彩意义也都同化为贬义感情色彩。

上述情形可能类似她所描述的“同义聚合同化色彩意义”现象，不过我们认为，这种语义场的整体演变现象不是因为具有同义关系，被同义词语义场的某个成员同化而生成的，而是因语义场的主要共同义素特征的内容与特定的社会心理变化与相关语用习惯生成的，它们不是因为被同化而生成负面义，而是具有同方向、同方式的负面化趋势而进一步巩固了因为某种社会性原因生成的同义关系罢了。

一般讨论到“同化”都必须区分同化主体与被同化的关系，但要想在“存心[2]”语义场中区分同化者与被同化者有点不太现实。而且从语言的经济原则出发，与同化相对应的“反同化”现象的效用似乎比同化要更明显，董为光（2004：145）讨论的词义褒贬演变就包括词汇系统对于同义词的意义及色彩进行分配调整而形成的褒贬分化，如“贿”与“财”及“遭”与“遇”等。又如《现代汉语词典》“肉感”的释义为“性感（多指女性）”，则二义位同义，且在现实生活中“性感”用于与女性相关的场景事物也要远远多于与男性相关的场景事物，但近年在南方沿海地区某些年龄段的人群中“性感”已有正面化倾向，“肉感”却仍是一个带负面色彩的义位。杨振兰提出的“同化色彩意义”包括褒贬义，若同化的条件只是同义即可，那么找出阻碍现实中众多的同义语义场成员都被褒义或者贬义同化的因素是什么才是更重要的问题，虽然“爪牙”的成词与贬化都比“喽啰”要早，但认为它们的贬义色彩是同化而不是分别生成的恐怕还需要找出真正直接相关的语料。

义位义的负面化与所属语义场及相关语义场之间的关系非常复杂，张志毅、张庆云（2005：264）曾讨论了对立义场间的互相拉动演变，谈到了“左”与“右”及“白”与“红”两组中对立双方间的互相拉动演变，但一个义位可归属的语义场不止一个，因它的变化而带动的不同关系语义场之间可能产生的彼此影响实在太大，我们估计某一义位所属的同义义场与反义义场间可能存在关联义位因正负平衡的破坏与重建而导致的对立与互补现象。比较“内向[1]”的近义语义场和反义语义场个别成员的演变和语义场之间的关系可能有助于探寻义位负面化产生的正负失衡对相关语义场的其他成员的影响：

内向[1]：（性格、思想感情等）深沉，不外露。

它与“外向[1]”的反义关系是被公认的，但两个词的词典释义所带的感情色彩却存在较大的差距，试比较：

外向[1]：指人开朗活泼，内心活动易于表露出来。

“开朗活泼”带有明显的正面属性，该义素特征使“外向[1]”的整个词义都带有正面色彩。另外，由于当前的商业社会对人际交往的过度依赖极大地推动了“外向[1]”的属性正面化，也使这方面的相关语义具有了正面义，原来为负面性的“张扬[1]”指“把隐秘的或不必让众人知道的事情声张出去；宣扬”，近年来滋生出有正面倾向的“显露个性”义，我们称之为“张扬[2]”①，它与“外向[1]”形成近义语义场。同时，“外向[1]”的正面色彩可能也影响了作为反义关系的“内向[1]”，兼因前面提到的社会经济发展模式带来的人物性格评判倾向的改变，使生活中的“内向[1]”用以评述人物时有负面化倾向义。

与这一对反义词相关的近义语义场中似乎发生了一种对立互补关系，“内向[1]”近义语义场有：

深沉[3]：沉着持重；思想感情不外露。
内敛[1]：（性格、思想感情等）深沉，不外露。

从词典的释义中可发现，二者与“内向[1]”的释义内容相似度非常高，“内敛[1]”是完全的等义词，但它与“深沉[3]”均无负面性，在现实生活中“内敛[1]”用以评价人物时还稍带正面倾向，“深沉[3]”释义中还有正面义素特征“沉着持重”。

而“外向[1]”的近义语义场则还有“外露”，指“显露在外”，不知是否是受到构词语素“露”的同素词“毕露”等的影响，“外露”用于品评人物时稍有负面色彩。

考虑到“内敛[1]”为2005年版《现代汉语词典》新增，不能排除存在原义位“内向[1]”负面化后产生语义语用空位导致“内敛[1]”的语用频率提高的可能，但目前“深沉[3]”“内敛[1]”和“张扬[2]”“外露”的正负面倾向义的区别还不是很明晰，如果继续分别往两极发展的话，则可能证明在语义场之间有一种原义位正负属性转变后维持两个对立义场正负保持平衡的对立互补式演变模式存在，但囿于材料限制，该模式的存在仍是一种假设。

第二节　语用组合的变化对词汇负面义的影响

张志毅、张庆云（2001：211）认为，从语言的内部因素来说，义位

① 此意义2005年版《现代汉语词典》并未收入，且它与“个性”组合时位置在前与后正负面表现不一致，相对来说“张扬个性”的正面意味比“个性张扬”正面意味要明晰，后者时有负面义。

的组合有四类，一是语义规则，二是语用规则，三是语法规则，四是语音规则。本节讨论的语用组合包括前三者，认为某一特定词语的共现成分也是词义的一种延伸，相关组合对象的语义属性特征与语法组合方式对词汇负面义的生成与理解有着巨大的影响，构词成分不包含负面性义素的词语在这方面表现出的感染模式尤为明显。

语用组合的习惯可表现为特定的语义义位或短语共现、常用句式、常用否定式等，本节主要讨论特定的语义义位或短语共现及其表现形式。根据某一词语与相关共现语义成分的间隔远近，可分为近距组合共现和远距组合共现。

一　近距组合共现

（一）滋生

“滋生”的两个义位在《现代汉语词典》中的释义都没有负面内容：

滋生[1]：繁殖。

滋生[2]：引起。

但根据我们对北大 CCL 语料库和人民网报刊（2010 年 4 月以前）检索得到的结果（在不影响检索词义义表达的情况下句例的首尾内容可能有删减）发现，“滋生”的两个义位基本上只与负面性义位组合共现，如：

滋生[1]：

①香港潮湿的气候常常导致霉菌滋生，对家居卫生和人类健康造成影响。（CCL 检索第 70 条新华社 2004 年新闻稿_ 003. txt）

②因为对黄豆浸泡的时间有较为严格的要求：浸泡的时间过短会影响豆浆的出浆率，浸泡的时间过长则又容易滋生霉菌。（人民网检索第 196 条）

滋生[2]：

③赵登举说，这些治本措施的实施，铲除了一些滋生腐败现象的土壤，促进了党政机关的廉洁高效。（CCL 检索第 14 条新华社 2004 年新闻稿_ 001. txt）

④受多种因素影响，诱发和滋生违法犯罪的因素仍然大量存在。（人民网检索第16条）

下面是对“滋生”的检索结果按时间倒序排列得到的前200条（去除重复的17条，句例详情请参见附录）所做的统计分类：

表5-1 “滋生”组合对象的正负属性统计

	相关句例数量	占全部句例比例（%）
负面性组合对象	171	93.44
正面或中性组合对象	12	6.56
总　计	183	100.00

此表说明，“滋生”的两个义位在实际的语言生活运用中与负面性成分的共现率达到了93%以上，有明显的负面性选择偏好，即“滋生”的两个义位都具有组合倾向性的负面义。具体义位的使用情况与相关负面语义范畴的组合比例表现如下：

表5-2 “滋生”组合共现的负面性语义范畴特征分类统计

共现成分语义范畴特征		相关负面性语义范畴句例数量	所占比例（%）
A 细菌、病毒、微生物等		16	9.37
B “腐败”和“腐败现象”		75	43.86
C 负面性观念、风气、心理倾向及情绪态度等		26	15.20
D 违法犯罪违规等不当行为		20	11.70
E 恐怖主义及势力		7	4.09
F 其他	F1 负面性概念	17	9.94
	F2 负面喻指义	5	2.92
	F3 组合生成或语境说明的负面义	5	2.92
总　计		171	100.00

从表5-2中可以看出：

“滋生[1]”的主体或对象只能是范畴A类的有生命物体，包括细菌、病毒等微生物和蚊蝇等害虫。“滋生”在人民网前200个检索结果中，“滋生[1]”的使用比例只占所有包含直接负面共现成分句例总量的一成左右，为非常用意义，它的相关主体或对象是其共现负面义的来源（在我们的统计中没有出现蚊蝇类共现主体或对象），它们主要以“病毒”“细菌”等微生物为主，尽管“细菌”和“微生物”对人有害也有益，用正负面来判定不够严谨，但由于在现实生活中人们提到它们总是会产生负面联想，将其与疫病等联系起来，往往等同于“病毒”等负面性语词，且句例中的语境也为这种普遍性的负面偏义化理解做了铺垫。

“滋生^2”的适用主体主要是与人相关的负面性心理倾向和情绪态度、违法犯罪违规等不正当行为，及与人类社会相关的抽象性概念如负面性的看法、观念、风气、腐败现象等。如：

①行政文化是社会文化的楷模，行政失范现象的大量存在加速了腐败现象的滋生蔓延，对整个社会的道德风尚产生了极其恶劣的影响，对法治的实现也是一种无形的障碍。（人民网检索第 173 条）

②这种高高在上的思维心态，本身就容易滋生偏见，也容易夸大问题的存在。（人民网检索第 40 条）

③国家应出台《彩票法》，用明确的法律规定来遏制地下赌场的滋生；同时从法律、管理、个人操守等方面对假赌黑进行综合治理。（人民网检索第 64 条）

④澳大利亚总理陆克文 23 日在代表政府发布反恐白皮书时强调，澳大利亚人必须接受澳出现滋生于本土的恐怖势力的现实，本土恐怖势力正成为越来越严重的问题。（人民网检索第 37 条）

⑤即使信贷规模仍会达到一定的程度，但可以避免大量信贷资金徘徊于实体经济之外而忙于资产的炒作，从而助长资产泡沫的滋生。（人民网检索第 13 条）

根据表 5－2 中的数据显示，“滋生^2”在所有含有负面共现成分的句例中占了九成，是目前该词条的常用义位，它的适用范围较广，但对共现成分的语义范畴仍有一定选择性偏好：与政治、社会治安等违法乱纪现象相关的内容是其组合的重点，占了全部含负面组合句例近六成；其次是负面性风气、情绪、评价类，占全部含负面组合句例的一成五以上；细菌、疾病类又次之，所占比例将近一成；剩下其他分布较散的语义范畴合起来约占一成五。

“腐败”是“滋生^2”最常见的负面性共现语义特征，“腐败”及其变体“腐败现象”在人民网检索结果的含负面性共现组合成分的句子中占了几近一半，是“滋生^2”的最常见搭配对象，其具体组合方式及相互关系如下：

表 5－3　“滋生^2”与“腐败”的共现方式统计

共现方式	具体表现形式	相互关系	相关句例数量	所占比例（%）
直接搭配共现	滋生腐败（现象）	V＋O	32	42.67
	腐败（现象）滋生	S＋V	18	24
	腐败（腐败现象）的滋生	A＋N	7	9.33
	小　计		57	76
间接搭配共现	“滋生学术腐败”“滋生更多腐败的空间”等	V＋A/AD＋O	12	16
		S＋…＋V	5	6.67
		其他	1	1.33
		小　计	18	24
总　计			75	100

（注：此处相互关系的分析只考虑二者组合的最小层次，不考虑在所处句子中的整体关系。）

我们发现，“腐败（现象）”与“滋生^2”的关联以直接搭配共现方式为主，直接搭配在它们的共现方式中的比例高达四分之三以上，我们估计是这种高频率的直接共现让“滋生^2”与“腐败”的组合成为一种正在凝固中的固定搭配模式。另外“腐败”主要是作为“滋生^2”的动作关涉对象与之构成动宾组合，这种组合方式占共现成分含“腐败”例句的近三分之二。此比例与“滋生”的两个义位与相关负面义语义范畴组合共现时最常见的表现形式相一致：

表 5－4　“滋生”与负面共现成分在句例中的组合方式统计

“滋生”的功能	表现形式	共现句例数量（总 171）	所占比例（%）
做动词	滋生＋O	100	58.48
	S＋滋生	45	26.32
做名动词	N“的”滋生	17	9.94
其他	N 的“滋生地”等	9	5.26

从表 5－4 看，“滋生”的两个义位的负面共现成分主要充当它的动作关涉对象（这里表现为实现结果）与主体，二者合起来占全

部负面共现成分组合方式的84.8%。由于相关组合方式的高频显现同时还与“滋生”本身的主要语法功能和次要语法功能的分工有关系，故此不能确定此功能与其倾向性负面义的生成有必然因果关系，但可以明确的是，与“滋生”直接共现的负面义位会因二者的近距离关系使“滋生”感染上其负面性。另外，相关负面共现成分出现的位置也可能会影响此种负面性的感染效力，相对来说，动词前提供的是已知信息，而动词后出现的是未知信息，未知信息带给人的信息与印象要大于已知信息，故在“滋生”后直接共现的负面性义位要多于在它前面出现的。

“滋生^{2}”的语义内容和特殊的组合共现倾向在一定程度上还表现为与个别词语经常在同一语篇中共现：

表5-5 “滋生^{2}”常见共现词语及直接共现成分语义范畴类别统计

共现词语	共现成分语义范畴类别	共现句例数量		在全部负面共现句例中所占比例（%）
蔓延	“腐败”和“腐败现象”等	8	总15	8.77
	不正当行为	4		
	黑势力	1		
	庸俗之风	1		
	恐怖主义	1		
温床	腐败	7	总17	9.94
	恐怖主义	4		
	细菌、瘟疫等	3		
	其他	3		

与“滋生”类似，目前从CCL语料库和人民网报刊检索的情况看，“蔓延”和“滋长”适用于抽象的事物时在多数情况下都是与负面性义位组合，在具体的语义范畴上也有偏好。“滋长”多用于指某种不好的情绪、思想、不良行为与腐败作风等，皆是与人的社会属性相关的语义范畴；“蔓延”原用于抽象事物，主要指灾害等，现在用于与社会政治经济不良现象等相关语义范畴的也有增加之势。

（二）温床^{2}

“温床^{2}”的释义在《现代汉语词典》的不同版本中有两种，2005年版的释义为：

温床^2：比喻对某种事物产生或发展有利的环境。

83 版及以前的版本中，它的释义是：

温床^2：比喻对坏人、坏事、坏思想有利的环境。

该词的词典释义上明显的时代差别产生的原因可能正如曹炜（2009：198）所说，改版后的词义反映人们已摆脱了那个以阶级斗争为纲的眼光看待一切问题的时代的束缚和影响。不过尽管思想和眼光已改变，它的词典释义也已修改多年，但是旧有的语用组合习惯却难以改变，我们在 CCL 数据库和相关网络的检索情况显示，“温床^2”的直接或间接组合成分仍以负面性义位为主。下面是基于“温床”的人民网报刊检索结果按时间倒序排列得到的前 200 条（所有句例均出现在 2008 年以后，其中去除重复出现的 12 条、义位 1 的 5 条及作品专名的 4 条，详情请参见附录）所做的统计分类：

表 5－6 “温床^2”的正负面共现组合比例统计

	相关句例数量	所占比例（%）
与正面义位搭配共现的句例	26	14.53
与负面义位搭配共现的句例	153	85.47
总　计	179	100.00

相比“滋生”高于 93% 的负面共现比例来说，“温床^2”的负面共现比例低了近八个百分点，但仍有八成半的例子中含有负面共现成分，这说明从总体上看目前“温床^2”仍有与负面义位组合的明显选择偏好。这些共现负面成分的语义内容主要有三类，一是政治、经济与社会治安类，如：

①美政府官员认为，也门、索马里以及整个马格里布地区已经或者正在成为“基地”组织等恐怖和极端主义势力的新温床和活动区域。（人民网报刊检索第 2 条）

②严密的现金监控和银行资金管理成为芝加哥打击黑社会和防止公务员系统腐败的重要制度保证，将黑社会及其保护伞的制度基础扼杀，从而保证了政府的清廉和摧毁黑社会生存的温床（人民网报刊检索第 65 条）

二是细菌、疾病类，如：

③他们还尽力清除山谷、运河以及河床上成千上万吨的垃圾瓦砾，以避免强降雨把灾民的安置地变成疾病孳生的温床。（人民网报刊检索第 10 条）

三是教育、体育类及其他，如：

④高考体育加分的种种“猫腻”，将这项鼓励青少年全面发展的加分政策变成了儿戏，沦为少数人弄虚作假的温床。（人民网报刊检索第 14 条）

“温床^{2}”与上述内容的负面成分搭配共现的比例差别较大，第一类所占比例最大，占全部含负面共现句例的七成以上；第二类次之，所占比例不到一成五；第三类更次之，刚超过一成。具体情况见表 5 – 7。

表 5 – 7 “温床^{2}”的负面共现成分语义内容统计

共现成分语义内容	相关句例数量	所占比例（%）
A 政治、经济与社会治安等	113	73.86
B 细菌、疾病等	22	14.38
C 教育、体育及其他	18	11.76
总　计	153	100.00

从“温床^{2}”的相关负面共现义的实现方式来看，全部含有负面共现成分的句例除了 15 个句子中的负面性成分是由语境提示之外，其余 90% 以上句例的负面成分都是可以直接从搭配成分中感知的。全部共现负面义的表现方式可分成三种，一种是修饰限定式，由负面义位做“温床^{2}”的修饰限定成分，按照该成分与中心词的关系远近，还可细分为直接限定与间接限定，前者如：

①迎来送往造成巨大浪费，弄虚作假损害政府形象，吃拿卡要搭起腐败温床。（人民网报刊检索第 24 条）

“腐败”直接与“温床”组合搭配（中间可有助词“的”），作为修饰限定成分直接感染中心语。此负面修饰限定成分前可有其他层次的组合关系，故“V+O的温床”（“O”为负面性义位）也归入此类。

后者如：

②对于教育界来说，则应逐步改变“考试决定一切”的机制，使教育真正从“应试型”向“素质型”转变，最终彻底铲除作弊产业化存在的“温床”。（人民网报刊检索第102条）

例中的负面义位“作弊”是“温床”的共现负面成分，然而它与中心语之间还有其他成分存在，是间接的修饰限定语，也即当“S”为负面性义位，组成“S+V的温床”结构时，“S”与中心语“温床”之间有间接修饰限定关系。

另外一种是介词引入式，即通过介词引进负面义位成为“温床^2”的相关主体，这种方式主要采用“为……提供温床”的格式来实现，“为”后面所引导的负面性内容成为“温床^2”的服务主体，如：

③一些基础电信运营商和增值服务商，只追求经济效益，为违法信息的传递提供了温床。（人民网报刊检索第43条）

最后一种是衔接回指式，主要通过语篇内的衔接与回指等提示相关成分的负面属性，只不过这里语篇的篇幅都比较小，除了两个例子外，相关衔接与回指都可在一个句子中完成，如：

④“网络赌博，已是一个有组织的活动，它以一种‘金字塔’似的组成形式存在，以网络的普及作为最大发展的温床，迅速在社会中流行开来。”（人民网报刊检索第48条）

句例中的“温床”的主体要往前文回溯至“它”，而“它”又回指句首的“网络赌博”，正是这种衔接与回指确立了“网络赌博”和“温床”之间的联系，从而使“温床”与负面性义位发生语义关联，实现组合共现。

统计发现，“温床^2”对三种负面成分表现方式在选择时有所偏重，具体情况参见表5-8：

表 5－8 “温床^{2}”的负面共现成分的表现方式统计

共现方式		相关句例数量	所占比例（%）
修饰限定式	直接修饰	75	49.02
	间接修饰	40	26.14
	小　　计	115	75.16
介词引入式		23	15.03
衔接回指式		15	9.8

表 5－8 的数据显示：“温床^{2}”的负面共现成分主要通过修饰限定成分表现出来，此共现方式的比例超过四分之三，该共现方式中直接与间接限定二者之间的比例接近 65∶35≈2∶1，直接限定所占的比重占全部含负面共现成分句例的将近二分之一；介词引入式居第二位，但只占不到六分之一；靠语篇的衔接与回指显现的负面共现成分所占比例最小，不及十分之一。总的看来，相关负面义位直接或间接的修饰限定语是“温床^{2}”的主要共现负面成分，也是“温床^{2}”感染负面义的主要源头。

与“滋生^{2}”一样，“温床^{2}”最常见的负面共现义位也是“腐败”，共有 44 例，差不多占全部负面共现成分的三分之一，其中是直接限定关系的有 24 例，数量甚至超过介词引入式，看来像“腐败”这样负面义非常强烈且显明而又具备语用高频的义位较容易使其共现组合成分感染上负面义。

一些与负面义位近距组合共现而带有负面性的义位在组合共现对象的语义内容时有选择偏好，如“温床^{2}”偏好政治、经济、社会治安等内容。造成这一偏好的原因可能有二：一是它们往往不是所属词条的原始义位，作为衍生义位，它们是在转域过程中形成与特定内容的负面义位组合的语用习惯的，其最初或早期出现的语用域及其组合共现成分的语义类属特征如“易扩散”包括态度倾向如“有害”等，可能会随着此义位用法的传播一起传播开来。

二是前面有关权势关系的对立转化的讨论曾提到，社会政治、外交、军事等领域多数存在着一种权势关系，易生成对立的立场与视角，此种对立立场与视角常常滋生出敌对情绪，而敌对情绪会使敌对双方在观察对方时戴上有负面色彩的变色眼镜，这自然而然地会影响到相关陈述，使用于此语域的中性或正面词语因而感染上负面义，且可能在相当长一段时间内都无法消褪。

由近距组合共现而感染上负面义的义位数量不少，但具体义位的组合关系与感染方式仍有待探讨。总的说来，近距组合共现的负面义感染源最明显的主要有两类，一类是负面性的限定修饰语，另一类是负面性的主体或对象，二者的负面属性通常都比较鲜明且强烈。

另外，从“蓄意”类近义语义场负面义的感染和“滋生”等负面义的感染情况来看，很可能感染源对被感染义位在语义范畴特征义素及相互关系的选择上有一定的限制，如“蓄意”类和“滋长”类与感染源组合后在语义上与感染源存在一种正向或促成关系，也即被感染义位的意义包含了“促进”“使……生成或发展、实现”之类的正向促进义素特征，于是容易在组合共现后被感染源传染上负面义，这一点与后面要谈到的同化式感染的作用方式及结果有关。至于具体的义素特征和组合选择的限制力大小及相关感染生成的具体条件的确定还需进一步讨论。

二　远距组合共现

和前面所列举的“滋生”等词语不同，个别义位的负面性组合共现成分与该义位之间的语义关联可能在直接组合关系上表现不明显，很少有直接的修饰或限定关系，而主要通过语篇间的转承衔接与补充来实现，最明显的如第三章关于组合倾向式负面义的语义关联实现方式中讨论到的“信誓旦旦”。

信誓旦旦：誓言诚恳可信。

下面是基于“信誓旦旦”的人民网报刊检索结果按时间倒序排列得到的前200条（去除重复出现的14条，详情请参见附录）所做的统计分类：

表5－9　“信誓旦旦”的正负面共现组合比例统计

	相关语篇数量	所占比例（%）
含中性或正面共现组合	32	17.2
含负面共现组合	154	82.8
总　计	186	100

表5－9显示，“信誓旦旦”在超过80%的语篇里都和某些负面成分形成语义关联，只不过这种语义关联并不是由近距组合共现的负面义位带来

的。第三章已提到，“信誓旦旦”的负面共现成分是通过语篇对“信誓旦旦”的发出主体的言行态度等与誓言内容的对立、矛盾或主体之外的关联人、事、物的否定性表现或评价来展示的，也即通过否定该词词义中“誓言诚恳可信”的“诚恳”或“可信”或其关联主体，使原带正面性的语义发生负面性转化。

这些对立矛盾或否定性表现、评价可以是句内的某一相关部分，即在一个小语篇中就已实现；也可以在句外，即所属语篇的其他句子中的衔接复指中显现出来。二者的间隔远近不是关键因素，重要的是彼此间的语义关联程度，它们在具体的内容范畴及负面属性的体现方式上也就各式各样，没有统一的标准，如：

①现在离婚的不少啊，拿着离婚证想到当日的信誓旦旦，不是很揪心么？（人民网报刊检索第 19 条）

②还有哪位明星的婚姻在潜伏？还有哪句信誓旦旦的保证值得粉丝信任？（人民网报刊检索第 68 条）

这两条的信誓旦旦的负面共现都是在一个句子中完成的，句例①中共现的“离婚证”本身无负面属性，但在社会共性心理中，离婚和作为一种誓约式行为的结婚本身形成一种对立，于是成为“当日的信誓旦旦”对行为与内容的否定，再加上后面补充的“不是很揪心么”，进一步明确了句子陈述主体对“信誓旦旦”的负面性评价，实现负面语义关联共现。句例②中整个句子从结构成分上看都无负面属性，但这是一个反问句，通过反问语气生成否定性的判断，“信誓旦旦的保证不值得信任”，从而实现“信誓旦旦”的负面语义关联。

另外，相关共现负面成分衔接的具体位置可以出现在“信誓旦旦”所属短语之前，也可以出现在其后，或者同时有前后两方面的衔接，如：

③就在鲍尔森和其他人做空这些投资产品的时候，华尔街的资深分析师们还信誓旦旦地为其安全性打包票。（人民网报刊检索第 43 条）

④高中时与她一起参加美术培训并且信誓旦旦非中央美院、清华美院不去的同学，现在大多数在普通院校待着。（人民网报刊检索第 47 条）

⑤英国《金融时报》5 日报道称，随着美国财政赤字的不断上升，作为美国最大债主的中国已经掉入“美元陷阱”中。尽管在不久前举行的中

美战略与经济对话中，美方曾信誓旦旦地承诺，要保持美元汇率稳定，确保中国美元资产安全，但美国的巨额赤字、庞大国债规模，势必对美元汇率构成重大杀伤。（人民网报刊检索第 80 条）

句例③中让“信誓旦旦”的内容受到质疑的是前半句出现的“做空这些投资产品”，且二者的同时发生使誓言行为本身在态度上已有负面性评价。句例④中信誓旦旦的主体是“同学”，且有“非中央美院、清华美院不去”的限定，此限定同时也是“信誓旦旦”的誓言内容；后半句“大多数在普通院校待着”中的“大多数”回指前面的“同学”，而“在普通院校待着”则是其限定成分的直接否定，形成“信誓旦旦”的关联主体及其誓言内容在言与行上的矛盾，从而让“信誓旦旦”生成负面性语义关联。在句例⑤中，“信誓旦旦”的相关负面语义关联是由前面的铺垫和后面的补充共同完成的。其承诺主体为“美国”，承诺内容为：“保持美元汇率稳定”“确保中国美元资产安全”，然而前一句的“中国已经掉入‘美元陷阱’”和后半句的“势必对美元汇率构成重大杀伤”分别从两个方面否定了美国兑现誓言的可能性，从而否定了“诚恳”与“可信”这两个“信誓旦旦”的核心语义特征，使整个词语向负面性转化。

有时，实现这种负面性的语义关联还须通过一个在“信誓旦旦”的主体、内容等要素与相关负面成分之间搭桥的“中介”，相关衔接回指皆通过此中介产生联系，生成语义关联，如：

⑥早在 18 个月之前，怀特岛的地方官员便信誓旦旦地宣称，他们已经制定了详细规划，怀特岛将成为英伦三岛乃至全球首个“绿色生态岛”，这里的全部电力供应将来自可再生能源……（人民网报刊检索第 84 条）原文链接，http：//paper. people. com. cn/zgnyb/html/2009 -08/03/content_ 310647. htm。

原文间隔一个自然段后有“这样的设想并非空中楼阁，因为怀特岛拥有维斯塔斯风能涡轮机工厂”，于是“维斯塔斯风能涡轮机工厂”便成为“信誓旦旦”的承诺内容得以实现的一个重要促成要素，也即成为该词的语义特征“诚恳”和“可信”得以实现的重要保证，若此工厂的存在受到否定，承诺的主体、内容等就会被否定，从语篇衔接功能上看，它便成了“信誓旦旦”和负面语义关联成分间联系的中介。原文接下去对该“中介”的情况进行了介绍，“信誓旦旦”的语义特征随该“中介”相关负面信息的涌现变得显著而逐渐被否定，最后在“信誓旦旦”出现段间隔十个自然段后做出总结性回应：“在此背景之下，工厂关闭事件令政府肩负的舆论压力倍增……英国《卫报》已连续刊发了9篇与维斯塔斯风能涡轮工厂关闭相关的新闻报道，大多在指责英国政府‘言行不一’”。至此，整个对“中介”和“信誓旦旦”的主体与内容等的否定全部完成，这是目前本文收集到的关联内容最多、间隔持续最长的衔接。[①]

从上面所举的例子可以发现，“信誓旦旦”及其相关负面语义关联之间的间隔远近差距较大，总的来说，二者间的间隔远近与需要否定的承诺内容等要素的复杂程度和语篇中的语义密度、信息详略程度等都有一定关系。根据我们的统计[②]，“信誓旦旦”及其相关负面语义关联成分之间的间隔至少跨越单句的超过60%，其中跨越两个句子的超过25%，跨越三个句子的超过35%；剩下将近40%的负面语义关联可以在句内实现，其中只有不到5%的负面语义关联可以在一个复杂短语中实现，而可以无间隔直接修饰限定的在我们收集到的语料中没有一例。详细比例见表5-10。

表5-10 “信誓旦旦”及相关负面语义关联间隔表现统计

		相关语篇数量	所占比例（%）
句内	无停顿符号	7	4.55
	间隔一个停顿逗号	29	18.83
	间隔两个以上停顿	24	15.58
	小　计	60	38.96
句间	紧承第二句	39	25.32
	两句以上	55	35.71
	小　计	94	61.04

表5-10显示：有超过95%的例子里“信誓旦旦”都是通过至少有一个停顿间隔以上的共现成分实现负面语义关联的，这说明无论是句内实现

① 从另一个角度说，该语篇还有其他辅助性的负面共现信息，它们的内容也与“信誓旦旦”的内容相矛盾，具有同等拆解功效，如在文章前有相关图片（此略），并附说明：图为英国民众聚集在英国能源与环境变化部大门外抗议政府对维斯塔斯工厂关闭“无动于衷”。（图中英文意为“答案正随风而逝”）

② “信誓旦旦”的相关负面关联可以是句内与句外共同完成的，本文统计时只取与该词间隔最近的一种。

还是句外实现，保持一定的空间间隔是“信誓旦旦”在和相关负面语义生成关联时的一个基本要求，该间隔要求实际上反映的是“信誓旦旦”在生成相关负面语义关联时对信息量有较大的要求，这和“信誓旦旦”本身的词义及其负面语义关联生成的常规模式有很大的联系。

从我们收集的语料来看，使“誓言诚恳可信”发生负面性转化主要有两个途径，一是对誓言主体态度的“诚恳”特性的否定，二是对誓言内容可信度的否定，特别是对誓言内容可信度的否定，从某种意义上来说，誓言内容的不可信往往意味着其态度的不诚恳，也是对“誓言”行为的否定，它是实现“信誓旦旦”生成负面语义关联的关键。

要想否定相关誓言的内容有两种方式：一是将誓言的执行情况与誓言内容进行对比，指出其中互相矛盾对立之处，这是主要方式；二是插入另一主体（可为非生命体，特别是具某种权威性的机关等）对相关内容的对立陈述或否定性评价，从而激发人们对誓言内容的质疑与不信任感。无论是哪一种方式，它所需要的语义信息都必然包括对誓言一方的陈述与现实或插入主体一方的相关信息，故而在常规情况下，至少需要两个分句，可以分别就两个相关的话题展开。之前所列举的无停顿句例能够实现负面语义关联，实际上是借助了句式语气和社会共性心理作为理解背景，或是后继分句还有负面成分作为补充，否则以少量的构成成分很难满足对信息量的要求。

也是这个缘故，在很多情况下“信誓旦旦”所在的语篇都有明显的时间顺序，因为誓言的执行及其结果总是要在誓言做出以后才可看到，于是相关语篇必须具备誓言发出时及誓言执行及其结果两方面的信息，这自然也加大了对语义信息量的要求，如：

①奥巴马一年前信誓旦旦地要人们相信“可以改变一切”，可一年后却说“有些事很难改变”。（人民网报刊检索第 52 条）

②当国际原油去年夏天触及 147 美元一桶的历史高价时，俄罗斯坐拥美元并信誓旦旦要重塑世界秩序。而今，原油价格已被拦腰折断，经济萧条，俄罗斯政府承认已经走进“死胡同”。（人民网报刊检索第 64 条）

两个语篇中都有两个时点相关信息的介绍，其中之前的一个时点是“信誓旦旦”的产生时点，而后一个时点是相关誓言内容的检验时点，前后之间的同一信息的矛盾与反差否定了誓言的真实可信度，从而生成负面语义关联。

通过插入另一主体的相关陈述或否定性评价也是如此，如：

③昔日信誓旦旦的约定即便言犹在耳，也早就变得一文不值。（人民网报刊检索第 63 条）

④裕兴房产汉中门店的另一位房产经纪人还信誓旦旦地向记者担保，在买下“张公馆”后，新房主可以进行任意装修，不受限制，并且可以给新房主一份新的经过国家审核的房产证明……（人民网报刊检索第 91 条）

③中的“昔日信誓旦旦的约定”有两个述语成分，后一个述语“早就变得一文不值”是插入主体对誓言的直接否定；④原文链接（http：//paper. people. com. cn/jnsb/html/2009－07/15/content_ 295984. htm）后有补充：“《南京市重要近现代建筑和近现代建筑风貌区保护条例》则规定，重要近现代建筑和风貌区内的建筑不得擅自拆除和迁移，不得擅自改变重要建筑和风貌区内的建筑立面、门头、树木、喷泉、雕塑等。如果有改变或者损坏行为，将责令其改正或修缮……”此段说明可看作是对誓言主体所承诺的“新房主可以进行任意装修，不受限制”这一内容的全面否定，且插入方所具有的权威性极大地降低了被否定的誓言内容的可信度。誓言主体与插入方的相关意见与看法这两方面的信息缺少任何一方都不可能生成“信誓旦旦”的负面语义关联。同理，人民网检索中不含负面义的语篇也恰恰是因为没有提供后续情况或插入方的相关信息作为对比而失去生成语义关联的最基本条件。

三　同化式感染与拆解式感染

有关组合共现成分对相关词义的影响的理论分析主要是词义感染（布龙菲尔德，1980：542；伍铁平，1984、1999 等）与语义韵律理论（Louw：1993；Sinclair：2004；Partington：2004 等）。词义感染没有专门区分褒贬差异，语义韵律中与词汇负面义相关的是消极语义韵。一般认为，带有语义韵律的主导词本身没有体现出评价倾向性，但在组合中，由于其共现成分表现出明显的倾向性，使主导词所处的语境弥漫着或积极或消极的语义氛围，使主导词不得不受其感染并与之协调一致（于屏方，2007：140），这与语义感染的隐喻中主导词共现成分的感情色彩感染、同化了主导词的现象类似。Sinclair（1991、2004）认为，可以把主导词与其共现成分合起来看成是一个由一系列共现成分组成的意义单位（the "unit of meaning"），或者是一个语块（Chunk），其整体意义溢出并影响了其成员的意义。前面所讨论的"滋生^2""温床^2"的表现与此相似，它们的构成义素义与结构关系没有生成负面义，但因常与含有负面义的共现成分组合反过来形成了对共现成分的负面属性选择偏好，且排斥与正面性共现成分搭配。

相比之下，尽管"信誓旦旦"有类似的语境负面氛围，却与"滋生^2""温床^2"不太一样。从前面的分析可以看出，"信誓旦旦"从语境中感染上负面义的感染方式相对特殊一些，其共现成分负面义的实现方式、负面语义关联的生成方式及对语篇信息量的要求都异于"滋生"类词语。

Sinclair（1996：6～9）曾指出，相关语义韵律起到了将一个词项与其语用环境进行整合的作用，用这一观点来分析"信誓旦旦"和"滋生^2""温床^2"的语义韵律的话，则前者的整合方式及其表现明显与后者的整合方式及整合结果有较大的不同。

"滋生^2""温床^2"等近距组合生成的负面语义韵的产生符合常规的语义感染思路：共现成分的负面性语义扩散开来，在其周围形成了一个具有相同负面属性的小语境，促成置于其中的主导词生成和自己有同样倾向的负面性，相关的语义整合是以共现成分为主导展开的。

这种语义整合方式生成的感染可称为同化式感染，其具体整合方式表现为：通过直接或间接的方式与负面义位建立语义语法关系从而使感染发生，主导词与作为负面义感染源的负面义位之间表现为线状排列，所以一般会有特定的组合关系与结构确立某一接触点。尽管受到负面义的感染，在语用上生成了具有特定语义范畴负面共现的相关限制，但此限制的结果只是在原词义的基础上增加了某些相应的义素特征而已，原来的核心词义并不会因而发生改变。

如果说同化式感染的语义整合过程主要表现为共现成分与主导词从不一致走向一致的话，那么把"信誓旦旦"看作"拆解式感染"可能更合适一些。同化式感染与拆解式感染的区别就像病毒使人致病的两种途径，一是病毒在人体内繁殖增长，让人体组织也产生很多同类从而使人致病；二是病毒攻击破坏人体的防御系统，使人的防御系统功能丧失或紊乱，反过来干扰人类自身机能的正常运作，从而使人致病。

拆解式感染生成负面义的思路与作用模式与后者类似，其具体的语义整合方式表现为：共现成分的语义不直接与主导词的语义内容发生关联，而是通过破坏主导词语义内容存在的关联语义信息或相关背景条件（此类感染似乎皆有一个对比式的并行语境）而与之发生间接联系，使主导词在语义存在基础被破坏拆解后无法维持原有内容，如被拆解的主导词有明确的或隐含的正面性内容，则其较容易在存在基础被拆解之后发生反向转化，“信誓旦旦”就是如此。

近距共现、远距共现和同化式感染、拆解式感染四者间不存在完全对应的关系。多数的语义感染都是同化式感染，它们主要通过近距共现的方式完成，因为在同化感染的过程中，共现成分语义扩散的范围有限，主导词与之距离越近、关系越密切则越容易被感染，而拆解式感染中共现成分要破坏的是主导词的语义存在基础而非其本身，相关关联语义信息和背景条件的分布是没有明确限制的，所以共现成分的分布也就比较分散，且不强调共现成分与主导词之间的直接语义关系。对于远距共现成分生成的负面语义关联感染，要给它找一个特定的组合关系与结构就相对困难得多。

基于同样的原因，同化式感染进行语义整合时只有一个信息焦点，需要的语义信息不多，相比之下，拆解式感染的语义整合是在两个信息焦点间进行的，所需要的信息量自然较大。不过，共现成分的距离远近不是保证相关信息量得以满足的关键，有的拆解式感染也可以在近距离内实现，如“口服［1］”“口惠”，它们已经生成了固定性共现结构：“口服心不服”“口惠而实不至”。拆解式感染生成的负面义不多，在我们的考察中，还有：

好端端的、光天化日、口口声声、口血未干、貌似、青天白日、三令五申

按董为光（2004：122）对“先行性词义演变”与“后续性词义演变”的区别，因语用组合而生成的负面义属于后者，它在使用时基本是按照原义正常选用的，但我们认为对于拆解式感染生成的词义演变而言，受话者获得的理解不是受语境影响而不知不觉偏离了原义，而是特定内容的组合共现语境使原义语义内容的提取受到一定的制约甚至是拆解。无论是同化式感染还是拆解式感染，其关联负面义都不是董为光所说的旧义某个

“义点”的上升或词义静态理解的飘移，而是对旧义位内容施加了限定或是拆解后的自然重建。

第三节　词汇负面义的主观感知判断调查及相关分析

一　词汇负面义的主观感知判断调查

跟所有的词义一样，具体的词汇负面义在特定语言使用者心目中的理解可能与公认的词典释义有一定的差距，这种差距既受词典滞后性的影响，也受个体感知判断主观差异的影响，而特定时期、群体的社会心理与语用习惯也会投射到人们对特定词语负面义的感知与判断中去。为了考察相关词汇负面义的主观感知判断与运用的主体差异，从而了解正在进行着的词汇负面义的生成、消褪与增强、淡化，我们就相关内容调查了一百位使用者，请其就所调查的特定词汇的正负面意义的有与否及其表现做出第一感觉判断，问卷设定了四种选择，分别是：词的意思是好的、词的意思是不好的、词的意思没有明显的好坏之分及词的意思有时指好的有时指坏的四种情形，相应的对应于表中所列的含有词义呈正面性、词义呈负面性、词义无明显正负属性区别和词义正负面属性皆有。

由于调查对象不是语言研究者，所以对相关词语的显示不是以义位而是以词为单位。对于不同的调查对象，我们分为两组：一组 47 人，受教育程度皆为专科以下；另一组 53 人，皆受过本科及本科以上的教育。第一组简称为 E1，第二组简称为 E2。为了找出两组受调查者对词语负面义的主观感知判断差异，本文选择的调查词例倾向于书面用语。（调查表的详情请参见附录）

（一）第一组：花枝招展、多情、情种、剽悍

花枝招展：形容妇女打扮得十分艳丽。

多情：重感情（多指重爱情）。

情种：感情特别丰富的人；特别钟情的人。

剽悍：敏捷而勇猛。

表 5-11 “花枝招展”负面义的主观感知与判断调查

	E1（47 人）		E2（53 人）		全部（100 人）	
	判断人数	在 E1 中所占比例（%）	判断人数	在 E2 中所占比例（%）	判断人数	所占比例（%）
词义呈负面性	25	53.19	16	30.19	41	41
词义无明显正负面属性区别	5	10.64	14	26.42	19	19
词义正负面属性皆有	9	19.15	18	33.96	27	27
词义呈正面性	8	17.02	5	9.43	13	13
总　计	47	100	53	100	100	100

“花枝招展”的词典释义内容是正面性的，但从表 5-11 可得出，在人们的主观感知中，它有负面化的倾向，有超过 40% 的调查对象认为它的词义呈负面性，还有近 30% 的人认为它既有正面义又有负面义，仍认为它是正面性词语的受调查者只占 13%。相对来说，它在 E1 组中的负面化要比在 E2 组中严重，E1 组已有超过半数以上的人认为它整体呈现负面性，而 E2 组中此态度只占三成。

表 5-12 “多情”负面义的主观感知与判断调查

	E1（47 人）		E2（53 人）		全部（100 人）	
	判断人数	在 E1 中所占比例（%）	判断人数	在 E2 中所占比例（%）	判断人数	所占比例（%）
词义呈负面性	13	27.65	6	11.32	18	18
词义无明显正负面属性区别	14	29.79	17	32.08	31	31
词义正负面属性皆有	12	25.53	20	37.74	32	32
词义呈正面性	8	17.02	10	18.87	18	18
总　计	47	99.99	53	100.01	100	100

注：由于有弃选或是四舍五入，有的表格中总计不为 100%，下同。

无论怎样看，“多情”的词典释义内容“重感情（多指重爱情）”都是正面性的，但从调查表 5-12 中反映的情形来看，只有 18% 的人认同这种释义，有同样比例的调查对象的判断恰好相反，即认为它的词义呈负面性，另有近三分之一的人认为它既可表现正面义也可表示负面义，还有近三分之一的人认为它的词义没有正负区别，这说明它已开始淡化并有部分向负面义发展的趋势。认为它是负面性词语的人所占比例在 E1 中要比在 E2 中明显，前者接近三成，后者仅为一成左右。

表 5－13　“情种”负面义的主观感知与判断调查

	E1（47 人）弃选 1 人		E2（53 人）		全部（100 人）弃选 1 人	
	判断人数	在 E1 中所占比例（%）	判断人数	在 E2 中所占比例（%）	判断人数	所占比例（%）
词义呈负面性	22	46.81	13	24.53	35	35
词义无明显正负面属性区别	6	12.77	21	39.62	27	27
词义正负面属性皆有	12	25.53	14	26.42	26	26
词义呈正面性	6	12.77	5	9.43	11	11
总　计	46	97.88	53	100	99	99

“情种”的词义内容也是正面性的，其意思与“多情”非常接近，但对它的主观感知判断的负面化却比“多情”明显。据表中数据显示，与词典持相同态度的调查对象只有 11%，而有超过六成的受调查者认为它可以表达负面性意义，其中有 35% 的人认为它的词义整体呈负面性。与“多情”一样，对它的感知判断负面化在 E1 组里要比在 E2 组里发展得快，E1 组有近一半的人认为其词义呈负面性，而在 E2 组此比例为近四分之一，另外 E2 组中有近四成的人认为该词词义无明显正负面属性区别。

表 5－14　“剽悍”负面义的主观感知与判断调查

	E1（47 人）弃选 1 人		E2（53 人）		全部（100 人）弃选 1 人	
	判断人数	在 E1 中所占比例（%）	判断人数	在 E2 中所占比例（%）	判断人数	所占比例（%）
词义呈负面性	17	36.17	14	26.42	31	31
词义无明显正负面属性区别	8	17.02	19	35.85	27	27
词义正负面属性皆有	12	25.53	14	26.42	26	26
词义呈正面性	9	19.15	6	11.32	15	15
总　计	46	97.87	53	100.01	99	99

“剽悍”的词典释义有显著的正面性内容，但在表 5－14 中只有不到 15% 的受调者对其有与词典相同的判断，而认为它整体呈负面性或含有负面性内容的人加起来占全部调查对象的六成左右。相对来说，E1 组将其列为负面性词语的超过三分之一，而 E2 组只有四分之一的人持同样看法。

另 E2 组有三分之一的人认为它的词义没有明显的正负属性区别。

上面的数据显示，本组词语有不同程度的负面化倾向。按照人们的解释，“花枝招展”包含“不庄重”“打扮得过分”的意味，该词的负面义也相应地指向其当事人；“多情”则指人“对爱情不专一”“在男女关系上较随便、不认真”；“情种”较之相关负面义更浓重明显；人们对“剽悍”的负面意义内容感知稍有差异，大多指无理蛮横或野蛮凶悍之类。从上述四词负面化后的词义内容来看，它们都隐含言说者对该词的当事的负面性主观评价，感知者的文化程度与此主观评价态度有一定的关系。新的负面性词义在受教育程度较低的 E1 组中的感知要比 E2 组中明显，特别是对“花枝招展”和“多情”，E1、E2 组的此项比例差超过 20%；不过旧词义的保持也是 E1 组较 E2 组稍稍多一些，E2 组中对新生的负面义更倾向于将其视为与原有的正面义和平共存，又或是认为其新义基本无明显正负面属性差别。

（二）第二组：财大气粗、追捧、迎合、出风头

财大气粗：形容人仗着钱财多而气势凌人。

追捧：追逐捧场。

迎合：故意使自己的言语或举动适合别人的心意。

出风头：出头露面，显示自己。

表 5－15 “财大气粗”负面义的主观感知与判断调查

	E1（47 人）		E2（53 人）弃选 1 人		全部（100 人）弃选 1 人	
	判断人数	在 E1 中所占比例（%）	判断人数	在 E2 中所占比例（%）	判断人数	所占比例（%）
词义呈负面性	24	51.06	24	45.28	48	48
词义无明显正负面属性区别	8	17.02	20	37.74	28	28
词义正负面属性皆有	4	8.51	7	13.21	11	11
词义呈正面性	11	23.4	1	1.89	12	12
总　计	47	99.99	52	98.12	99	99

“财大气粗”词典原本的释义呈负面性，但近年受市场经济重视金钱的相关思潮影响，其负面义有淡化的趋势。从表 5－15 看来，对其仍保持词典看法的人不到一半，另有 12% 的人认为它的词义呈正面性，

还有 11% 的人认同它也可以表述正面义。E1、E2 两组在两个选项方面的差别较大，E1 组有接近四分之一的人认为“财大气粗”呈正面性，而 E2 组近四成的人认为此词的词义无明显正负面属性区别，只有 1 人认为该词呈正面性。

表 5-16 “追捧”负面义的主观感知与判断调查

	E1（47 人）弃选 1 人		E2（53 人）		全部（100 人）弃选 1 人	
	判断人数	在 E1 中所占比例（%）	判断人数	在 E2 中所占比例（%）	判断人数	所占比例（%）
词义呈负面性	12	25.53	24	45.28	36	36
词义无明显正负面属性区别	13	27.66	14	26.42	27	27
词义正负面属性皆有	13	27.66	7	13.21	20	20
词义呈正面性	8	17.02	8	15.09	16	16
总　计	46	97.87	53	100	99	99

“追捧”过去的用法有相关负面义指向施动者，但表 5-16 中的数据显示，此语的负面义正在淡化，超过三分之一的人保持旧用法观点，而有近一半的人认为其词义无明显正负属性区别或是在表达负面义之外还可表达正面义，更有 16% 的人判断该词为正面性词语。对照 E1、E2 组可以发现，E1 组的态度改变要比 E2 组要明显，后者仍有近 45% 的人维持旧观点，比前者多出了近二十个百分点。

表 5-17 “迎合”负面义的主观感知与判断调查

	E1（47 人）弃选 1 人		E2（53 人）弃选 1 人		全部（100 人）弃选 2 人	
	判断人数	在 E1 中所占比例（%）	判断人数	在 E2 中所占比例（%）	判断人数	所占比例（%）
词义呈负面性	9	19.15	26	49.06	35	35
词义无明显正负面属性区别	11	23.4	11	20.75	22	22
词义正负面属性皆有	11	23.4	13	24.53	24	24
词义呈正面性	15	31.91	2	3.77	17	17
总　计	46	97.85	52	98.11	98	98

“迎合”的变化表现与“追捧”有一定相似之处：总体上看也是有

35%的人维持旧有的负面性判断不变，但另外的65%的人大致三等分选择了其他三种判断。E1、E2组对它的主观性感知也存在相似表现，即E1的改变要比E2组的明显，前者中有超过三成的主观判断发生了对立转化，认为该词义呈现正面性，但E2组只有个别成员有此观点。

表5－18 “出风头”负面义的主观感知与判断调查

	E1（47人）		E2（53人）		全部（100人）	
	判断人数	在E1中所占比例（%）	判断人数	在E2中所占比例（%）	判断人数	所占比例（%）
词义呈负面性	24	51.06	36	67.92	60	60
词义无明显正负面属性区别	8	17.02	7	13.21	15	15
词义正负面属性皆有	10	21.28	9	16.98	19	19
词义呈正面性	5	10.64	1	1.89	6	6
总　计	47	100	53	100	100	100

“出风头”中的“风头”为“风头^{2}”，词典释义为“出头露面，显示个人的表现（含贬义）”，相应的“出风头”过去也多贬责之意。从表5－18中的情形来看，它的负面义仍较强，但也有淡化倾向，约有六成受调查者持原有的看法，而剩下四成的主观感知态度已发生变化。相对来说，E1组的变化要比E2组的明显，E1组的受调查者中有近三成的认为“出风头”为正面性的或者可以表现为正面性的，另有近两成的则认为此词没有明显的正负面属性区别。

本组的四个词语原都寓有言说者对相关施动者性状动作或关联主体的负面性主观评价，“追捧”“迎合”的负面义还可指向动作的关系对象，对充当它们相应语义角色的共现成分有相关负面属性限定。从统计结果来看，它们的负面义都有程度不同的淡化趋势，相应的反映在其词义内容上就是“财大气粗”仅指财力雄厚，而无原释义的第二个特征“气势凌人”；对“追捧”和“迎合”的理解也无原来对此二词表述的行为“无理智”“为了某种不正当的目的”等相关评价或前提限定，相应的原指向二词的施动者与关系对象的负面义指向也消褪了，对充当它们相应语义角色的共现成分也不再有相关负面属性限定。

不同的主体对这四个词负面义的主观性感知与判断有一定差距，E2组对于“追捧”“迎合”“出风头”的原有负面义的保持比例都比E1组的要高，而E1组中对相关词语负面义发生的主观感知判断正面转化比例要比E2的高出不少。

（三）第三组：成心、一味、伙同

成心：故意。

一味：单纯地。

伙同：跟别人合在一起（做事）。

它们的负面义在词典释义中也无明确反映，但其所蕴涵的负面性会通过与负面性义位生成稳定组合从而体现出来，在 CCL 语料库中，这三个词通过相关共现义位体现出显著的负面属性，并排斥与正面或中性共现义位、短语的搭配，本文认为它们的负面义已从组合倾向式的负面义发展到了蕴涵式的负面义。人们对它们的主观感知与判断情况如表 5－19 所示。

表 5－19 “成心”负面义的主观感知与判断调查

	E1（47 人）弃选 1 人		E2（53 人）		全部（100 人）弃选 1 人	
	判断人数	在 E1 中所占比例（%）	判断人数	在 E2 中所占比例（%）	判断人数	所占比例（%）
词义呈负面性	23	48.94	31	58.49	54	54
词义无明显正负面属性区别	10	21.28	12	22.64	22	22
词义正负面属性皆有	9	19.15	7	13.21	16	16
词义呈正面性	4	8.51	3	5.66	7	9
总　计	46	97.88	53	100	99	99

从表 5－19 看来，有超过半数的受调查对象认为“成心”整体呈现负面性，E2 组对此选择的比例较 E1 组高出近十个百分点，其他选择项 E1、E2 两组的主观判断差异不大。

表 5－20 “一味”负面义的主观感知与判断调查

	E1（47 人）弃选 1 人		E2（53 人）		全部（100 人）弃选 1 人	
	判断人数	在 E1 中所占比例（%）	判断人数	在 E2 中所占比例（%）	判断人数	所占比例（%）
词义呈负面性	11	23.4	26	49.06	37	37
词义无明显正负面属性区别	18	38.3	15	28.3	33	33
词义正负面属性皆有	10	21.28	11	20.75	21	21
词义呈正面性	7	14.9	1	1.89	8	8
总　计	46	97.88	53	100	99	99

“一味”为书面用语，表 5 - 20 显示，调查对象对其负面义的感知程度并不很明显，只有不到四成的调查对象认为该词从整体上看呈现出负面性，其中 E2 组的负面感知明显强于 E1 组近 26 个百分点，在组属成员中占了将近一半，而 E1 组中有近四成的人认为该词无明显的正负属性区别，还有近 15% 的人认为此词为正面性词语。

表 5 - 21 “伙同”负面义的主观感知与判断调查

	E1（47 人）弃选 1 人		E2（53 人）		全部（100 人）弃选 1 人	
	判断人数	在 E1 中所占比例（%）	判断人数	在 E2 中所占比例（%）	判断人数	所占比例（%）
词义呈负面性	11	23.45	39	73.58	50	50
词义无明显正负面属性区别	14	29.79	9	16.98	23	23
词义正负面属性皆有	12	25.53	4	7.55	16	16
词义呈正面性	9	19.15	1	1.89	10	10
总　计	46	97.92	53	100	99	99

“伙同”在法律语域及其相关报道中为常用词汇。调查显示：有一半的受调查者判断该词为负面性词汇，而另有近四分之一的人认为该词无明显正负属性区别。它也是目前调查中相关选择项 E1 与 E2 组主观判断差别最大的词，E2 组中有接近四分之三的人判断此词呈负面性，而 E1 组中只有不到四分之一的人做出同样判断，前者的比例较后者高了 50%。

从 CCL 语料库和人民网报刊检索得出的句例来看，此组词的共现成分的负面性一直存在，其实并没有发生明显的变化，上述调查表反映的情况只是不同主体对三个词的词义判断存在着感知差异。可以发现，人们对此组词的负面义的感知程度视具体的词而定，相对来说，文化程度较高的 E2 组的人对这几个词的负面义感知度高于文化程度稍低的 E1 组的人，在“伙同”的判断上差异尤其显著，估计这与“伙同”惯常出现在书面语域有一定关系。

（四）第四组：官僚、泼辣、性感、曝光

官僚[1]：官吏。

官僚[2]：指官僚主义。

泼辣[1]：凶悍而不讲理。

泼辣[2]：有魅力；勇猛。

性感[1]：形体、穿着上给人的性别特征特别突出、明显的感觉。

性感[2]：形体、穿着上的性别特征突出、明显，对异性富有诱惑力。

曝光[1]：使照相底片或感光纸感光。

曝光[2]：比喻隐秘的事（多指不光彩的）显露出来，被众人知道。

表 5－22　“官僚”负面义的主观感知与判断调查

	E1（47 人）		E2（53 人）		全部（100 人）	
	判断人数	在 E1 中所占比例（%）	判断人数	在 E2 中所占比例（%）	判断人数	所占比例（%）
词义呈负面性	34	72.34	48	90.57	82	82
词义无明显正负面属性区别	5	10.64	2	3.77	7	7
词义正负面属性皆有	5	10.64	2	3.77	7	7
词义呈正面性	3	6.34	1	1.89	4	4
总　计	47	99.96	53	100	100	100

从表 5－22 中显示的负面义感知与判断情形来看，有八成以上的受调查者认为“官僚”词义呈负面性，可以说它在人们的理解中已显现出全面负面化的倾向。E1、E2 两组的判断没有显著的不同，只是 E2 组对“官僚”负面义的感知程度更高，比 E1 多了近两成。

表 5－23　“泼辣”负面义的主观感知与判断调查

	E1（47 人）		E2（53 人）		全部（100 人）	
	判断人数	在 E1 中所占比例（%）	判断人数	在 E2 中所占比例（%）	判断人数	所占比例（%）
词义呈负面性	16	34.04	17	32.08	33	33
词义无明显正负面属性区别	17	36.17	14	26.42	31	31
词义正负面属性皆有	9	19.15	11	20.75	20	20
词义呈正面性	5	10.64	11	20.75	16	16
总　计	47	100	53	100	100	100

表 5－23 显示，100 人中有近三分之一的人认为这是一个负面性词语，另有近三分之一的人认为它的词义没有明显正负面属性的区别，还有近五

分之一的人认为它既有正面义又有负面义，只有16%的人认为它的词义呈正面性。两组受调查者对“泼辣”的相关正负属性的感知与判断基本一致，唯一不同的是认为泼辣呈正面性的E2组的成员比例比E1的成员约高了一倍。

表5-24 “性感”负面义的主观感知与判断调查

	E1（47人）		E2（53人）		全部	
	判断人数	在E1中所占比例（%）	判断人数	在E2中所占比例（%）	判断人数	所占比例（%）
词义呈负面性	8	17.02	0	0	8	8
词义无明显正负面属性区别	11	23.4	10	18.87	21	21
词义正负面属性皆有	13	27.66	14	26.42	27	27
词义呈正面性	15	31.91	29	54.72	44	44
总　计	47	99.99	53	100.01	100	100

“性感”的词典释义中没有负面性内容，但受旧有思想观念和不良联想的影响，此词有较强的负面性。从调查结果看，该词的正负属性转化已基本完成，已有七成的调查者认为它的词义呈正面性或者可表达正面性意义。E2组的态度转变尤为明显，已完全放弃了它旧有的负面义，而有近55%的人认可了它作为正面性词汇的身份，这一比例较E1组高出约20%。

表5-25 “曝光”负面义的主观感知与判断调查

	E1（47人）		E2（53人）		全部（100人）	
	判断人数	在E1中所占比例（%）	判断人数	在E2中所占比例（%）	判断人数	所占比例（%）
词义呈负面性	18	38.29	7	13.21	25	25
词义无明显正负面属性区别	10	21.28	27	50.94	27	27
词义正负面属性皆有	10	21.28	15	28.3	25	25
词义呈正面性	9	19.15	4	7.55	13	13
总　计	47	100	53	100	100	100

在非专业用语中，“曝光”的词义呈负面性，当其施动者或关系对象为非生命的事物时，相关负面义一般指向此非生命事物的所属或相关主体。然而从表5-25中反映的情况看，“曝光”的负面义已明显淡化，只

有四分之一的人仍认为它呈负面性，另有近似比例的调查对象认为它的词义没有明显正负面属性区别或是既可表达正面义又可表达负面义，还有13%的人觉得它是一个正面性的词。比较E1、E2组的判断可以发现，E2组中有一半的人不觉得该词词义有正负面属性的区别，这个比例比E1组的高出了近30%，而认为这个词呈正面性的E1组成员的比例较E2组的多了一倍不止。

此组的词都存在两个义位，一正一负，所以当请受调查者对其做出判断时，可能针对的并不是同一个义位，然而相关调查结果说明，这些词的义位间存在相互影响，又或者某一义位形成新的分化义位。

“官僚”的义位2所具有的负面义已影响到了它的义位1，在日常用语中当人们用“官僚”来指称“官吏”“官员”或政府机关的工作人员时，已经对指称对象寓有与“官僚主义”负面义相关的负面性主观评价，从而使“官僚”一词的两个义位都带上了负面性内容，造成义位1生成负面义，整个词条全面负面化。

“泼辣”则相反，它整个词条的负面义有淡化倾向，其原因可能与“官僚”的全面负面化有些不同。“泼辣^2”很难从词义内容上影响到负面性的义位1，但义位2的使用与感知比例逐渐上升，以非常用义位的身份与负面性的“泼辣^1”常用义位的地位竞争，相应地使整个词的负面义出现淡化趋势。

“性感”的负面义也呈淡化趋势，过去人们对其在语用、视角上所做的负面性限定其实可从义位2影响到义位1，现此限定已大体解除，自然而然地，它的义位2的负面义也逐渐淡化，整个词的负面义也淡化了。

“曝光”有一个义位是专业性义位，虽常用但有严格的语域限制，所以受调查者判断时主要针对的是它的义位2。过去“曝光^2”的负面义指向的是动作的施动者与关系对象，后者与前者有所属关系，而现在“曝光”在使用时主体与关系对象可相互分离，无所属关系，当人们说曝光某种不良现象时，相关的负面义指向的是后面的不良现象，前面的施动者反因此具有陈述正面义。

本文在第三章有关负面义指向的讨论中已指出，在一般情况下，当表动作行为词的动作关系对象有属性负面义时，负面义首先指向的是关系对象，若相关动作使关系对象产生了性状负面义，则可能生成指向施动者的陈述正面义，在这种情况下，人们是不会将其视为负面性词汇的。人们对“曝光”

的主观判断中相关负面义淡化即有此因素的作用。另外现在“曝光”还可指某人在公众面前露面（可直接或通过各种传播媒介间接露面）。所以“曝光”负面义的淡化有两个原因，一是原有的语义角色之间的关系改变使原负面义指向的双指变成单指，二是分化出新的不带负面义义位的结果。

我们的调查显示，从感知判断主体与判断结果的关系来看，判断主体的文化水平对本组词的负面义变化的敏感度有明显关系。相对来说，文化水平较高的E2组对大多数新词义变化的感知敏感性相比于E1组要显著得多，特别是对“性感”的判断，E2组无成员还保持旧有的观点，且有超过50%的人的主观评价发生了反向转化，认为此词词义呈正面性。

二 相关分析与讨论

（一）对相关差异的分析与讨论

调查中显现的语用主体对相关词汇负面义的主观感知与判断差异反映了两方面问题，一是词典释义与人们对词义的理解判断之间存在的差距；二是人们在感知判断与运用词义时存在的差距。

先说第一个差距。不同主体对某一词语负面义的感知、判断与运用总是存在着个体差异的，但它们之间存在一个较统一的词义公约数[①]，人们之所以能互相交流即因此，它使个体的差异保持在一个可以接受的范围之内。另外，按某种标准界定同属于一个主体小类中的成员对某一词语负面义的感知、判断与运用有一定的相似性，也即主体属性的差距越大，相应的词义公约数所包括的词义共同点可能就越少。

词典释义是对现实语用中相关词语在绝大多数情况下都呈现的意义进行总结提炼而成的结果，可以说它在某个意义上充当了相关义位的词义公约数角色，代表的是常规主体在一般语用条件下都会产生的判断或运用方式。不过，它不可避免地存在一定的滞后性，而特定个体感知到的某一义位的语义内容与该义位的词义公约数所包含的内容相比总是会有差距的。

从理论上说，词义公约数只能无限接近而不可能真正代表某一时期该义位的普遍性意义，若从语言与言语的角度来看，它们之间的差距还可看作是理想语言状态下某个词义的静态内容与相关的社会动态语用之间的差

---

① 词义公约数的概念是郭熙在非正式场合提出的。

距，但当社会动态语用中呈现的变化有较强的稳定性与较高的认同比例时，该义位的词义公约数就应该再次进行提取公约数的活动，及时补充新的意义或相关限定。如我们的调查所显示的，“花枝招展”已经发生了较明显的负面化倾向，“性感”的负面义则有显著淡化的趋势，且二词都有四成以上的成员态度发生了正负转向。

第二个差距是使用主体在感知与运用两个过程中存在的认识差距。

前面对第三组词“成心”“一味”“伙同”的调查已表现出了使用主体对词义内容的感知在判断和运用层面存在的差距，说明对于通过共现搭配表现出来的蕴涵式负面义而言，人们对其所蕴涵的负面义的感知并不敏锐，相关运用多数是习惯性而不自觉的，人们对由同样方式生成的组合倾向式负面义的感知也是如此。

此外还有另一种情形的感知理解与运用差距，请看表 5 - 26 中几个词的主观判断调查结果：

表 5 - 26 “老实”词义的主观感知与判断调查

	E1（47 人）		E2（53 人）		全部（100 人）	
	判断人数	在 E1 中所占比例（%）	判断人数	在 E2 中所占比例（%）	判断人数	所占比例（%）
词义呈负面性	2	4.26	2	3.77	4	4
词义无明显正负面属性区别	4	8.51	10	18.87	14	14
词义正负面属性皆有	4	8.51	12	22.64	16	16
词义呈正面性	37	78.72	29	54.72	66	66
总　计	47	100	53	100	100	100

“老实”有三个义位，两个正面的和一个负面的，分别为：

老实^{1}：诚实。

老实^{2}：规规矩矩；不惹事。

老实^{3}：婉辞，指人不聪明。

从表 5 - 26 显示的情况看，人们对“老实”的直接反映主要针对的是前两个正面性的义位，有 66% 的人认为这是一个正面性的词语，只有 4% 的人认为是负面性词语，不能说它有较明显的负面化倾向。相对来说，E1 组有近八成的人认为这是一个正面性词语，其对“老实”正面义位的认可程度要高于 E2 组 24 个百分点。

其他如：

老成：经历多，做事稳重。

表 5－27 “老成”词义的主观感知与判断调查

	E1（47 人）		E2（53 人）		全部（100 人）	
	判断人数	在 E1 中所占比例（%）	判断人数	在 E2 中所占比例（%）	判断人数	所占比例（%）
词义呈负面性	12	25.53	1	1.89	13	13
词义无明显正负面属性区别	10	21.28	19	35.85	29	29
词义正负面属性皆有	4	8.51	14	26.42	18	18
词义呈正面性	21	44.68	19	35.85	40	40
总　计	47	100	53	100.01	100	100

“老成”只存在一个正面性的义位，从表 5－27 反映的情况看，它的正面义有相当程度的淡化，但只有 13% 的调查对象认为它的词义呈负面性，认为它既可表达正面义又可表达负面义的也不到 20%，仍有七成的人认为它没有负面义，其中有四成认为其是正面的，总的看来谈不上有明显的负面化倾向。

又如对“内向”的调查：

表 5－28 “内向”词义的主观感知与判断调查

	E1（47 人）		E2（53 人）		全部（100 人）	
	判断人数	在 E1 中所占比例（%）	判断人数	在 E2 中所占比例（%）	判断人数	所占比例（%）
词义呈负面性	9	19.15	6	11.32	15	15
词义无明显正负面属性区别	9	19.15	38	71.7	47	47
词义正负面属性皆有	11	23.4	9	16.98	20	20
词义呈正面性	18	38.3	0	0	18	18
总　计	47	100	53	100	100	100%

“内向”有两个义位：

内向[1]：（性格、思想感情等）深沉、不外露。

内向[2]：指面向国内市场的。

受调查者做出的判断针对的是“内向[1]”，其释义内容不包含任何负面或正面义素特征。从表5-28的数据来看，该词有向正负两极分化发展的倾向，总体上认为该词义呈正面性的比例为18%，比认为它呈负面性的还高了三个百分点。另有近一半的人认为它的词义没有正负面属性的区别，在E2组中，相关选项的比例高达71.7%。

但这三个词的实际语用情况与调查显现出的主观感知与判断不一样：“老实”的负面性用法不仅可做婉辞指人不聪明，还可指人没本事，遇事不灵活，不会变通。在其惯常出现的考评性文本和“诚聘”“征婚”类启事中，正面的“老实[1]”目前已不见踪迹，原出现位置被同义词“诚实”所取代，高校教师为学生所写的评语、推荐信中若有“老实”二字可能会被要求更改。目前“老实”的正面义位使用频率降低，适用语域缩小，而其负面义位生出新义，开始挑战正面义位作为常用义位的地位，整个词条有负面化倾向。不过，在非常正式的语域中，如《人民日报》、人民网的相关政论等，“老实”的正面义位仍维持原有的地位与正面属性，“说老实话，干老实事，做老实人”里的“老实”具有纯粹的正面义，体现了“老实[1]”的本色。

与“老实”类似，“老成”在口语语用中已有负面性评价，一般会认为用此语形容某人意味着此人“狡猾”“城府较深”或“富有心计”，相应的其在书面语中也沿此途径向负面化发展。“内向”的景况更不佳，尽管在一般情况下人们都认同性格内隐或外露倾向本身无好坏之分，也即无正负面属性区别，但在日常用语中的很多时候说人“内向”意味着此人不能很好地与人相处或沟通，相当于说其性格怪僻。另外，“内向”在报纸网络等传播媒介中往往和行为变态、杀人自戕等报道紧密联系在一起，已甚少与正面成分搭配共现，与正面性报道绝缘，在实际语用中已生成与负面性内容组合共现的固定习惯，其词义负面化倾向较强。一些社会性的偶然因素如突发事件也可能会极大地促进正在负面化的“内向[1]”的负面化进程，如有关“马加爵事件”的报道中都强调其“内向”并赋予明显的负面性评价，对“内向”在公众意识中的负面化产生推动作用。

（二）词汇负面义的演变与感知运用的主体背景及语域差异

词汇负面义的演变实质上是人们对词汇负面义的感知判断与运用的变

化，相应的变化其实也应从客体（即词义本身、语用情况等）和主体（总体转变和个体差异等）两方面结合起来考虑。过去这方面的研究的切入点主要在词义本身。苏新春（1997：53）指出，“词的色彩义有的有自己独立的词义内涵，有的则依附于词的概念义之上。感情色彩义体现人的爱憎好恶的褒贬情感”，这是按旧有的意义分类从静态角度分析相关的褒贬义。张小平（2008：237～240）的观点较之前进了一步，他根据感情色彩和词汇意义的关系，将感情色彩的变化及其表现分为两种情况：一是随着词汇意义的变化而变化，也即随着词的某一义项的改变而改变，如“风流”的释义由贬义变中性，又或是伴随着义项的增加而改变，如“顶风”新生成的负面义；二是词汇意义没有变化，受人们是非观和道德观的影响而发生变化，如“铁饭碗”“傍”等。

若从语言使用者感知判断词汇负面义的角度来说，情况可能要复杂得多。从前面四组词的主观感知与判断调查情况来看，人们生成的词义主观性负面判断有几个来源或基础：一是词义内容有义素特征的限定；二是词义的语义角色关系框架有相关关系的限定；三是语用习惯的相关限定，包括相关共现成分的属性特征限定或适用句式、场合、人际关系的限定；四是社会共性心理赋予的普遍性理解思路与判断标准的限定。

四个来源中的前两个除负面义指向的属性区别与指向差异外，大部分是旧有的词义分析的主要内容。第三个和第四个来源滋生出的负面义从语义关联上来看虽不一定是相关词义的必然现象，但非常有必要将它们的负面性内容也纳入词义内容的整体分析理解范式中去，因为它们是完整解读运用特定词义时不可缺少的部分，相关的语用限定有时是决定某词是这一个而非另一个的关键。语义感染、语义韵律等理论也强调它是词义内容生成与理解的基础，其内容实际上也可表现为词义义素特征的增加。而社会环境中语用主体的普遍性感受是一种稳定的客观性存在，它的改变会对词义内容进行再加工并进而影响词义义素特征或语用特征的相关限定的生成或消褪。

上述四个来源的相关内容合起来构成了某一词理解运用的语义基础，四种层次的相关负面属性的限定共同生成了一个整体性的词义负面义关涉要素集合，人们对某词负面义的主观感知与判断即以此为比照基础。

另一方面，人们对词汇负面义的感知与判断有主体条件限定，即来自主体自身相关特征的限定会在感知理解此整体性的词义负面义关涉要素组合时根据自身特征对其条件进行选择性匹配，从而激发相应的主观评价判断，并对负面义的生成产生一定的促进或制约作用。从感知主体差异与词汇负面义实现方式的关系看，受教育程度稍低的感知主体对通过组合共现体现出来的书面意味较重的词汇负面义的敏感程度就要低于受教育程度稍高的感知主体，如前面讨论的“一味”“伙同”。

此外，不同内容的社会共性心理在差异性主体中的接受度与反映的强弱程度是不同的。如从前面对“财大气粗”“迎合”“出风头”所做的调查中可以发现，文化程度稍低的一组对这几个词所做出的整体正面性判断和对“性感”“花枝招展”“多情”“情种”几个词做出的整体负面性判断要明显高于文化程度稍高的一组，反过来，后者对“官僚”“迎合”“追捧”“财大气粗”所做出的整体负面性判断也明显高于前者。

这种正负属性的反向判断认同差异恰好从侧面反映了两组判断主体的社会心理倾向存在着总体性差异，即文化程度稍低的人更容易对男女关系或与二者可能存在暗示联想的词义产生负面性判断，而受教育程度稍高的对象对于与权势、财势及倾向于追求名利权势等内容的词语负面义的敏感程度较高。又如 E2 组有七成以上的成员认为“内向”的词义无明显正负面属性差别，E1 组此选项的相关比例不到两成，说明 E2 组比 E1 组更容易理智地看待内向作为一种性情属性本身是无正负属性的（但这也不影响他们在语用中无意识地对“内向[1]”的词义做相关调整，使之向负面性倾斜）。

再者，社会本身是分层的，人们之间被多种标准赋予各种层级身份的界定并交错地融合在一起，这些身份等级之间很容易被预先设定某种对立立场的限定，相关立场视角的限定也会影响人们对词汇负面义的感知判断与运用。有些词语在运用过程中负面义的变化就表现了所隐含权势关系的对立与转化，如：

暴动：阶级或集团为了破坏当时的政治制度、社会秩序而采取的武装行动。

从词典的释义内容看，“暴动”带有负面性内容，它的种差中规定了相关动作行为是负面的，关系对象，在多数情况下暗含正面的属性义，因而相关陈述负面义指向施动者。因为“暴动”的种差中还有一定的目的限定，为其破坏性的活动找出了某一理由，这在一定程度上降低了它的负面义程度。尽管如此，在今天的大多数语用主体视角看来，它整体上是负面的，多和“反革命”“反政府”等生成共现搭配，其指称对象及其施动者有相关属性负面义的共现限定。过去却并非如此，《汉语大词典》“暴动”条注释有：

①周恩来《关于湘鄂西苏区发展的几个问题》：“暴动是革命斗争发展到了最高峰的一种群众武装推翻反动阶级、夺取政权的直接行动。”

②郭沫若《我想起了陈涉吴广》诗：“他们是农民暴动的前驱，他们由农民出身，称过帝王。”

①例中，“暴动”指称的动作关系对象有明显的负面属性限定，即带有属性负面义，而根据相关动作“推翻”的语义逻辑，其指称的动作使此负面性关系对象还具有性状负面义，可以推导出“暴动”的指称及其关联施动者有陈述正面义。

②例中的“暴动”与“前驱”共现，后者一般只和正面性内容共现，从语句内容来看，“暴动”在此句中也隐含有言说者对其指称对象和施动者的正面性评价态度。

在CCL语料库中有不少这样的例子，句例中相关指称对象和其相关联的施动者都无负面性，若依新中国人民的基本立场来判断，相关指称对象及其关联施动者还带有隐含的正面色彩。

究其根源，“暴动”的负面义在感知理解与运用中的这种反向转化是因它的语义框架中隐含的权势关系对比和相关的判断运用主体所处立场视角之间的互动而起：“暴动”所指的关联施动者与关系对象之间存在一种权势关系对比，施动者为无权势受控制方，关系对象为有权势控制方。当语用主体（言说者或听话人）选择与无权势受控制方同一立场时，相关立场视角赋予关系对象属性负面义，此时关联动作的陈述负面义指向关系对象，而“暴动”的关联施动者与其所指对象都无负面义，相应的有一定正面义；若语用主体与有权势控制方站在同一立场时，则施动者被相关立场赋予了属性负面义，此时关系对象只有性状负面义，陈述负面义指向关联动作的施动者，相应的关联动作和“暴动”本身具有明显负面属性。

苏金智（1995：109）提到，大陆的“专政”为中性词，在台湾则为贬义词。按本文的分析，“专政”也是反映了施动者及关系对象间权势关系的词语，这其实跟“暴动”的负面义显现、指向与被感知与否同理，涉及了权势关系和语用主体在感知与判断时所确立的立场与角度的差异问题。

而且，使用语域的不同也会对相关词汇负面义及其相关演变的运用、显现与被感知与否有明显的联系。首先，语域的正式程度会影响相关词汇负面义的表达，前面已提到，“老实”在《人民日报》、人民网等的社论中出现时体现的是正面性义位“老实[1]”的意义，它们是不会反映出“老实”整个词条的负面化倾向的。也即若非有特殊语用目的，运用语域的正式程度越高，越倾向于抵制某词新生的负面义用法；反之，在日常生活中的随意表达倒更倾向于使用某词已淡化或正在生成、增加的负面义。

适用语域的内容也可能使某些词语的负面义发生增强或淡化。王泽鹏、张燕春（2005）提出褒贬色彩的分布和语域有一定关系，军事、政治域中褒贬语义韵律的出现率高于经济、体育域，王洁（2009：118）指出，“顶风”“擦边球”在法律域中为贬义，而“凶悍”“霸气”在体育域中为褒义。

一般来说，与政治、军事、社会治安、经济秩序的整治等内容相关的语域，都容易存在某种敌对关系、敌对情绪、对立立场与相应视角。一些词进入此语域中就会具有负面性，如早期讨论较多的“策划”“集团”“一小撮”等都是进入了与政治相关的社论中才带有了明显的负面义并往其他语域扩散开来的汤志祥（2001：187、254），其他如“扩张”在政治领域往往指对周边有领土、统治权限等的非正当要求。

相反的，体育语域之所以容易淡化相关词语的负面义是因为它虽也有临时的对立、敌对关系甚至是敌意，特别是竞技性的球类运动，究其目的不过是娱乐，故虽运用了很多军事化词语或夸张性的表述，但实际上负面义已显著淡化：如“强敌”其实是无仇视意味的指称，“厮杀”只是比喻，而“打掩护”在日常用语中用的是义位 2，有负面义，但用于体育类的是“打掩护[1]”，无负面义；又如“泼辣”有正负两个义位，在体育域中出现的多数是正面性的“泼辣[2]”，且用此来表示赞叹意。其他如第四章提到的，在传统文学书画等艺术语域中，有些与“按本意行事、对行事方式不加约束”意义相关的词语如“恣肆”“恣意”“狂放”等多有正面性，然而它们在此语域之外则多含负面义。

特定社会原因形成的社区分化促成了不同社区语用主体的分化，使用语境及主体的背景差异相应地影响了词汇负面义的演变及其感知与判断，林杏光（1997：55～59）、郭熙（2004：349）、汤志祥（2001：254）、胡翔（2004：257～264）等对此都有讨论，王洁（2009：129）从“华语”视角对新词语在境内和境外其他区域存在的褒贬差异进行了详细的考察，他指出，普通话的一些常用词在当代发生了“中—贬—中”的色彩义往复变化和“中—贬”的单向变化，而在华语区域变体中，它们则一直保留了中性义，华语区词语互动带来的他源陪义对色彩义在内地的“复位”有重要的促动作用。

另外，不同年龄的语用主体对词汇负面义的感知、判断或运用也存在差异，年轻人普遍比年长者更容易创造出或接受词汇负面义的新变化并加入到促进这种变化的人群中去。在我们非正式的调查中，南方地区的年轻人多数接受了“窝心”的正面义用法，但年长者仍多认为此词为负面性的。当然，各种背景的语用主体对词汇负面义的感知与运用差异不是孤立无关的，他们的态度可能会相互影响，相关影响的决定因素与作用方式、作用力大小等需要结合一定的社会学、社会心理学理论进行探讨。

第四节　语用习惯、现代传播方式对词汇负面义演变的影响

一　普遍性语用习惯与汉语词汇负面义

如前所述，词汇负面义的生成、消褪及其负面程度的增强与淡化等演变其实是相关词义认知框架与语用主体各种差异变化之间相互作用过程的反映。有些普遍性心理和语用习惯对此反映过程有明显的影响，如詈词、谦词、婉词的使用和修辞反语等，它们分别代表了负面义显现演变的两个方向，一是负面义生成显现或加强，二是负面义消褪隐藏或淡化。

詈词集中体现了人们的憎恶、恐惧、鄙视等负面性心理与情绪的激发生成来源，“从整体上看，詈语却是社会价值观的绝好标准”（关英伟，2000：41），是词汇负面义生成最明显，表现最直接、最集中的一个语义小类。据刘福根（1997）、李炳泽（1997：149～156）、文孟君（1998：56）、曹炜（2004：208～214）等的研究，詈词主要包括性、身体生理缺陷、身份品行品德低劣、智力低下、鬼神、什物等内容。郭熙（2004：263）指出，汉语詈词中“居于首位的当是‘性’的攻击”，它反映了汉语

社会中男尊女卑、祖先崇拜和家庭本位等社会文化心理特征，其负面义最显著。

然而詈词本身也有负面义增强或淡化的现象，詈词内部构成义素的负面性内容、负面强弱程度的变化与其对语用主体感知的刺激程度也会因人们的相关心理倾向而发生变化，如第四章讨论的含“鬼”与含“狗”词串作为詈词的刺激度与其负面义的发展程度成正比。曹德和（2006：28～43）指出，一些与生殖内容相关的詈语如“鸟（diǎo）”“吊儿郎当”“吹牛屄”逐渐从字形、语音上产生变化，疏离于原有相关生殖性义素，生成“鸟（niǎo）”“屌儿郎当”“吹牛皮”，尽管新生成的词也还可作为詈词，然而其负面义及其对主体感知的刺激度已明显降低。

詈词的具体语用功能对相关负面义的显现和语用主体的感知判断也有明显影响，李炳泽（1997：117～119）将其分为绝对詈词（如“放屁”）、条件詈词（如“狗窝”）、气氛詈词（如“老子”）三种；前一种贬责义最重。曹炜（2004：209）也按詈词功能区分为三种：纯粹詈词，如“杂种、不要脸”；有时做詈词，有时为戏谑，如“呆子、傻瓜”；有时为詈词，有时是实指，如“畜生、寄生虫”，认为第一种的负面义最重、最稳定，第二种用作戏谑时负面义淡化不少，第三种其实是同一词的不同义位功能不同。有的詈词可以用作亲密人之间的对称，其负面义已明显淡化，如生成新义位的“冤家[2]”，如有语用习惯但未分化出新义位的“坏蛋”等。

李炳泽（1997：149～158）描述了不同性别、地域、时间、族别在使用詈词时的差异性表现，然而尽管语用主体对詈词的使用存在背景差异，具体理解与接受程度的差异也较大，但人们对詈词身份感知的敏感度与负面判断基本上是一致的。

谦词早期也许是人们在会话中遵循礼貌原则与等级社会的行为处事标准相结合的一种语用方式，主要通过贬损言说者自己或与自己相关的人或物来满足听话方对尊敬原则的要求，所以谦词中构词义素常有负面性义素的影子，谦词中的一个小类谦称便是在相应的亲属或所属物前加上“家、贱、拙、愚、浅、卑、鄙、贫、微、草、舍、寒、敝、末、小”等前缀（陈松岑，2001：40）、（洪成玉，2002：39～41），这些前缀中的大部分含有负面义。

然而谦词中的负面构词义素并不强调其表义功能，也即在正常情况下谦词只是在形式上含有负面性内容但并不表现出此内容，故其负面义大多处于淡化或消褪状态。由于谦词有专职与兼职之分，一些词语在非谦词用法中有负面义但用作自谦词时则无，如“小丑”非实指时有负面义，但《后汉书·黄香传》中有“臣香小丑，少为诸生，典郡从政，固非所堪”，用以表自谦，“也说不上含有什么贬义”（赵克勤，1994：118）。与詈词感知与运用存在的差异类似，人们对谦词的使用随主体差异而有非常大的不同，但对谦词的负面义的感知与判断要一致得多。

婉词和遁词、傲称、蔑称、滑稽称等也有词汇负面义的显现。婉词和遁词从内容上看接近詈词，都带有易激起人们负面性感受的语义特征，但二者负面义的实际显现情况差别较大。委婉语有不稳定性、多变性（曹炜，2004：184），若其对本身负面内容的掩饰失效，只好另借其他形式来掩饰，此时由于掩饰作用失效，原婉词的负面义较强。现实中个别婉词负面义的淡化与否差别很大，有的婉词的负面义已淡化至近似无痕，如“洗手间”“第三世界”；然而有的婉词的淡化已失效，如“智障”“弱智”，后者的负面义较强，可做詈词。遁词的负面义也较易被判断出来，它试图淡化其本身负面成分的目的随着人们对它的熟悉程度的增加而渐趋无效，如“好处费”“择校费”等。王宗炎（1998）已指出，傲称、蔑称、隐晦称、滑稽称所造之词都含有一定的贬义。相对来说，傲称、蔑称的负面义较明显且较构词义素内容而言呈增强态，隐晦称、滑稽称的负面义相较于构词义素义是否已淡化要视具体情况而定。

有些体现为个别现象的语用习惯实际上反映了人们的某种认知共性心理或思维方式，词汇负面义在句法、语法方面体现出来的一些习惯性表现与限制也往往与某种共性心理思维相关。袁毓林（1999：78～79）指出，在一般情况下，贬义的自主动词只能进入否定式祈使句，因为说话人对自己阻止听话人做的事不会在否定式祈使句中直接做出肯定性判断。袁毓林（1999：99）还发现，贬义的自主形容词也有类似限制，说明祈使句式对相关词类中的褒贬义词有一定的语用条件限制。

有些结构或组合会使进入其中的负面义淡化或发生反向转化，伍铁平（1986：26）曾谈到，用“东西”“家伙”“鬼”“坏蛋”指人，通常表示贬义，但是加上模糊词“小”以后，贬义向它的反面转变，往往表示亲昵；关英伟（2000：41）也谈到，在“属X的”格式中的动物词贬义淡化，整个格式多数表现为善意的戏谑。

最常见的以正显负的修辞手法是反语，但由此生成的负面义一般不会凝固到词汇层面，它对词汇负面义的影响在于：当一些常规下只出现于否定式或反问句中的组合倾向式负面义违反相关组合共现属性制约时，多数采用了反语手法。如“像话”“体统”一般只出现于否定式或反问句中，当出现下面的句子时，可以判断是反语，整个句子仍有负面义：

真像话啊！

很成体统嘛！

伍铁平（1991：15）还讨论过存在下面这种情况：有时候修辞上的反用虽然没有被词典编纂者承认是一个独立的义项，但是在一定的语境中，事实上谁都承认它几乎只含有反用的意义。如“话说得（很）漂亮”（带有相应的语调），往往暗含着没有说完的半句话，“事情却做得很糟糕”的意思，但《现代汉语词典》中无此反用义项。与伍铁平的例句类似，“说得好听”（带相应语调）基本上也只表现出言说者对于陈述对象“说”的施动者的负面性评价态度，但“好听”也没有分离出这样一种只用于反用的义项。

另外还存在特定语域有不按常规词汇负面义表达的语用习惯，如广告语域。为了达到广告目的，让人有深刻印象，广告设计者往往故意违反常规语用规则，他们多采用负面义正用的手法，以求出奇制胜，如“要你好看”在某电视台的节目预报广告中原负面义已被分解，表现的是“节目很精彩，能让观众好好观看”之意。虽说是故意违反语用规则，但负面义正用仍需遵循一定的原则，曹德和（2006：273～281）分析了“外强中干”作为照相器材保藏箱广告、“臭名远扬”作为臭豆腐广告的语用效果及实现方式，认为贬词褒用须注意贬词本身的语义条件及受众的理解水平，同时还须遵守礼貌原则并具备符合一定要求的语境等。

二　现代汉语中词汇负面义的集体演变和批量生产兼及现代传播方式的影响

词汇负面义的生成演变与整个社会的意识形态、主流思想的伦理道德标准和大多数成员的思想观念等的发展演变关系密切。新中国成立以来，不少词语包含的正负义都发生了较大的改变。特定时期的政治思想和社会生活发生剧变时，也会相应地带来词汇负面义的整体性变化。在现代汉语中负面义转向较大的主要有两次，一是“文化大革命”时期，二是改革开放以来。

“文化大革命”的非常态语用现象受到不少学者的关注，郭熙（2004：122～126）用“空前的统一”与“空前的混乱”来概括此时期语言运用的两个极端现象，指出“文化大革命”时大量的词语反映出当时对人的摧残和迫害，这些词语的负面义都非常显著；刁晏斌（2006：40）总结了“文化大革命”期间词汇的三大特点，与负面义相关的有二：一是生成了大批新的贬义词，如“走资派、牛鬼蛇神”等；二是原有的一些中性或褒义词的词义向贬义转化，如“策划、仁慈”等；从构成与使用上看，它们有攻击性、詈骂性、贬斥性和威胁性（刁晏斌：2007）。

关注改革开放后的词义色彩转变的学者较多。陈建民（1996、1999）讨论了新词新义的色彩变化；汤志祥（2001：187）提到贬义词如“集团、幕后、洋务、一小撮、言论、策划”等回归中性，同时“倒”“陪”等中性词有贬义化现象；郭伏良（2001：130～132）也提到了相关的由贬返褒的“S”型发展路线，刁晏斌（2007：90）除了认同汤、郭二人指出的回归与“S”型的变化外，还指出“妖魔”类的“魔鬼、妖精”、动物类的“狗、猪、老狐狸、虫”等及相关评价语“傻瓜、懒汉、疯狂”在当代汉语中有贬词褒化和中性化现象，他认为这些词的褒化或中性化是受社会心理变化、观念变化及外文的影响，是人们求新、求异、求变思想的反映。

词语负面义淡化的还包括当今汉语中一些极为活跃的“极性词语”（刁晏斌，2004：34），如原负面义较强的“霸”，在当今的语用环境中，它的负面义已淡化，甚至反向生成了正面义。另如“飓”本指“飓风”，是一种威力极强常带来破坏的风暴，现成为构词语素，生成“飓涨”“飓升”“飓浪”“飓降”“飓飞”等词（曹德和，2006：74），相关新词皆无负面性，“飓浪”“飓飞”还倾向于正面性。

我们认为，新中国成立后词汇负面义的集体演变仍然遵循第一章中提到的分立模式，不是稳定的常规性分立，而是为强调区别、突出自我的非常规的求异性分流，时期性相当明显。

新中国成立后，求异性分立主要呈现以下两条演变途径：一是某种权势关系与对立立场的确立并人为地强调、划分集团成员间的界线，这主要与“文化大革命”时期大量负面义的生成和传统负面义的加强相关，主要表现为词汇负面义的生成与增强；二是次主流文化对主流文化的冲击，这主要表现为改革开放以来的一些传统负面义的淡化、消褪甚至是反向转化。

先说第一种思路。众所周知，“文化大革命”时期是整个社会群体攻击性亢奋的年代，“主要内容之一就是‘斗争’”（郭熙，2004：125），而“斗争”的词义认知框架中本身就蕴涵有施动者与关系对象之间对立立场的分离与确立，相关负面义由预设立场预先决定了其属性负面义，并指向关系对象，故而当时“站队”问题成为关键，所以若“（某个贬义词）能够用于指称或陈述鞭笞和批评的对象，并且主要是涉及‘方向’‘路线’和‘斗争’这样的‘大是大非’问题，往往都扩大了使用范围”，而含有“毛病、不足”等义的传统贬义词的语用范围不扩反缩，且使用频率也降低了（刁晏斌：2007）。在全民参与斗争的社会环境中，要求区分斗争双方的所属集团并划清界限成为必然，因为它是斗争进行的前提，“策划”“一小撮”的负面义即因此种对立立场而决定。

再者，此种“斗争”在当时语境中的语义更倾向于“斗争^{2}”而非“斗争^{1}”，其施动者与关系对象间明确有权势关系存在，即双方矛盾的地位在言说者的意识中是不平等的，言说者的主观判断预先赋予关系对象的负面政治属性、受控制方身份和施动者的正面政治属性、权势控制方身份，这在当时以阶段斗争为纲，政治属性决定一切的年代尤为重要。以此为准则，“文化大革命”时期高频显现的“斗争”及与其相似的“批”“打倒”所衍生出来的相关词语都具有此种政治权势关系、相关主观负面评价及负面义的单一指向，其作为负面义关涉对充当动作关系对象的共现成分有主观上的负面属性限定，如：

狠斗、狠批、揪斗、游斗、文斗、武斗、斗倒、斗私批修、专政、斗臭、斗垮

而另一些本无权势关系的词也被此种预设立场赋予了施动者与关系对象的权势对比关系和动作关系对象的负面属性限定，如：

炮打、炮轰、火烧、油煎、横扫、扫光、砸烂、砸碎、绞死、关牛棚、戴高帽子

需要指出的是，上述词语的非权势受控方与权势受控方的身份在很大程度上是主观设定的，加上那个时代本身就存在严重的政治混乱现象，有些词语负面义的使用反映了混乱的权势关系，如“造反、夺权”及其相关衍生词等。“文化大革命”常见组合“反动权威”体现的则是原初意义上处于非权势地位的受控方对权势控制方的敌意和主观上的反控制欲望。

第二种思路与人类学上所谓“大传统”与“小传统”的区分有关（Robert Redfield：1956），它们又被称为“上层文化”和“下层文化”“民间文化”和“正统文化”“通俗文化”和“学者文化”，还可被称为“科层文化”（hierarchic）和“世俗文化”（lay culture），新时期相关词汇负面义的演变总趋势主要反映的是次主流文化和主流文化的区别。

在次主流文化激荡上升的过程中，对旧有的一些义素所表达的内容进行转化，从其传统与主流认定的负面性内容中提取出相关要素生成新的正面义位义或构词义素，如前面提到的“妖精”“傻瓜”“懒人”“虫”“疯狂”等，它们令人恐惧、厌恶的相关义素特征在新义位义或义素义提取生成的过程中被省略掉了，取而代之的是原来隐含却被忽视压抑的“有魔力”“有吸引力”“简单明了”“适意”“富有激情”等意义。

这种新判断对旧判断的反动从某种意义上来说是时代特征所赋予的，以经济利益为主导的商业社会追求效率，新生力量如新崛起的阶层等寻求文化权势地位并为实现自己的政治经济利益、确立自己的文化权势寻求思想文化理据，于是对主流所具有的社会地位与评价标准发起挑战。该挑战反映到词汇负面义的演变中便是主流文化中被赋予负面性主观评价但本身隐含富有力量、威力、智力、激情等意义的词会被新生力量选中并进行反向改造，生成正面义素义或正面性义位，“霸”“魔鬼”“疯狂”“酷”“风暴”“飓”等即是此类。

从某种意义上说，“文化大革命”时期的词语权势化和新时期的次主流对主流的反动生成的词语负面义淡化都是非正统话语对正统话语的挑战，作为不为正统所接受的它们可看作是“异端话语”（heretical discourse），（它们）不仅必须通过公开宣称其与普通秩序的决裂来帮助割断对常识世界的遵奉，还必须生产出一种新的常识，在这种新的常识的内部综合以前整个群体所心照不宣的或者被压抑的实践以及整个群体的经验，并且赋予它们以一种合法性，一种由公众表达和集体性认可所赋予的合法性。（布尔迪厄，2005：124）

综观“文化大革命”与新时期的词汇负面义演变方式，恰好都存在这样一个作为异端话语对正统话语先破再立，自己为自己赋予合法性的过程。然而二者的异质性还是很明显的：“文化大革命”时与词汇负面义演变相关的权势化异端话语是对正统身份归属标准的关键核心预设立场的完全颠倒，它对动作行为词意义的更改是在不改变对关系对象性状负面义的前提下所做出的是非正负的颠倒，没有中间状态的突变，变化后的新义与原义呈对抗性不相容关系，持此异端话语的主体与原语用主体在政治属性上是完全对立决裂的，此种演变只可能在一个完全封闭的以群体攻击性为主要特征的社会环境中才可能完成。

新时期的异端话语则不然，它反对的是主流关于身份归属非关键问题的评判标准，所做出的创造性改造从内容、接受与发展看都是渐变且有中间状态的，变化后的新义与原义之间有语域及相关语用环境的分工差异，二者有竞争但可和平共处。异端话语的主体与原语用主体集团之间不存在身份属性的对立性区别，其变化目的只是批评纠偏、突出自我甚至只是为了自娱自嘲而暂时、相对区别于同一集团中的其他主体。

如张谊生（2009：62～67）讨论了在“buy”与“败^1”谐音的基础上，受到同形的“败家子”的“败”挥霍浪费的语义感染而形成的“败^2”，指出“败^2”可以指略带浪费，有点心疼，又觉得享受、满足的花钱，或直接花钱。它的新用法就有自嘲的成分在里面，其负面义并不强；相应的“败家^2”指买家，“败家子^2”指有点乱花钱的年轻人，是类似于玩笑性的称呼，也无太大负面义。

新时期的异端话语可以在多个相关或不相关的区域中进行，还可以跨域产生影响。它的发展极大地受益于当前时代为它创造的适宜土壤，比如当代文化多元化、传播密度加大及传播介质的丰富就对次主流文化冲击主流文化起到了推波助澜的作用。多元化思想淡化了主流文化的垄断，为次主流文化的发展提供了适度的空间与合理性依据，传播密度的加大扩大了话语的传播范围与影响力，而手机短信、网络文本的传播与普及（特别是后者）破除了话语权垄断，在使更多的一般人获得话语权的同时，也极大地提高了其传播时效，生成了更多的模仿，它们都为次主流异端话语的接受、运用与其合法身份的真正确立创造了良好条件。新时期相关词义负面义的变化有一个明显的特点，即容易变成语素从而批量生产同构成分，构成词族大家庭，如负面义淡化的“×奴”“×霸”“懒人×”，负面义新生成的“×倒”“×陪”，这些词族都有相当数量的成员，它们的产生与传播密度的加大和介质的丰富有密切关系。

照目前的态势看，新时期次主流文化的异端话语必然还会带来更多的与主流文化非关键评价标准相关的词汇负面义的变化，直到其完全获得主流文化的身份，迎来下一个次主流文化的挑战。受全球文化密切交流的影响，在汉语词汇负面义的反主流演变中，外来语发挥了不小的作用，如“酷”“疯狂”“傻瓜”“魔鬼”“性感”等负面义的淡化、正面义的生成都与外语有一定关系。

现代传媒的整体传播导向特点有时也替这种非主流的“词义去负化运动”大造声威、提供方便，所谓的时尚即是此导向的最佳代表。“酷”“疯狂”“傻瓜”“魔鬼”的负面义演变都与时尚脱不了干系，其他如负面义淡化未完成的“性感”在时尚语域早就是公认的正面性赞扬用语，仍受大力推崇。其实，时尚最需要的就是假定自己的“改造”有创意、有合理性，从而吸引大众的眼球并号召模仿，为了达到此目的，与历史、主流非关键问题价值评价反差越大的语用表达越适用。

以正在发展中的“×控”及“控”为例，全球影响最大的时尚杂志之一 *ELLE* 的简体中文版于2009年第9期用了20个版面图文并茂地为此词族的负面义淡化做了免费广告（林剑，2009：103～124），宣称“正是无数个‘控’构成了今天世界的面貌……‘控’才是最 in 的，‘主流’实在是个很过时的词”。“×控”的源头为译自日语的“萝莉控”“正太控”，原是对未成年少女或少年有不正常迷恋的成年男子或女子的指称，汉语中的“控”作为语素原有的负面义恰好适用于此条。由于满足了前面谈到人们的相关心理与语用目的，目前“×控”的“不正常，变态”的负面限定义明显淡化，整个结构可指“极度喜欢……的人”或“非常喜欢……的人”，生成了大量的相关词语，如“鸡腿控”“宅控”“购物控”“旅游控”“美容控”“环保控”等，“控”甚至成了“喜欢”的近义词，可以做动词，反过来说“很控×”，其进一步发展有待关注。

词汇负面义的演变有时由各种社会心理与原因促成，如“老实”条中“老实^3”生成新义素特征，词条整体负面义增强，正面义位语用范围缩小，但正负义位可共存，这些表现虽然符合非主流对主流的反动造成负面义这一普遍表现规律，但其变化的产生还存在其他相关心理与社会因素的影响；而“情种”“剽悍”“花枝招展”等的负面化不适用于非主流异端话语的表现，它们可能主要是因某种传统的文化心理在特定因素作用下对正统词义的反向修正而生成。总的来说，词汇负面义与社会的互动关系非常复杂，目前仍缺乏一个有效的系统理论的指导。

第五节 小结

本章主要讨论社会因素对汉语词汇负面义演变的影响，具体有以下内容与结论：

第一，分析讨论了汉语词汇负面义的演变在所属词条和相关语义场中的表现，按同一词条中正负面义位所占的比重将词条正负面义的表现区分为五种类型，指出新生成的负面性义位与原不带负面义的义位之间除了竞争与取代关系外，还可以存在共存互补关系，具体表现为从属关系、相交关系与不相交关系。另外，新生的负面性义位也可能促成相关语义场的集体同向演变或对立互补演变。

第二，统计分析语用组合变化对词汇负面义的影响，收集“温床^2”“滋生^2”“信誓旦旦”人民网的部分检索结果进行统计，分析归纳它们在共现成分的正负属性、语义范畴特征、组合方式等方面显现出来的负面性选择偏好。将语义感染区别为同化式感染和拆解式感染两类，认为前者主导词的核心语义并没有发生改变，而后者核心语义特征的存在基础在关联负面义生成后被拆解了，相比之下，后者所需要的语义信息比前者要多。

第三，进行词汇负面义的主观感知与判断的调查，根据词汇负面义的内容类别和演变差异分组讨论调查结果，分析讨论不同背景的语用主体对不同类型词汇负面义的主观感知与判断差异的表现规律及相关原因。认为来自主体自身相关特征的限定会对词义感知理解四个来源的限定条件进行选择性匹配，从而激发主观评价判断过程，对词汇负面义的感知理解产生一定的促进或制约作用。

第四，讨论现代传播方式对词汇负面义的整体演变和批量生产所起的作用，并尝试运用文化学的大小传统理论和社会学的异端话语理论分析“文化大革命”与新时期词汇负面义大转向的同与异，认为前者确立了对抗性的权势关系并实现负面义的单向确指，而后者只是对主流文化有关身份归属非关键问题的评判标准的一种非对抗的创造性改造，二者在双方关系、改造目的、影响方式上都存在质的不同。

| 第六章 |

汉语词汇负面义研究的应用及结语

第一节　汉语词汇负面义研究的应用

汉语词汇负面义的相关研究对现实中的语言应用有一定的指导意义。相对来说，词汇负面义的研究对词典释义与编纂、词汇教学特别是对外汉语的词汇教学有较大的应用指导意义。

一　词汇负面义与词典释义和编纂

词典是人们了解词义的重要渠道。如何在词典中更加准确全面地表现词语的实际使用意义一直是众多学者探索的问题，而与词汇负面义相关的色彩义、共现倾向应如何标示也受到了不少关注，解海江、张志毅（2003）、于屏方（2007：140～141）、张志毅、张庆云（2007：321）都曾提到词的贬义色彩的具体标示或消极语义韵律、中性义位组合贬化在词典中的释义问题。本节主要以《现代汉语词典》释义为参照讨论几个问题。

（一）释义方式的差异对词汇负面义表现的影响

词典的编纂与研究者一直在寻求最确切的释义方式，目前词典释义以详述型释义与直接释义两种为多，根据于屏方（2007：198、200）的观点，前者指详尽地描述义位义核及相关的抽象意义参数的释义；后者指释义中只凸显相关义位义核，其他相关抽象意义参数完全省略。直接释义法通常导致相近义位形成循环释义、递训，无法在相近义位中形成有效的意义区分度，使释义不准确乃至释义无效等。

我们认同于屏方的看法，词汇负面义的负面义素特征很容易在直接释义中因递训而出现词义转移，从而出现负面性被省略忽视的现象，且这很难区分相近义位之间的具体差别，如：

拉倒：算了，作罢。
算了：作罢，不再计较（后面跟“了”）。
作罢：作为罢论，不进行。

“拉倒”在语用中是明显寓有负面性情感态度的，直接释义法用“算了”“作罢”来释义，使“拉倒”的负面义因递训而丢失，在实际语用中“拉倒”和“算了”“作罢”不是可以随便互换而不影响表达效果的。如：

不干算了。
不干拉倒。

后一句言说者有某种对抗性情绪，带有显著的负面义。

又如：

心计：计谋；心里的打算。
计谋：计划；策略。
计划[1]：工作或行动以前预先拟定的具体内容和步骤。
策略：根据形势发展而制定的行动方针和斗争方式。

“心计”有指向词语相关所属主体的负面性含义，而“计谋”“打算”“策略”等都无明显负面义，直接释义法使被释词的负面义丢失。

再如：

炫耀[2]：夸耀。
夸耀：向别人显示（自己有本领、有功劳、有地位等）。

“炫耀[2]”的词义框架中有明显指向动作施动者的负面义，而用作直接释义式的释义词“夸耀”的负面义要较“炫耀”弱，再加上“夸耀”自身的释义中无负面性义素特征的表现，使“炫耀[2]”在递训过程中失去负面性内容。

由上可知，从尽可能充分确切地表现词汇负面义的角度出发，应尽量采用详述型释义而非直接释义。

另外，由于词汇负面义的感知与判断及其相关负面义的指向与言说者的立场有一定关系，释义者的立场与角度也必须认真考虑。苏新春等（2002：46）曾以《现代汉语词典》1983 年版和 1996 年版中“礼教”的释义差异对比来说明，词典编纂者应该客观、历史地看待词义的时代色彩变化，尽量避免从某一阶级、某一集团的角度来诠释词义，确为明见。

（二）不同类型的负面义在释义中反映的情况

在众多专家数十年的努力下，《现代汉语词典》的释义对各种类型的负面义都有所反映，根据解海江、张志毅（2003）的研究，《现代汉语词典》对词语基义与陪义中的贬义的注释方式是不同的，后者多以括注的形式出现，并按贬义的轻重分为三个层次，为人们准确地把握词义提供了较多的信息，但也应该看到，在现有的词典释义中，蕴涵式负面义的反映不如定义式概念义充分，除概念性负面义外，其他负面义的反映总体不均衡，只是对某一类型的负面义做出了较全面的说明，仍有部分词语的负面义没有得到很好的反映，如：

出风头：出头露面，显示自己。

该词我们归入态度倾向式负面义，但 2005 年版《现代汉语词典》中无相关负面义的注释，相应的它的合成语素“风头”，倒是标注出了负面义：

风头[2]：出头露面，显示个人的表现（含贬义）。

二者的负面义标注明显不一致。

有的态度倾向式负面义对于区分近义词起到了关键性作用，如果不加说明，则很容易造成近义义位等义的假象。如：

私情[1]：私人的交情。

私交：私人之间的交情。

从释义内容上看，二义位的词义没有差别，但前者有负面义，后者则无，若不补充说明就容易导致语用失误。

在组合倾向式负面义中，《现代汉语词典》对常用于否定式、特定句式或语气参照的负面义所做的注释相对较好，但对那些通过语义组合和语义关联实现负面义的词语的准确注释则稍为欠缺，如：

作态：故意做出某种态度或表情。

例：惺惺作态、忸怩作态

“作态”是通过语义组合实现负面义关联的组合倾向式负面义，此处《现代汉语词典》以例注的方式列举了“作态”的两个固有搭配。章宜华（2002：196）根据被释词语搭配关系的优先等级及其特征区分固有搭配和可能搭配，固有搭配在词典中一般都需要注明；由于“作态”在常规下只与含负面义的“惺惺”与“忸怩”形成共现搭配，应该注明其隐含的负面义。

类似的通过关联共现成分实现负面义并且其负面义已渗透到概念义中的义位还有不少，其负面义在释义中很多都没有得到反映，如本书第五章所考察的“成心^2”“伙同”“一味”“滋生^2”“温床^2”等皆未注明有相关的负面义或适用范围负面属性限定。再者，《现代汉语词典》对因拆解式感染而生成组合倾向式负面义的“口口声声”“信誓旦旦”“口血未干”“貌似”等的负面义也缺乏反映。

再者，词典释义对于词汇负面义变动的反映及时与否也是一个词典编纂者需要考虑的重要因素。不同类型负面义的变化速度与程度可能存在一定的差异，在修订词典时有必要进行综合考量。

（三）词汇负面义的语用背景在词典中的注释要求

陆俭明（2005：15）指出：“目前许多工具书或汉语教材，就只注释了词语的基本意义，很少注释词语使用的语用背景。”前面谈到的几个例子中的负面义其实也包含在语用背景信息的反映中，但语用信息所包含的内容不止限于预设态度和固定搭配。陶原珂（2005：100、101）认为，词语使用的社会群体、使用者、对象、区域性、场合与特定的历史含义等，既是词典应该交代的该词语的“社会文化背景”信息，也是语用学研究实际语言使用时需要涉及的内容，这些语用解释往往可以纳入词汇系统语义差范围来认识和处理。

词典释义若不注意词语语用背景的差异，则很难真正准确地注释出词语的真正意义，并无法使特定的义位区别于其近义语义场中的其他义位。

由于词汇负面义涉及共现成分属性限定、负面义指向及其重心等，相关的语用背景的信息显得尤为重要，词典在对包含负面义的特定词语进行释义时应根据词典规模、编纂目的的不同，在条件许可的情况下，尽可能地提供充分的相关语用信息。如：

滋长：生长、产生（多用于抽象事物）。

“滋长”有较强的负面共现选择偏好，当其用于生命物质时，常限于细菌、病菌等，有一定负面性；当它用于抽象事物时，此种负面共现倾向明显加强，多限于负面性的情绪、风气、思想等，其组合倾向式的负面义及其主要适用对象的语义范畴都有必要在词典释义中加以补充。

特定词语对共现成分正负属性选择的偏好在词典释义中一般称作语义韵律（semantic prosody），与词汇负面义释义相关的主要是消极韵律，目前很多汉语词典对这方面的反映不足，包括学习词典，如在《现代汉语学习词典》（孙全洲主编，上海外语教育出版社，1995）中，“遭受”类六个明显具有消极韵律的动词“挨”“遭受”“经受”“承受”“蒙受”“忍受”，只有“遭受”的消极韵律在释义中得以说明（于屏方，2007：142）。

语用背景的差异与义项的分合也有关系，苏新春等（2002：103）关于多义词的义项切分所持的态度是：义项的存在以意义本身为前提，意义的差别是最重要的差别，义项的确立也要以此为首要条件。词语释义中有种并不少见的现象，即同一词义内部因适用对象与范围有较大差异而生成了两个区别明显的定义，一个有负面属性，另一个则无，这对词典释义中的义项分合提出了新的要求。如：

私藏：私自藏匿；私人收藏。

该义位明显应再分为二：前者是负面性的，关系对象有负面属性限定，且整个词的负面义指向动作的施动者；后一个的关系对象只限于各种因爱好而收集、保存的物品，如书画等，无负面义，施动者亦无负面属性。

有时，适用主体的具体与抽象的差别成为区分两个意义一个有负面性、一个无负面性的关键，如：

弥天：充满了天空，形容极大。

其组合共现成分可分为两大类，一是具体物质，主要是自然气象中的“雾”；二是抽象性概念，如“谎言”“大祸”“大罪”等，适用于此类时共现成分皆有负面性限定。据此应该将两部分内容分为两个义位，一是“烟、雾、云气等充满了天空”；二是“形容罪、祸、谎言等极大，很严重”。

类似于这样的词还有不少，有一些当它们的适用对象与构成语素同类属时，一般无负面性；若用于一些抽象性的概念时，往往含负面义，对相关共现成分的属性有限定性要求。

如“蔓延”，《现代汉语词典》释为“像蔓草一样不断向周围扩展”，此释义不够精确，有必要如《应用汉语词典》（商务印书馆辞书研究中心，商务印书馆，2000）一般，根据它们不同的适用主体区分为两个义位：

蔓延[1]：［植物］不断地向周围扩展。

蔓延[2]：（来势猛烈的事物）不断地滋生、延伸、四处扩展。

《应用汉语词典》中此词的义位2实际上是含有负面义的，其适用主体同时也是共现成分，一般限定为“大火”“灾情”“瘟疫”等负面性概念，《现代汉语词典》与《应用汉语词典》中其释义成分有必要做出相应的调整。

词汇负面义的语用背景在不同类型词典的注释中的反映是不一致的，相对来说，应用词典、学习词典对这方面信息的要求比一般的词典更高。苏培成（2004：322）认为，“学习词典只重视语法标注还不够，还要重视语用的标注；就一定意义说，语用标注甚至比语法标注还要重要”，词汇负面义的语用背景应包含在他所说的“语用标注”中。

二　词汇负面义与对外汉语教学

词汇教学是对外汉语教学中的难点，如何帮助学生掌握相关词语负面义及其语用习惯是保证他们学会正确、恰当地使用汉语的关键。然而目前仅靠词典中的一些有关词义色彩的附注恐怕还难以达到目的，陆俭明（2005：12）指出，“要扭转汉语词汇教学薄弱的状况，必须加强汉语词汇研究，特别是词语使用的语义背景的研究”。针对此思路，我们有必要进一步细化并明确相关词汇负面义的关涉要素、负面义指向、关联主体、动作对象之间的关系和适用语域等语用信息。

词汇教学中首先须明确相关词语负面义的存在，对于一些常出现在否定式中或常有固定的负面共现成分的词语，这一点非常重要且相对容易掌握，多数可通过词典了解，只是有的义位与负面性共现成分所构成的固定性负面结构的结构义并非共现成分词义的简单相加，作为短语，它超过了词典的释义范围，故词典没有就其义位的结构义和共现对象的属性特征做出说明，如：

慌（轻声）：表示难以忍受（用作补语，前面加“得”）。

“×得慌”前面出现的形容词“表示的性质有的是所有的人都觉得不好的，有的只是说话人觉得不好的”（崔永华：1982），而其前面出现的动词“表示的动作给人以不如意的感觉……整个结构表示主观的不如意的感觉”（马庆株，2005：156～157），教学时需要就相关共现成分的特征和整个结构负面义进行说明。

孙德金（2006：53）也谈到类似的情况：“（有些副词）只能用在否定句或多半用在否定句中……如‘耐烦’只能以‘不耐烦’的否定形式出现，‘耐心’就没有这种限制。有这种特征的词语在中高级汉语教学阶段遇到得最多”，他还列举了“丝毫、轻易、根本、高低（高低不去）、死活、毫（毫不努力）、压根儿、互（互不干涉）、并、绝、总也、倒（倒不贵）、就是（不借）”等。

不少情况下只说明某词包含负面义是远远不够的。苏培成（2004：322）曾转引《光明日报》（2002年8月29日）的一个例子：

一位从事对外汉语教学的教师说：“比如‘能说会道’说的是一个人很会说话，这不是赞美之辞吗？可是当学生这样夸我的时候，心里很不是滋味。”

苏培成认为造成这一现象的原因是这个成语的感情色彩在词典中没有讲透。“能说会道”在《现代汉语词典》中的释义为“善于用言辞表达，很会说话”，现实语用中包含正面性用法和负面性用法，负面性用法为正面性用法的反语，一般否定的不是词义中的“善于用言辞表达，很会说话”，而是指所言不实或过于美化实际情况，表达言说者对“能说会道”的施动者的不满或讽刺，另外，此词对言说者与适用对象之间的身份关系有一定限定，多只用于上对下、长对幼或平等关系，生对师为下对上、幼对长，违反相关适用范围。

相关词汇负面义指向与可能存在的指向重心变化情况在教学中也需要说明。高燕（2008：152）举过这样的例子：

*老师，你苦口婆心教训我们。

此处的“苦口婆心”与“教训”相矛盾：前者有正面色彩，后者为“教训[1]”，义为“教育训诫”，我们在第三章有关权势关系与词汇负面义的指向问题的讨论中已提到，此义位的负面义关涉为施动者与动作关系对象，其负面义一般重点指向其中的一方，具体视施动者与关系对象是否存在对立性权势关系及其强弱而定。由于师生间虽有上对下的关系，但不强调硬性的权势关系，即便去掉“苦口婆心”，下面的句子表达的意义仍与释义的字面内容存在一定差距，因其负面义重心指向施动者：

老师，你教训我们。

此种语用上的差异还可以用来帮助区分近义词，如词典释义中“训导”与“教训[1]”同，都指“教育训诫”，从词义字面内容上看无负面性，但二词的意义实际上并不相同，“训导”的施动者与关系对象虽也存在上对下的权势关系，整体却无负面义，下面的句子中没有指向任何一方的负面义：

老师训导学生。

词语负面义的实际语用情况还包括一般语用主体对特定词语负面义的感知判断差异和相应的转域使用问题，如：

厮打：相互扭打。
厮杀：相互拼杀，指战斗。

二词都是互动双价动词，有两个施动者，他们同时互为动作关系对象。“厮打”与“厮杀”的动作都包含一定负面性成分，所以参与双方都有负面义性状，表面看起来是“厮打”比“厮杀”程度要轻，按理其负面义也应弱一些，然而实际情况并非如此。由于后者一般指战斗，相应地赋予了其动作“拼杀”的合理性，类似在“战士们和敌人厮杀”这样的表述中并无属性负面义指向“战士”，甚至也淡化了“敌人”的负面义。然而“厮打”中的相关动作的负面性却找不到合理性，生成了指向动作参与者双方的负面义，句子“A 在和 B 厮打”中 A、B 除本身的性状负面义外还要承担相关的陈述负面义。正因为存在这样的差别，“厮杀”常可跨域使用，多见于体育娱乐语篇中，其负面义已淡化，而“厮打”则不能。此种区别母语使用者可凭语感把握，但在对外汉语教学中则需要明确规定区分。

第二节 研究局限与可拓展空间

汉语词汇中具有负面义的义位非常多，相关研究涉及的层面与学科也较多，它们彼此间纠葛缠绕，关系复杂，既造成了研究的困难，也为开拓新的研究方法、研究领域提供了可能。

一 理论局限与展望

意义分类理论的限制对本书的研究有一定的影响。国内语言研究一般将意义分为基义和陪义，或称理性义和附属义等，此种分类对词汇负面义的研究有一定的影响，受利奇七大类意义划分法（1987：13）将“情感意义”“内涵意义”等与其重点讨论的逻辑意义或称理性意义分离的影响，过去常将褒贬色彩与理性义对立，认为褒贬是附属于理性义之上的（武占坤、王勤，1983：49）、（许威汉，2000：468）等。现在多数学者已认同理性义与附属义都可能含有褒贬成分，如邢向东（1985）、周荐（1985，1993）、詹人凤（1997：78）等，但随之如何区分理性义中的正负面属性和附属义中的正负面属性成为一个问题，曹炜（2009：17、113）指出，“将褒贬倾向分作是理性义具备的还是色彩义具备的，抑或是两者均具备的，说起来简单，操作起来却有很大的麻烦、颇多的纠缠”。

我们在研究中发现，概念式的蕴涵式负面义与规约性的倾向式负面义之间不存在决然清晰的界限，更类似于一个连续统，特别是在词汇负面义演变的过程中更为明显。在词汇负面义演变的讨论中，相关负面义的消褪常常被认为是附属义的丢失，但新的负面义的生成、淡化或加强等就很难非常清楚地界定是理性义还是附属义发生了变化，最重要的是这样艰难地区分出来的结果恐怕对于理清负面义的内容和显现、细化其语用功能、语用表现等无多大的实际效用。

目前多数研究者都认同把色彩义当作附属义内部下属的一个小类，但“理性义内部能否切分呢？又该怎么切分呢？”（曹炜，2009：113），则理性义中的感情色彩与色彩义中的感情色彩二者在系统分层上不是平等对应的，但实际上不同类型的负面义的区别并不表现为这种错层关系，如此理性义与附属义的分类法容易给词汇负面义的研究造成一定的错觉。

我们并不是否定理性义与附属义分类的合理性，只是从所研究的词汇负面义的特点出发，希望相关理论的适应性更强一些。理性义原是哲学领域使用的概念，它适用于逻辑语义的分析，但并不真正适用于生活语义的分析。目前没有任何心理语言学的实验能证明人类感知、理解词义时存在理性义和附属义的分离，二者的对立依存只是理论性的分类假说，相对于附属义细致的分类而言，理性义与附属义的切分对于词汇负面义的深入分析并无多大帮助，反倒对相关负面义关涉、负面义指向、负面义的演变及感知等方面的深入分析有一定的限制。本书在研究中尝试淡化理性义与附属义的分类观念，但没能找到一个在宏微观方面都有平衡拓展性的更合理的意义分类新理论作为支撑以加强完善词汇负面义的体系建构，影响了我们对词汇负面义做更深入的分析和讨论。

再者，目前语言学界关于词义演变与社会因素的互动也缺乏一个系统理论作为参考，相对来说会使负面义演变的社会因素分析显得有些零散，暂时无法找到一个统摄原则。国内的词汇语义研究还没有将词义分析与当代社会发展大理论相结合的习惯，我们认为，将一些社会学或社会心理学理论如布尔迪厄对言语与象征性权力（2005：81～122）的分析、拉达内 Latané（1981）的“社会影响理论”（Social Impact Theory）关于个体接受社会影响的讨论等引入是可能的，它们会为分析词汇负面义中涉及的权势关系的生成与转化、负面义感知判断的生成与传播、新时期负面义的演变特别是其批量生成与变化模式、变化周期的研究提供更深层次的人文性宏观认识，为汉语词汇负面义的研究开辟更广阔的天地。但多数社会发展理论较为艰深宏大，不同学科之间的思路对接需要一定的时间磨合，将其消化并较好地运用暂时还有困难。

二　内容限定与方法选择的局限

从某种意义上说，对特定社会条件下语用主体的主观感知判断的习惯性依赖是词汇负面义生成、显现、演变及感知和运用过程中存在的客观现实。在没有语境限定的条件下，不同主体对特定词语负面义的感知与判断差异较大，此种主体感知判断的差异可能会降低本书的一些相关分析的接受与认可程度。由于受我们的识见与视角的限定，本书对某些词语负面义的具体分析可能不够准确。也是基于同样的原因，负面义的一些相关内容在量化过程中会有相当大的损耗、散失与变形，容易造成量化研究结果的偏差，所以本书虽然进行了一些量化研究，但仍主要以定性研究为主。

特别要指出的是，词汇负面义的关涉成分、共现成分与负面义辖域的分布以及语用主体对词汇负面义的感知与判断等的表现差异与人的身高、体重等具体客观现象的分布差异不同质，前者并不存在一种理想的客观存在的正态分布状态，再加上从网络、语料库收集得到的语料在进入网络、语料库时就已经过加工与筛选，而对语料的分类处理也只能依靠主观判断进行。另外，语用主体对词汇负面义的感知与判断也存在众多变数，很难保证调查对象能准确地告知他们对特定词语的主观态度，故本书采用了方便样本。鉴于以上缘故，本书的量化统计不具有统计学意义，只表现现实语用中出现的某种偏好性倾向。

三　宏观与微观结合的局限与可拓展空间

本书在微观层面讨论了负面义关涉及其实现方式、负面义指向及其重心、相关语用限定的具体描写、演变表现、主体感知判断差异等内容，在宏观上讨论了词汇负面义类型、生成方式与条件、相关表现及其类型、文化潜义类型、特定时期的整体性演变及其原因与模式等，但限于我们的学识与精力，对于将宏观微观相结合的一些内容，如动作词具体语义范畴小类的负面义关涉、负面义指向体现规律等微观细节分析，词汇负面义演变的类型学的总体性语义特征的宏观分析，相关共现成分的特征、组合方式与影响力的宏观性考察与整体排序等内容虽有涉及，却不够充分全面。

郭熙（2002）从理论上讨论了以华语视角对域内外汉语词汇进行协调的问题，我们虽也涉及了不同语用主体在一定语用条件下对词汇负面义的感知与使用差异，但没有从宏观上讨论它们的互动与协调。在新时期的词汇负面义演变问题上，与其他研究者一样，我们只涉及它们已出现的变化，没能从当代社会文化发展的宏观视角上考察其演变的整个模式，特别是有关其未来走向的讨论仍属空白。

四　一些词汇负面义具体内容研究的不足与可拓展空间

由于个人学识、时间与精力有限，还有一些与词汇负面义有关的内容本书没有涉及或涉及较少。罗宾斯（1986：88）认为，讨论词汇时“横组合关系（主要是搭配）和纵组合关系（主要是语义场）的重要性几乎与它们在语法和音位平面上的重要性相同”，我们虽对组合倾向式负面义共现成分的负面义关联实现方式与语用偏好限定有较全面的考察，也探讨了部分词汇负面义演变对所属词条和相关语义场的影响方式与表现，但由于包含负面义的词汇义位数量非常多，这两方面的工作系统性不够，仍需要继续深入。

其他如对“内向[1]”与“外向[1]”的对立义场及同义义场与正负面义演变关系的讨论，虽然意识到相关义场成员间的互相推动会直接或间接地形成负面义，设想可能存在一个在对立立场间与同义义场中同时进行的正负平衡对立互补演变模式，但由于目前相关义位“内敛[1]”“深沉[3]”“外露”“张扬[1]”“张扬[2]”等的正负面分化还不够明显，对两个语义场内部及之间的平衡关系在破坏与重建过程中产生的影响认识也不够充分，相关设想需要进一步论证，以期深化聚合关系对词汇负面义演变影响的讨论。

此外，负面义程度的区别是词汇负面义研究中的难点，本书以主观判断为主讨论了个别词语负面义程度的区别与变化，然而并不全面，因负面义程度区别只是两极明显，中间的等级差异实难判定，要找到客观可操作验证的相关标准并对负面义程度做出全面的区分与描述还有很长的路要走。由于情感态度与评价的生成与表现常是融合共显的，硬性区分恐会遭受过度主观化的批评却于负面义研究的系统深入无太大裨益，本书没有区别负面义内容的具体语义小类及次小类，但在词典释义中它们仍需要有所反映。另外，本书对一些词汇负面义语用差异较明显的领域或语域关注不足，如方言词汇负面义的感知与语用差异、文化评价体系、广告域等中的词汇负面义用法及其变化都值得探索。

结　语

本书以汉语词汇负面义为研究对象，按共时考察为主、历时考察为辅的思路，主要以义位为基础，从纵横两个方向比较系统全面地描写和分析了词汇负面义的类型、生成、显现、演变、感知与运用等相关内容，并将语法研究和词汇研究结合起来，重点关注词汇负面义在语义与语用两个层面的表现，主要内容与结论如下。

第一，对词汇负面义的类型、生成方式与条件、表现方式进行比较系统的研究，将汉语词汇负面义从性质上分为概念性的负面义、规约性的负面义和潜质性的负面义三类，按生成方式把负面义分为建构式、缩合式和调整式三种，并对各类型的特征与表现分别进行描述与讨论。认为词汇负面义的生成一般需要确立某种立场、视角（多数是对立立场与视角）和相关评判原则，再在它们的作用下建构有特定属性限定（包括前提、负面属性和条件限定）的词义框架并对其内容进行匹配，然后在一定的社会心理认知条件下激发出相关负面义。语用高频则是使生成的负面义得以定型并传播运用的重要保证。

第二，结合词义释义模式与配价理论主要分析描写了概念性负面义中名词、动词、形容词的负面义关涉及负面义指向的分布，认为相关负面义关涉对共现成分的正负面属性有选择性限定。逐项分析讨论了表动作行为词的负面义关涉所担当的语义角色和负面义指向的关系，重点考察了二价、三价动词对相关共现成分正负面属性的限定及其与负面义指向、指向重心转移之间的关系。另外分两类讨论组合倾向式负面义的关联负面义的实现方式，分析描写语义组合类的负面义辖域的组成内容特征与方向性，将通过语篇参照式实现关联负面义的词语分为特定句式参照、关联语义及知识参照两类，分析统计它们的负面义辖域的实现方式与位置分布。

第三，分别考察了蕴涵立场对立权势关系和会话角色分立式权势关系的动词负面义中相关权势关系对负面义指向和重心转移的影响。认为前者存在一个显著稳定的权势关系，它的负面义指向有的可因词义内蕴的对立立场的稳定程度和外在言说者立场的差异而有所改变，但有些只能选择固定的预设立场；后者的权势关系对比多处于中间阶段，相应的其负面义的指向也就比较灵活。

第四，结合中国古代鬼神观的演变过程具体分析描写了含“神”“鬼”词串负面义的生成与含“鬼”词串整体由正向负的转变过程与阶段特征。区分象征性文化潜义和比拟性文化潜义，结合中国古代“狗”的文化潜义的演变考察汉语含“狗”词串负面义的生成与发展演变情况，探讨相关词串负面义由比拟性文化潜义向象征性文化潜义转变的过程及“狗”的负面义的词汇类型学意义。分析描写了佛源词语负面义的三种生成途径，并将其运用到大小文化语境的正负面属性差异和古今演变的讨论分析中。认为与特定历史文化思想或观点的演变相比照，包含相应内容的汉语词汇负面义的演变呈现出总体上的同向性、一定的滞后性及相对的独立性。

第五，分析讨论了汉语词汇负面义的演变在所属词条和语义场中的表现，指出新生成的负面性义位与原义位之间除了竞争与取代关系外，还可以存在共存互补关系，它可能促成相关语义场的集体同向演变或有对立互补现象出现。

第六，运用网络、语料库语料统计分析语用组合变化对词汇负面义的影响，将语义感染分为同化式感染和拆解式感染两类。进行词汇负面义的主观感知与判断的调查，根据调查结果分析讨论不同背景的语用主体对不同类型词汇负面义的主观感知与判断差异及其表现规律与影响因素。

第七，讨论现代传播方式对词汇负面义的整体演变和批量生产所起的作用，尝试运用文化学的大小传统理论和社会学的异端话语理论分析“文化大革命”时期与新时期词汇负面义大转向中的同与异，认为前者确立了对抗性的权势关系并实现负面义的单向确指，而后者只是对主流文化有关身份归属非关键问题的评判标准的一种非对抗性的创造性改造，二者在双方关系、改造目的、影响方式上都存在质的不同。

附 录

附录1 组合倾向式负面义

说明：括号中的是常用的共现否定或反问形式。

（不/……吗？）像话、（没个）好气儿、好景（不长）、（不）景气、（不可）开交、（无福）消受[1]、消受[2]（不起）、（不）认账、（不）买账、（不）对头[2]、迟迟（不）、（不/请）自重［1］[1]、（不）雅观、（不）待见、（决不）容情、（不）作美[2]、（不）顶数[2]、（不）成气候、（不）入流[2]、万万[2]（没有/不可）、（不/还……吗？）得了、（难以）望其项背、老大[5]（不）、（不知）天高地厚[2]、断[2]（无/不可）、断乎（不能）、（没有……的余地）调和[4]、（不）足［2］[3]、（很不）道德[2]、（不）作兴[2]、（没法）下台[3]、招惹[2]（不得）、（不）抵事、（不是……的）吃素[2]、（不能）自已、死活[1]（不）、（无心）恋战、（不分/问）青红皂白、（绝非）善类、犯得着（……吗？）、（不甘）示弱、（好不）识羞、（不）对头[2]、（不）耐烦、（难以/不能/无法）释怀、（无/乏人）问津、（无法）分身、分晓[3]、（未能）免俗、（不）对头[3]、（不）对味[2]、（不）对付[2]、（无可/……不得）奈何、（不跟/跟……）一般见识、（怎么……？）好意思、（很不）受用、（不）中用、奈何（不得）、（无）聊赖、（不）尽如人意、（不成/成何……？）体统、（怎么……呢？）过得去[4]、（不）善罢甘休、（……吗？）得了、（算……？）老几[2]。

热衷[1]、有点儿、透顶、得慌、百出、成性、频发、频仍、温床[2]、滋生[2]、不堪[3]、蔓延、滋长、唯恐、横生[2]、不堪、眼看[2]、无所不至[2]、地步[1]、田地[2]、天地[3]、包藏、昭著、昭彰、市井、听信［2］、神魂、活活[1]、活生生[2]、可怜[3]、难免、导致、以致、动辄、动不动、免得、保不住、免不了、万一[3]、老是、到头来、情愿[2]、宁可、宁愿、平添[2]、甘居、心甘情愿、情愿[2]、口服［1］、口惠、省得、注定、长此以往、貌似、信誓旦旦、青天白日、光天化日、口口声声、口血未干、三令五申等。

附录2 “滋生”人民网检索句例前200条

1. 当年政府介入居屋市场，就滋生了大量后遗症。

2. 我们国家现在的发展速度非常快，在这个过程中，有大量国外好的东西被引进，同时也滋生了一些盲目崇拜。

3、4. “研而优则仕”现象的存在，污染了学术风气，严重阻碍了创新人才特别是一流科学家的产生，同时也很容易滋生学术腐败。

5. 对于“超低价”购房现象，一些市民认为，这里面藏污纳垢，容易滋生腐败。

6. 在市场经济条件下，领导干部违反规定干预、插手市场经济活动是滋生腐败的一个重要原因。

7. 该征费形式甚至沦为一些部门和领导手中的特权以及寻租腐败滋生的病灶。

8. 几乎所有行业都在滋生“奢侈”的产品。

9. 公务员考试，录用选拔的是治国理政人才，更容不得作弊行为滋生。

10. 可以考虑建立行政部门监管下的全国药品招标网络平台，通过公开投标信息和专业机构反馈，来公平药企的投标环境，及时遏制各种腐败现象的滋生，让招标机制发挥出最大的绩效。

11. 这个阶段激素水平大量改变，也可能滋生“炎性乳癌”。

12. 特别是对容易滋生腐败的工程建设招投标、推荐服务供应商、市场开发、现金等价物处置、票务等“权力点”，世博局建立若干领导小组和工作小组，形成以业务部门为主，法务、财务、监察审计等监督部门同步参与、共同商议的组织机制。

13. 即使信贷规模仍会达到一定的程度，但可以避免大量信贷资金徘徊于实体经济之外而忙于资产的炒作，从而助长资产泡沫的滋生。

14. 经验表明，越是重大活动、重大工程，越容易滋生腐败。

15. 高考改革，有了自主招生、特长加分之类，人们担心滋生腐败，造成对农村孩子、平民子弟教育权利的不公。

16. 受多种因素影响，诱发和滋生违法犯罪的因素仍然大量存在。

17. 经适房分配销售易滋生腐败，应取消，改推公租房。

18. 通过公开投标信息和专业机构反馈，来公平药企的投标环境，及时遏制各种腐败现象的滋生，让招标机制发挥出最大的绩效。

19. 细菌在潮湿的环境中很容易滋生，如果此时再不注意生殖卫生，就等于给细菌创造了“温床”，很容易引起感染。

20. 适合真菌、霉菌、念珠球菌等滋生繁殖，血液中又含有很多营养物质，为细菌生长繁殖提供了最好的培养基……

21. 申报本身并不能遏制贪污腐败的滋生和发展，申报是打击、遏制和阻断贪污腐败现象的前提，是一场暴风雨的前奏。

22. 如果全民一块儿免费医疗，有限的医疗资源可能会因社会资源的配置不均，更加为少数人服务，滋生腐败和不公平。

24. 不少驻京办已成为腐败的滋生地。

25. 而烟文化在官场上更滋生出公款吸烟、烟票行贿、天价香烟等陈规陋习。

26. 法院审理查明，以闻国平为首的黑社会性质组织 1998 年滋生，至 2003 年秋发展成立镇江市“东石”物贸、运输等 8 个公司后成雏形，2008 年底演化为“以商养黑、以黑护商”的黑恶势力犯罪团伙，横行乡里，被公安部挂牌督办。

27. 贯彻实施《廉政准则》必须与推动实现“十个全覆盖”目标统一起来，从体制机制制度上逐步铲除腐败现象滋生蔓延的土壤和条件，确保权力行使安全、资金运用安全、项目建设安全和干部成长安全。

28. 就怕没来均衡反而滋生腐败。

29. 切实加强容易滋生腐败的重点领域和关键环节的管理，增强反腐倡廉制度建设的系统性和协调性。

30. 逐步解决反腐倡廉建设中的深层次矛盾和问题，不断铲除腐败现象滋生的土壤和条件，增强反腐倡廉制度建设的时代性和创造性。

31. 另一方面又是市场运行主体，这样的体制也容易滋生腐败。

32. 要对拐卖妇女儿童犯罪活动实行综合治理，在着力消除滋生拐卖妇女儿童犯罪的土壤上下功夫。

35. 可如果不招标，目录由地方政府具体制订，那么会不会滋生“地方保护主义”?

37. 澳大利亚总理陆克文23日在代表政府发布反恐白皮书时强调，澳大利亚人必须接受澳出现滋生于本土的恐怖势力的现实，本土恐怖势力正成为越来越严重的问题。

38. 近日，德国外长韦斯特韦勒公开批评德国失业救济政策将大量税收付给失业者，导致“懒惰阶层”滋生。

39. “官德”彰，则风清气正；“官德”失，则腐败滋生；“官德”正，则民心安；“官德”毁，则民心失。

40. 这种高高在上的思维心态，本身就容易滋生偏见，也容易夸大问题的存在。

41. 这种带有人群分割意识色彩的社会称谓，并没有精确的社会学或统计学依据，很容易夸大问题、滋生偏见。

42、43. 要完善配套制度，不断深化改革，努力解决影响党员干部廉洁从政的深层次问题，最大限度地铲除腐败行为滋生蔓延的土壤。

44. 半数网民认为，目前的惩处力度不够、机制不健全和监督不力是腐败现象继续滋生蔓延的重要原因。

45. 对于那些有住房改善需求的百姓来说，要么无端地为“高价房”买单，要么就买不起房子。这无疑会滋生新的社会矛盾。

46. 尽管金融机构收缴假币首次出现下降，但由于假币滋生的外部环境未发生根本改变，滋生假币犯罪的土壤尚未根除，流通中假币还有一定存量。

48. 一些专家学者认为，浙大城市学院卖地还债事件折射出的一些信号令人担忧，如果任其蔓延，将使更多大学走入“圈地－贷款－卖地还债－再圈地－再还债”的怪圈，容易滋生教育腐败。

50. 赔钱减刑的酌定量刑情节标准必须统一、明确，避免因为标准模糊，法官放大自由裁量权，自说自话，滋生司法腐败。

51、52. 要坚持用制度管权、管事、管人，通过深化体制机制改革和制度创新，努力在重要领域和关键环节上取得新突破，最大限度地减少腐败现象滋生的土壤和条件。

53. 于是，春节便成为炫富、摆阔、豪赌、烧钱的机会，成为权钱交易的滋生地。

54. 另外，许多国家还对强迫卖淫、地下赌博等黑社会赖以滋生的产业和经济结构进行治理。

55. 制度得不到贯彻执行，权力则失范；权力被滥用，腐败则滋生。

56、57. 这种“双重身份”决定了中国足协一方面是权力机构，一方面是市场主体，赤裸裸地违反了“利益冲突原则”。在这样的环境和条件下就难免滋生腐败和官僚主义。

58. 朝鲜政府去年 11 月开始推行货币贬值政策的初衷是应对愈演愈烈的通货膨胀并消除境内滋生的市场经济因素。

59、60. 而另有声音认为，经适房在很多领域存在漏洞和缺陷，已成腐败滋生的工具。

61. “这种虚高定价直接损害消费者利益，给腐败滋生提供了土壤。”

62. 中俄之间，则有着屡屡滋生事端的“灰色清关”问题。

63. 我们不能因为危机表面上正在减弱而滋生出一种虚假的安全感。

64. 国家应出台《彩票法》，用明确的法律规定来遏制地下赌场的滋生；同时从法律、管理、个人操守等方面对假赌黑进行综合治理。

65. 尽管“驻京办”这个诞生于计划经济年代并存在了 50 年的机构为当初的中国做出过不小贡献，但是其滋生出的违规问题已有越加严峻之势。

66. 近年来，人们早已熟知的是，在中国迅猛发展的情形下，冷战思维所伴生的偏执与无知又常常滋生出忽而“中国威胁论”，忽而“中国崩溃论”，忽而“中国责任论”等多种畸形儿。

67. 驻京办作为一种计划经济条件下的产物，到了市场经济下，用计划经济赋予的权力在市场经济的环境中分享利益，那么势必会产生很多腐败滋生的土壤或者是监管不力的空白。

68. 对于容易滋生腐败的部门，则规定 3 年必轮岗。

69. 在具体动迁中，动迁户常常不能了解动迁信息，而且动迁者常常对不同拆迁户提供不同的信息，这种不透明常常滋生腐败。

70. 我们不能因为这起案件涉及贪污问题，就滋生先入为主的心情倾向，对贪官笔者无意怜悯，但对一个公民的喊冤，一个涉嫌贪污且被法院判处有期徒刑的“罪犯”依法对判决提出异议，我们不能无视。

71. 中国足球改革到了今天，仍然官民不分的足协，依旧公私不明的俱乐部，已经成为滋生“职业化腐败”的最大温床。

72. 其次要把原料晾干或炒干，完全去除水分，否则在含有水分的条件下，原料中含有的蛋白质、脂肪等容易滋生细菌，导致味精变质。

73. 首先要注意环境卫生，避免灰尘和霉菌的滋生；避免过度刺激的味道，如蚊香、油漆、清洁剂等。

74. 这种情况容易导致权力寻租，使制度成为“稻草人”，加之整个过程缺乏监督机制，“拉关系走后门”现象滋生也就不足为奇。

75. 同样，美国互联网服务提供商由于管理上的欠缺为全球色情网站提供了滋生的土壤，这让很多国家也感到颇为无奈。

76、78、79. “很多驻京办现在开始在京搞副业，这是滋生腐败的温床之一”。

77. 在新的时期，驻京办获得了新的重任，即使这些重任的结果导致驻京办失去了应有的公共职能，成为属性错乱、功能错乱、经常滋生腐败的地方。

80. 无论如何，反腐都不能停留于浅层次的抓几条“大鱼”，眼睛只盯住赌球、黑幕，而必须摧毁现有的利益链，铲除滋生足球腐败的温床，让那些玩足球的人明白，足协这个“保护伞”也不是万能的。

81. 只有扭转体育“功利主义”，斩断赛事与各种利益之间的链条，才能从根本上杜绝此类丑闻的滋生。

82. 无论是“9·11”中世贸双塔的倒下，还是影响全球的“流感大流行”，虽有无数生命陨落，同时却有人得到了某种利益，而这，成为“阴谋论”的滋生土壤。

83. 扁桃体炎如果反复发作就会形成慢性扁桃体炎，而一旦身体疲劳、感冒、压力增大、精神紧张等因素导致机体免疫力下降的时候，滋生的细菌会顺着血液到达心肌、肾脏、关节等脏腑，特别是溶血性链球菌很容易侵犯心脏瓣膜，引起心肌炎症。

84. 一些地方在“民未富”的状况下，就超标准、超财力兴建豪华楼堂馆所，不仅滋生腐败问题，引起百姓愤慨，而且将严重损害地方政府的形象和公信力。

85. 要勇于突破，紧紧抓住容易滋生腐败的重点领域和关键环节……

86. 要知道，这些摆摊一旦无处可摆，直接意味着失业，市民一旦失业，政府不仅要给予基本的生活补助，而且可能滋生不安定因素，给社会带来更大的危害。

87. 所谓“社会墙”，我更愿意将其理解为积累负面社会情绪，从而形成不信任的“心理围墙”，对贫富差距、分配不公的愤懑，对既得利益者和有关部门乱作为的不满等，导致产生各种负面情绪，更有甚者，还会滋生社会暴力化倾向。

88. 安逸无忧懒惰滋生。

89. 没有阳光，就没有生命；没有透明，就容易滋生腐败。

90. 人往往会在特殊的日子评判自己过得好不好，尤其当经历过很多不愉快和挫折后，更容易滋生负面情绪，如在年关时对前途没信心或感觉未来渺茫。

91、94. 五是纪律观不强，歪风邪气滋生。

92. 送礼之风日盛，其背后滋生的腐败现象是触目惊心的。

93. 否则，“公共利益”在实践中会被滥用，不仅在制度层面为滋生腐败提供了温床，同时也势必对老百姓的合法财产权益造成侵害。

95. 然而，家既可以是让人忘却烦恼忧愁的温馨港湾，也有可能成为滋生祸患的温床。

96. 正常的人情往来逐渐异化成畸形的人际关系，甚至滋生钱权交易的腐败行为，成为一种社会公害。

97. 有权必有责、用权受监督，才能保证权力正当行使；否则必然会滋生这样那样的怪现象。

98. 中国一些企业热衷在当地复制“小气候”“小环境”，搞封闭、半封闭的圈子，融合度低，容易滋生矛盾。

99. 建立健全打黑除恶常态化工作机制，彻底铲除黑恶势力滋生蔓延的土壤和条件，防止死灰复燃。

100. 帮派行为已经成为阻碍天津足球向前进一步发展的桎梏，而目前天津足球最需要树正气，不能任由帮派习气滋生、发展。

101、102. 一系列重点领域和关键环节的改革从源头上防止了腐败的滋生蔓延。

103. 执法者掌控弹性罚款的优势资源，很容易导致私欲的膨胀，滋生起腐败。

104. 努力在重要领域和关键环节上取得新突破，最大限度地减少腐败现象滋生的土壤和条件。

106. 财产申报制度有助于及时发现司法人员的非法收入及不当财产，预防司法腐败的滋生。

107. 要配合有关部门深化体制机制改革，最大限度地减少腐败现象滋生的土壤和条件。

108. 准确把握犯罪规律，严惩“保护伞”，彻底清除黑社会性质组织滋生的土壤，从源头上有效防控此类犯罪等四项要求。

109. 俄总统梅德韦杰夫在谈及北高加索地区反恐问题时，曾多次毫不留情地指出，当地愈演愈烈的腐败问题已成为滋生恐怖主义的温床。

110. 要准确把握犯罪规律，严惩“保护伞”，彻底清除黑社会性质组织滋生的土壤，同时采取多种措施深入推进打黑除恶工作，从源头上有效防控此类犯罪。

111、113 与 107 重复。

112. “社会墙”的背后，既有公权力得不到有效监督滋生的权钱交易等腐败现象，也有一些政府部门与民争利使政府的形象受损。

114. 闷热潮湿的环境细菌容易滋生并侵入尿道。

115. 行政机关违法行政、任意而为、滥用权力，不仅容易损害公民的合法权益，而且会引发社会矛盾和滋生腐败。

116. 选人用人的关键环节在初始提名，也是最容易滋生腐败的环节，推荐提名公开化是加强监督的有效方法。

117. 首先，加强诚信教育，铲除骗术滋生的土壤。

118. 如果廉政文化建设搞不好，腐败文化必然会滋生蔓延，社会风气难以扭转。

119. 这不仅对当初的参与者不公平，还变相哄抬了地价，导致地王现象频现，而且还影响政府公信力，甚至滋生腐败。

120. 使用空调罩之前，要把空调选择在送风档开启半天，吹干空调机中的冷凝水，以免长时间将冷凝水留在机内滋生细菌。

121. 近年来，春节还成为炫富、摆阔、豪赌的机会，是权钱交易滋生地。

122. 领导干部，尤其是一些特殊部门、特殊岗位的领导干部，手握权力，正常的人情很容易变为权钱交易，成了腐败滋生的温床。

123. 这些年轻人所选择的生活方式会让他们无法了解复杂的社会，不擅长同他人在事业上合作，更使得个人孤僻性格的滋生。

124. 当前我国正处于社会矛盾的凸显期和刑事犯罪的高发期，滋生、发展黑恶势力的土壤仍然存在……

125. 每天应对家中卫生间、厨房等潮湿易滋生细菌的地方，进行清洁消毒。

126. 过大的行政开支不仅造成浪费，更会成为滋生腐败的温床，并引发公众的不满，削弱政府的公信力。

127. 也门已经经历了长达多年的内乱，人民生活苦不堪言，社会生态凋敝，为恐怖势力的滋生和壮大提供了适宜的土壤。

128. 只有这样，才能向全社会表明党和政府反对弄虚作假的坚定决心，才能遏制统计上弄虚作假现象的滋生和蔓延，才能教育警醒广大干部和统计人员。

129. 救护车司机酒后驾车，不仅可能埋下安全隐患、滋生公众抵触情绪，而且严重损害了作为公众伤病救护者的 120 救护的公共形象。

130. 庸俗之风滋生蔓延，会极大地降低党的肌体免疫功能，对党的事业来说是非常可怕、非常危险的。

131. 英国首相布朗将也门形容为“恐怖主义的孵化器”，有可能成为恐怖主义思想滋生与蔓延的温床。

132. 没有良好的学习习惯及语言基础，学生很难跟上老师讲课的进程，这会使他们滋生厌学情绪，不仅语言无法提高，还形成恶性循环。

133. 它也有很大的问题，就是会造成一种寻租环境，这种寻租环境的强化使得腐败滋生，结果在大众中就形成一个对于腐败深恶痛绝的舆论。

134、138. 深化改革、创新制度、强化监督，从源头上铲除腐败现象滋生的土壤，带动惩治和预防腐败体系建设的整体推进。

135. 补课费缺乏有效监管，容易滋生教育腐败……

136. 社会转型期极易滋生虚荣攀比心态……

139、140. 但当前假发票“买方市场”依然存在，发票犯罪滋生的土壤还未彻底消除，发票犯罪的总体形势依然不容乐观。

141. 也门是世界上最穷困的国家之一，长期战乱不息，社会动荡无序，贫富悬殊现象严重，失业率居高不下，成为极端分子和恐怖势力赖以滋生的温床。

142. 内部因素则包括克什米尔问题的“历史遗产”、教派流血冲突的惨烈记忆等，都是印度国内极端思想和恐怖主义滋生的温床。

143、144. 五是确保操作过程公开透明、分配结果公平公正，尊重群众意愿，保障群众权益，防止滋生腐败……

145. 这个“小人”是时代所滋生的毒瘤，从精神到伦理，从人生到世相，都代表着一种“假、恶、丑”。

146. 政府收储、出让土地的行为，还容易滋生腐败，直接危害民生。

147. 的确，政府的财政收入多了，容易滋生腐败，但这也要看有没有一个能够遏制腐败的机制。

148. 奥地利一家公司设计了一种生态厨电，其材料采用特殊处理的不锈钢和当地出产的木材，并进行纯自然方式上油、黏合等，据称可以防止滋生细菌。

149. 面对国内与国外都存在的“黑中介”问题，也许更需要考虑的是，是谁为“黑中介”提供了滋生的土壤，疏于监管的漏洞或许不是唯一的原因。

150. 对客户管理不力、为客户更换账户提供方便、纵容客户参与炒作、配合监管不力或提供不真实账户资料、以不正当手段拉客户的证券公司，将依据有关规定采取纪律处分措施，绝不能让此类证券公司成为滋生短线操纵的温床。

151. 丘吉尔 1947 年 5 月曾形容英法德意等国的状况说：“欧洲现在怎样？它是一座瓦砾堆，一个尸骨收容所，一个滋生瘟疫和憎恨的温床。”

152. 金融危机带来的影响和冲击，在一定程度上加剧了中国经济、社会发展不协调，诱发、滋生违法犯罪的消极因素有所增多，给社会治安稳定带来新的压力。

153. 自主招生因过多的人为因素和功利色彩，注定备受瞩目。既要防止由此滋生腐败现象，更不能忽视确保完成正当使命。

154. 博彩业虽然带来经济繁荣，却也滋生了腐败、有组织犯罪和境外洗钱活动。

155. 所以二次供水的水箱就容易变成微生物滋生的温床，易导致饮用者感染疾病。

158. 被金钱和利益熏黑了的心像一颗毒瘤，正在社会主义共和国的身上迅速滋生，它驱使着人们不顾一切后果地对矿山乱采乱挖。

159. 高校领导身兼多任，既难以专心致志抓管理，又不能一心一意搞科研，是滋生学术腐败的制度缺陷。

160. 新战略直指恐怖主义滋生的政治、经济和社会环境，试图整合一切可以利用的资源，将政治、经济、外交和文化等手段整合成一种“全新且更为有效的办法”。

161. 广告新规能抑制虚假广告的滋生吗？

162. 清洗后，少用烘干机，烘干机因长期放置在温暖潮湿的环境中，极易滋生细菌。

163. “小金库”的存在，不仅导致会计信息失真，扰乱市场经济秩序，造成国家财政收入和国有资产的流失，削弱了政府宏观调控能力，影响了经济平稳较快发展，而且诱发和滋生了一系列腐败问题，严重败坏党风政风和社会风气。

164. 司法部门既没有认定产品质量的资质，也不受消费者的委托和监督，如此“空降”的权力只能滋生更多腐败的空间。

165. 国家必须采取釜底抽薪的措施，来阻止政府在年底乱花钱的滋生蔓延。

167. 分散固然不是专制，却是滋生专制的温床。

168. 这些地区的经济和政治局势相对动荡，稍有变化就会滋生诸多风险和不安全因素。

169. 就事件本身而言，全面调查当然重要，它涉及找到丙肝病毒的滋生源头以确定切实的应对方案，避免当地出现一场公共卫生危机，同时可以确定感染事件的责任归属和赔偿义务，确保患者的利益不再受到损害。

170. “小金库”的存在，危害大、影响坏，不仅扰乱社会主义市场经济秩序，损害国家和人民群众的利益，影响社会公平正义与和谐稳定，而且助长了铺张浪费、奢靡享乐歪风，往往成为消极腐败现象滋生的土壤，严重侵蚀党的肌体，削弱党的创造力、凝聚力、战斗力，必须坚决清除。

171. 虽然天气寒冷，但是也要在空气质量良好的时候坚持居家每天开窗通风半小时，增加空气流动，避免室内滋生细菌，使人体染病。

172. 为此，应强调对权、人、钱等容易滋生腐败的环节做精心的设计：组织管理体系。

173. 行政文化是社会文化的楷模，行政失范现象的大量存在加速了腐败现象的滋生蔓延，对整个社会的道德风尚产生了极其恶劣的影响，对法治的实现也是一种无形的障碍。

175. 沈阳是老工业基地城市，在近年来的发展中，企业改制、城镇拆迁、农村征地补偿等问题滋生了大量信访案件。

176、177. 奥巴马所要传递的讯息应该是，滋生于阿富汗和巴基斯坦叛乱地区的暴力有可能危及世界和平，这为国际共同采取军事行动提供了理由。

178. 常开门窗换气，病毒就难以滋生与繁殖。

179. 社会上有一种声音，很担心推荐制会破坏教育的公平性，滋生腐败。

180. 填平这个滋生误解的鸿沟，责任首先在于医生。

181. 但在缺乏制度约束的情况下，我们有必要借用市场化的公平竞争来防止腐败滋生。

182. 由于没有坚实的经济基础作为支撑，脱离实际盲目扩张，繁荣的背后泡沫滋生。

183. 这个问题如果得不到满意的解决，所谓“游资”还将到处涌动，为非理性的“炒作”推波助澜，滋生人为的经济风险。

184. 武器采购据估计占预算额的1/3，因此给腐败滋生了土壤。

185. 党支部领导、村民代表会议做主、村委会办事，村务决策权由干部行使变为村民代表集体行使，从根本上减少了矛盾滋生。

186. 我们也经常抱怨一些社会不公现象，但是，面对我们所不熟悉的另一群“少数”，却有可能莫名地滋生出一些道德优越感或健全人的特权意识，不由自主地把歧视轻飘飘地扔向“少数”。

187. 笔者也反对美国将其作为一场“持久战”来打，而应该通过帮助阿富汗等国家改善民生，彻底铲除滋生恐怖主义的土壤。

188. 坚决查处一批工程建设领域的违法违纪案件，遏制工程建设领域违法违规行为和腐败现象滋生蔓延的势头。

189. 几十年来，菲律宾政府协助组织大的家族势力和部族首领来限制反政府力量的滋生。

190. 在坚决惩治腐败的同时不断加大预防腐败工作力度，着力铲除滋生腐败的土壤和条件，从源头上预防和解决腐败问题，形成惩治和预防腐败的合力。

191. 我国正处于并将长期处于社会主义初级阶段，腐败现象滋生蔓延的土壤和条件在短期内还难以消除，当前党风廉政建设和反腐败斗争面临的形势依然严峻、任务依然艰巨。

192. 空调在工作时，80%的灰尘穿过过滤网，沉积在出风滚轮和蒸发器等地方，在潮湿的环境中，会滋生大量霉菌和螨虫等。

193. 刑罚执行环节，减刑、假释、监外执行等，在实践中曾被舆论称为“滋生腐败的温床”。

194. 因为黄豆浸泡的时间有较为严格的要求：浸泡的时间过短会影响豆浆的出浆率，浸泡的时间过长则又容易滋生霉菌。

195. 采取有效措施，整体推进自查自纠、查办案件和长效机制建设三项工作，取得了重要的阶段性成果，商业贿赂滋生蔓延的势头得到一定遏制。

196. 由于银行系统的资源是有限的，睡眠卡的大量滋生占用银行系统资源，管理起来也更加费事。

197. 头皮是皮肤中最油的地方，容易滋生马拉色菌。

198. 委托评估、拍卖机构名册编制工作重要而敏感，容易出现“暗箱操作”，滋生腐败。

说明： 其中有12条在句中无负面性共现成分的没有收入，但保留了编号，分别是：第23、33、34、36、47、49、105、137、156、157、166、174、184、190，其中重复的有3条：34、157、184。

附录3 “温床”人民网检索句例前200条

1. 目前境内资本市场投资渠道较为单一，新的金融衍生工具为大量过剩流动性提供了一个投机的温床，闲余资本向股指期货市场流动可能超过市场预期。

2. 美政府官员认为，也门、索马里以及整个马格里布地区已经或者正在成为“基地”组织等恐怖和极端主义势力的新温床和活动区域。

3. 非洲当地分析人士认为，索过渡政府之所以要在最近发动袭击，一是由于美国对索马里成为恐怖势力的新温床表示出担忧，并因此愿意向索过渡政府提供帮助。

4. 细菌在潮湿的环境中很容易滋生，如果此时再不注意生殖卫生，就等于给细菌创造了“温床”，很容易引起感染。

5. 适宜的创新文化环境是拔尖创新人才成长的温床，要营造一种认同创新、鼓励创新、保障创新、促进创新的社会文化环境。

6. 如果说19世纪初的两次入侵让两国埋下了怨恨的种子，那么20世纪在南极地区的争夺则是种子发芽的温床。

7. 因此，你好我好大家好，虚假的团结掩盖了丧失战斗力的实质，失去原则的团队成了腐败的温床。

8. 而在沂南县三业成畜禽养殖场内，一种“发酵温床”使室内温度始终保持在20摄氏度以上。

9. 一个城市的开发建设，政府职责与市场行为不分开，就难免会成为腐败的温床。

10. 他们还尽力清除山谷、运河以及河床上成千上万吨的垃圾瓦砾，以避免强降雨把灾民的安置地变成疾病孳生的温床。

11. 非生产性的房地产投机在各大都市因而具备了温床，对实体经济的发展构成了潜在的巨大威胁。

12. 中国足球改革到了今天，仍然官民不分的足协，依旧公私不明的俱乐部，已经成为滋生“职业化腐败”的最大温床。

13. 内地政府正计划撤销数千个地方政府“驻京办”，原因是这些办事机构越来越成为官员腐败的温床。

14. 高考体育加分的种种“猫腻”，将这项鼓励青少年全面发展的加分政策变成了儿戏，沦为少数人弄虚作假的温床。

15. 目前，国内大部分机构均不看好后市表现，因此在这样的情况下出现的股指短暂冲高反弹，很可能为大小非减持提供了“温床”。（标题：大小非仍是隐形炸弹，原文开头有：虽然大小非解禁的高峰已随2009年的逝去而消除，但由于今年股市不如去年，大小非解禁股遭遇减持的可能性更高，这枚“隐形炸弹”仍然让众多敏感的股民异常不安。http://paper.people.com.cn/gjjrb/html/2010-01/26/content_435655.htm。）

16、18、19. “很多驻京办现在开始在京搞副业，这是滋生腐败的温床之一”。

17. 这种情况的出现，不仅容易导致党内生活和人际关系的庸俗化，而且可能为一些消极腐败行为提供温床，势必会削弱党组织的凝聚力和战斗力，阻碍工作开展和事业发展。

20. 无论如何，反腐都不能停留于浅层次的抓几条“大鱼”，眼睛只盯住赌球、黑幕，而必须摧毁现有的利益链，铲除滋生足球腐败的温床，让那些玩足球的人明白，足协这个“保护伞”也不是万能的。

21. 另一方面，随着《公务员法》的出台，行政编制收紧，事业单位编制成为紧俏“商品”，因而成为某些公权力掌握者权力寻租、违规用人的腐败温床。

22. “公共利益”在实践中会被滥用，不仅在制度层面为滋生腐败提供了温床，同时也势必对老百姓的合法财产权益造成侵害。

23. 然而，家既可以是让人忘却烦恼忧愁的温馨港湾，也有可能成为滋生祸患的温床。

24. 迎来送往造成巨大浪费，弄虚作假损害政府形象，吃拿卡要搭起腐败温床。

25. 事实上，对行贿人的放纵非但不会减少司法腐败，反而会为违法行为提供温床。

26. 俄总统梅德韦杰夫在谈及北高加索地区反恐问题时，曾多次毫不留情地指出，当地愈演愈烈的腐败问题已成为滋生恐怖主义的温床。

27. 然而，领导干部，尤其是一些特殊部门、特殊岗位的领导干部，手握权力，正常的人情很容易变为权钱交易，成了腐败滋生的温床。

28. 过度劳累、精神紧张、生活不规律，这些不健康的生活方式使越来越多的都市人、白骨精（白领、骨干、精英）同样有着与名人相似的疾病温床。

29. 过大的行政开支不仅造成浪费，更会成为滋生腐败的温床，并引发公众的不满，削弱政府的公信力。

30. 分裂、贫穷成恐怖温床。

31. 英格兰足总杯果然是冷门的温床，这项历史最悠久，最业余球队也能参加的杯赛 3 日让英超豪门曼联栽了跟头。

32. 英国首相布朗将也门形容为“恐怖主义的孵化器”，有可能成为恐怖主义思想滋生与蔓延的温床。

33. 也门这个国家内部矛盾重重，经济在中东几乎是最差的，石油产业正在萎缩，穷困与腐败交织，这些都有助于其成为“恐怖主义的温床”。

34. 垃圾短信屡打不绝，原因是多方面的。主观诱惑是，垃圾短信公司组建门槛低，蕴涵巨大经济利益。与此同时，一系列客观温床更是不容忽视。首先是私人信息极度缺乏保密性。

35. 牙刷经常潮湿，而刷毛的间隙又是细菌、病毒居留及孳长的温床，感冒病毒可以在潮湿的牙刷上生存相当长的时间。

36. 也门是世界上最穷困的国家之一，长期战乱不息，社会动荡无序，贫富悬殊现象严重，失业率居高不下，成为极端分子和恐怖势力赖以滋生的温床。

37. 内部因素则包括克什米尔问题的“历史遗产”、教派流血冲突的惨烈记忆等，都是印度国内极端思想和恐怖主义滋生的温床。

38. 对客户管理不力、为客户更换账户提供方便、纵容客户参与炒作、配合监管不力或提供不真实账户资料、以不正当手段拉客户的证券公司，将依据有关规定采取纪律处分措施，绝不能让此类证券公司成为滋生短线操纵的温床。

39. 丘吉尔 1947 年 5 月曾形容英法德意等国的状况说：“欧洲现在怎样？它是一座瓦砾堆，一个尸骨收容所，一个滋生瘟疫和憎恨的温床。”

40. 所以二次供水的水箱就容易变成微生物滋生的温床，易导致饮用者感染疾病。

41. 学术成就和学术机构、学者个人的利益形成了复杂、紧密的联系，从而构成了形形色色学术失范行为的温床。

42. 开办手机 WAP 网站的成本低、利润高，也为手机“黄色病毒”泛滥提供了温床。

43. 一些基础电信运营商和增值服务商，只追求经济效益，为违法信息的传递提供了温床。

44. “布达佩斯的华商市场‘四虎市场’及其周围的商贸区是匈牙利黑色经济的一个温床，这里充斥着假冒和来路不正的商品、非法用工和无发票售货、治安和安全隐患严重”。

45. 分散固然不是专制，却是滋生专制的温床。

46. 由于缺乏有效监管，很多评比检查劳民伤财，有的演化为变相摊派，成为“腐败的温床”。

47. 这种消费者需求的娱乐化趋势，在一定程度上为“山寨”电影的“繁荣”提供了“温床”。

48. “网络赌博，已是一个有组织的活动，它以一种‘金字塔’似的组成形式存在，以网络的普及作为最大发展的温床，迅速在社会中流行开来。”

49. 以培养发展中国家人才为名而设立的外国人研修及技能实习制度的矛盾日益突出，与所打的旗号相反，该制度已成了使用廉价劳动力的最佳捷径，变成了侵害人权的温床，对此国际舆论的责难声不断高涨。

50. 而亚洲经济体在此轮衰退中的极佳表现则为澳大利亚率先进入加息周期提供了“温床”。

51. 而动荡的社会最易成为恐怖主义的温床。

52. 中国大量视频网站上真正的原创内容不会超过5%，大量的用户上传正成为传播盗版内容的温床。

53. 充裕的流动性是美元套利的又一温床。（“美元套利”负面义参见原链接上下文，原文标题：美元贬值，海啸再袭全球。http：//paper. people. com. cn/gjjrb/html/2009 – 11/25/content_390474. htm。）

54. 刑罚执行环节，减刑、假释、监外执行等，在实践中曾被舆论称为“滋生腐败的温床”。

55. 校长实名推荐制很容易走向两个极端，要么成为一张腐败的温床，其中暗含种种交易；要么中规中矩关照均衡发展的优等生。

56. 也门的复杂地形为当地武装力量“栖身”提供了温床。自“9 · 11”恐怖袭击事件以来，美国政府已将也门划入打击“基地”组织的重点区域。

57. 几乎陷入瘫痪的社会怎能不成为恐怖主义的温床？

58. 日前，本市持续偏暖，低空气温偏高，并且连日大雾，暖湿气流强盛，形成一个“温床”。

59. 如果没有合适的温床和条件，个别医生怎么就敢又怎么就能如此肆无忌惮？这难道仅仅是医德医风的问题吗？

60. 有网友呼吁政府采购应该加强监管，同时政府采购过程应该更透明化，“莫让政府采购成为腐败的温床”。

61. 在这种情况下，心理上的恐慌成了滋生谣言的温床。

62. 一些网民用感性代替理性，论点满天飞，但普遍缺乏论据和严格的论证，故意曲解对方意思进行偷梁换柱，再进行网络“轰炸”。由于信息的变异性，是新信息诞生最好的温床，一旦有不利于政府的负面消息出现，很快就会出现爆炸效应，信息串联作用就会使得负面舆论或消息占领整个信息传输通道，对社会有很大的离散作用。

63. 只有主动公开信息并接受社会监督，才不会使“考试经济”变为滋生腐败的温床，才能促进“考试经济”的健康发展。

64. 一些政府无法完全控制、法制无法发挥效力的灰色地带，就容易成为黑社会滋生的温床。

65. 严密的现金监控和银行资金管理成为芝加哥打击黑社会和防止公务员系统腐败的重要制度保证，将黑社会及其保护伞的制度基础给扼杀，从而保证了政府的清廉和摧毁黑社会生存的温床。

66. 当然，要想把恐怖势力连根拔起，绝不能忽视消灭恐怖主义产生的温床——贫困问题，应切实加强民生援助，削减乃至切断塔利班增长的来源。

67. 独立厂牌既是实验和前卫音乐的温床，同时也担负着为主流公司后续发展打头站的作用。

68. 地方派系借着掌控县市政府、议会和农、渔、水利会，长期垄断地方资源，一遇到选举时，就变成贿选孳生的温床，转化为金钱选举的流通渠道。

69. 在沂南生态养猪场，玉米秸、猪粪与酵母素调和发酵，成为猪舍“温床”。

70. 而潜规则，恰是腐败的温床。

71. 政府这些年一直致力于扫除贪腐现象，而各种“天价”商品似乎总在扮演贪腐温床的角色。

72. 能否拆除“老赖”耍赖的温床。(标题)

73. 必须铲除阿富汗塔利班武装，以避免阿再次成为庇护“基地”恐怖组织的温床。

74. 反腐败的根本着力点是改革和改变滋生腐败的体制温床，而不只是处置和惩罚个人。

75. 新兴市场将成并购“温床”。(标题)

76. 这种腐败赖以滋生的温床就是“小金库”。

77. 唐人街是老华侨的温床、新华侨的聚会所，也是美国人眼里的小中国。

78. 更须全民联手铲除培养“马路杀手”的落后社会文化土壤和畸形官场潜规则温床。

79、80. 失业、贫穷和腐败成为滋生恐怖主义的温床。

81. 搭建企业快速发展的温床。(标题)

82. 为避免空调使用后蒸发器残留水分而成为细菌滋生的“温床”，空调每次关机后利用压缩机的余热吹热风三分钟将蒸发器烘干，有效避免空调发霉的现象，也为呼吸健康多了一份保证。

83、84、86. 低俗信息不仅毒害人的心灵、涣散人的思想，而且侵蚀道德意识，已成为滋生不道德行为甚至是腐败的温床。

85. 学术成绩就和学术机构、学者个人的利益形成了复杂、紧密的联系，从而构成了形形色色学术失范行为的温床。

87. 一些社会结构比较脆弱的地区，比如非洲南部、中东、东南亚，气候变化所引发的各种危机将令当地政府更加无力，冲突发生的几率增大，为恐怖主义的滋生提供温床。

88. 农村的此类“人情债”令许多家庭不堪重负，公款吃喝更成为众人诟病的社会痼疾、腐败温床。

89. 这给投机提供了温床，出现了囤油待涨的情况，给市场造成一定影响。

90. 这种缺乏人文关怀的技术专政，不会生产社会和谐、催生社会稳定，只会滋生社会乖戾、催生社会不安；不会生产社会慈爱，只会生产社会仇恨，是群体性事件滋生的温床。

91. 河是江的母亲，江是河的后嫡，湖塘则是江河歇脚与蓄力的温床、准备远行的驿站。

92. 牙刷长期处于潮湿状态，是细菌病毒滋生的温床。

93. 金融危机在导致实体经济巨幅波动的同时，也为产业创新提供了温床。

94. 大规模杀伤性武器的扩散，“失败国家”成为恐怖主义、有组织犯罪等国际问题的温床……

95. 一时之间小小的牙刷成了细菌温床，对此专家指出，牙刷平时也要讲卫生，而且要三个月一换。

96. 当国企高管的责任与义务如此含混不清、权力又是如此之大并缺乏有效监督和约束时，其实恰恰已为“间谍门”的上演提供了最佳的温床。

97. 美国和俄罗斯的反恐专家认为，费尔干纳盆地正是“三股势力”的温床。

98. 由于种族较多，地区狭小，布亚、苏拉威西以及马鲁古地区成为分裂主义和恐怖主义的温床，政治暴力事件时有发生，给未来印尼的政治环境埋下了隐患。

99. 离开温床，在市场中杀出血路。

100. 时尚场所成毒品新温床。(标题)

101. 政审的确有其存在的意义和价值，但政审不能成为污名化和株连化的温床。

102. 对于教育界来说，则应逐步改变“考试决定一切”的机制，使教育真正从“应试型”向“素质型”转变，最终彻底铲除作弊产业化存在的“温床”。

103. 怕娱乐场所正是滋生贪污腐败的温床，让他们红着进去黑着出来。

104. 但是目前所普遍存在的政府对市场的过度干预，不仅损害了市场机制的正常发挥，而且成为腐败的温床。

105. 而在豪华车 Lambda 平台中，别克 Enclave、雪佛兰 Equinox、GMCTerrain 这些残余的美式情节将由此产生，它是 SUV、皮卡的温床。

106、108. 中国的传统文化，如何和现代化接轨，如何在现代文明的温床上焕发出新的生命力，是我们这代人没法回避的历史文化使命。

107. 2009 法网成冷门温床。(标题)

109. 经济低迷还为极端主义提供了“温床”，一些极右翼政党在选举中反对欧洲一体化、排斥外来移民，赢得了部分激进失业者和底层民众的支持。

110. 医院正是“超级细菌”产生的温床，因为那里使用抗生素频率与强度最大。

111. 在上海社保基金案中可以清晰地看到行政第一把手动用养老基金(企业年金)的绿色通道，以及在此“通道”周边形成的巨大腐败温床和公共陷阱。

112. 美国媒体就非常担心这些人的住地会成为滋生武装分子和极端分子的温床。

113、114. 只要政客需要钱，只要企业需要政客为其“代言”，制定有利企业谋利的政策，各种形式的政治捐款就会源源不断而来，并随着形势发展而花样翻新，掩人耳目，最终构成政治腐败的温床。

115. 对传染能力很强的甲型 H1N1 流感病毒来说，学校是绝佳的温床。

116. 这么多年，自己从未制造奇迹，却屡屡成为亚洲不入流球队爆冷的温床。

117. 市民阶层素质良莠不齐，文化教育水平较低，这客观上又成了大众文艺繁荣发展的温床。

118. 日本已经成为亚洲诈骗犯的温床。

119. 布朗在阿富汗明确指出，目前阿巴两国接壤的山区已成为滋生恐怖主义的“温床”，连接这些山区与世界许多大都市的“一条恐怖链”正在形成，扫除该地区的塔利班势力，就是确保英国街头的安全。

120. 而另一批从民间叙说温床里发掘民族、族群和个人生命轨迹的作品也引起兴奋聚焦，从《闯关东》《兰花花》到《走西口》《乔家大院》。

121. 西方社会中存在着滋生种族主义的温床，如失业率增加产生了排外情绪。

122、123. 像这样立足局部利益的改革，不仅令社会财富无端消耗，还很容易成为滋生腐败的温床。

124、125. 治本的办法是从陆地上铲除海盗滋生的温床。

126. 贫困是滋生恐怖主义的温床。

127. 公务员本来就是特殊身份，在特殊身份下利用职权做生意，肯定会造成不公平的竞争，甚至是滋生腐败的温床。

128. 这次危机的深刻教训就是过去长期宽松的货币政策成为滋生全球资产泡沫的温床。

129. 前审计长李金华曾将驻京办职能形容为“跑部钱进”、腐败温床。

130. 培育助理最肥沃的温床是全美各地的商学院。（然而全文语境中有负面义，http：//paper. people. com. cn/gjjrb/html/2009 - 04/13/content_231589. htm。）

131. 强烈的民族自豪感其实往往是民族主义的温床。

132. 当应该执行的政策被打折扣时，自然提供有心人士挑动敏感神经的温床。

133. 目前再出现雷曼兄弟公司倒闭后那种金融失控状况的可能性正在减少，但制造危机的温床依然存在。

134. 古往今来，钱、权、色的交易往往是相互交织的。这是政治腐败的温床。

135. 洗衣机在使用一段时间后，内、外桶的夹层部分都极易残留污垢，成为滋生细菌的温床。

136. 官方回应不仅加重了市场对未来预期的雾霭，同时也为创业板和股指期货谁将踏上头班车，孕育了争论温床。

137. 经过一轮去杠杆化和价格调整，金融市场“火烧连营”的能量已大幅降低，但是制造危机的温床依然存在。

138. 信息不畅是谣言和恐慌的温床，只有及时、公开、透明的报道，才能起到设置议题、引导舆论、以正视听的良好效果。

140. 经济萧条从来就是贸易保护主义孳生的温床。

141. 重复 137。

142. 重复 137。

143. 故异地交流在某种程度上为个别人的腐败和浪费行为提供了繁衍的温床，希望有效制止干部异地交流中的腐败、浪费现象。

144. “三假”企业成为走私温床。(标题)

145. 违规建房、住房超标准、收受礼金购物卡、投资入股谋利等问题查而不止，成为滋生腐败的温床。

146. 高考加分政策的确容易成为滋生腐败、引发教育不公的温床。

147. 暖风空调的散热片处温度和湿度适宜，加上冬季室内通风少，所以容易成为病菌生长的温床。

148. 而俄罗斯大学升学考试则由各高校命题，这为腐败提供了温床。

149. 大戈壁曾是嶙峋的怪石，在大海翻腾的时间里，天鸟将怪石孵化成卵石抖落在大浪淘沙的温床上。

150. 在自由市场经济推引下，金融资本的固有贪婪找到了自己的温床，出于其本性的追求，在社会需求严重不足的情况下，依靠所谓“金融创新”刺激消费，最终引发了这场全球性金融危机。

151. 因此在信托业发展之初，信托机构就极少开展真正意义上的信托业务，从一开始就脱离了信托本源业务，一系列深层次问题将不断显现，成为孕育风险的温床，信托业清理整顿将不可避免。

152. 筷子使用时间长了，表面会变得不光滑，容易留住杂质，为细菌的滋生提供温床。

153. 多年如一日的“卧槽”并非安于现状的温床，倘若不思进取，长期的“卧槽”，不但会丧失工作新鲜感，更会让自己的人际圈子变得狭窄，最终导致自身价值贬值。

154. 场面上的某些政治人物也随之起舞，台湾的确是滋生骗子的温床。

155. 用竹子和薄膜搭建简易温棚，用煤生火给温床供热，这种育秧法叫作“小火道温床育秧法”。

156. 一些女性新的生理特点相应出现，这为乳腺癌的发病提供了温床。

157. 如联合国的海洋法规定，要对海盗船发动攻击必须在公海或在某国管辖权之外进行，这就为索马里海盗行为提供温床。

158. 只有建立定期管道养护意识，才可避免管道成为病菌繁殖的温床，令家居生活更健康。

159. 作品专名，不计。

160. 从杯子中建立起来的所谓关系和感情，往往都是腐败和不正之风的温床。

161. 缺乏监管和制约的仲裁很容易变成“独裁”，为滋生腐败提供温床。

162. 战争总是极权专制的温床，一个时常要面对数倍乃至数十倍于己之敌的团体，必须要具有铁的纪律和绝对服从的习惯，才能保存自己。

163. 新加坡政府最早于 1996 年提出“电子商务温床计划”，又先后于 1998 年和 1999 年制定并通过了《电子交易法案》和《电子交易（认证机关）法规》，消除电子商务发展的安全障碍，并确保网上交易者获得全面、安全和高质量的服务。

164. 异国他乡的游子，那里可曾是你歇脚的驿站，栖息的温床?

165. “有组织犯罪”在墨西哥通常用来指称贩毒集团，米却肯州就是墨西哥毒品走私的温床之一。

166. 但实际上，山寨文化的始作俑者并非手机，MP3 市场才是其首张温床。

167. 政府官员从机关到国企高管的“平行位移”，既不能保证为国企选拔出优秀管理人才，也伤害社会公平，甚至成为腐败的温床。

168. 事务所经费一直被称为日本政治腐败的温床。

169. 如果酸性成分过多，就会变成酸性体质，成为多种疾病的温床（因为 70% 的疾病发生在酸性体质人身上）。

170. 恐慌止于信息公开，谣言止于信息畅通，信息不畅是谣言和恐慌的温床。

171. 强手过招往往是孕育新纪录的温床，难怪盖伊在赛前自信满满地表示："我的计划是在北京奥运会之前调整好状态，然后在奥运会上跑出 9 秒 69 的成绩。"

172. 当前全球经济处境艰难，金融市场持续动荡、国际油价高位震荡和粮食价格飞涨这三重打击为各国经济增长增加了严重的困难，也为贸易保护主义的抬头提供了温床。

173. 体育的起源可以追溯到远古，不过近代体育的温床却是在学校。

174. 印度仍然是区域内私募资本的温床，报告期内 119 个公司吸引了 15 亿美元的资金。

175. 作品专名，不计入。

176. 众所周知，自行车项目向来是产生兴奋剂的温床，尤其是环法，例子比比皆是。

177. 酷暑干旱为鼠患成灾提供了"温床"。

178. 加之 U 盘的广泛应用也为病毒的传播提供了温床……

179. 作为新疆，也不能一味躺在政策的温床上，还必须设法提高单位产值。

180. 毒品为塔利班提供了辎重给养，成为恐怖主义滋长的温床……

181、182. "潜规则"的社会温床是人情关系社会，要破除这些"潜规则"，就必须营造干部成长的良好环境，让干部在其中健康快乐地成长。

183. 越来越热的天气成为细菌滋生的温床，而手足口病的预防更离不开消毒除菌。

184、185. 专名不计入。

186. 法甲仍然保持着"冷门温床"的特色，当期前两个冷门均出自法甲。

187. 另外，婴幼儿配方奶粉与成人奶粉最大的区别就是营养丰富，蛋白质含量高，而丰富的蛋白质和营养是细菌生长和繁殖的温床，一旦奶粉储藏不当，导致细菌繁殖，很容易给孩子的成长带来危害。

188. 这些黑诊所的存在不仅是对人生命安全不负责任，并且为超生队伍非法引产提供了温床。

189. 耕翻土地，磨碎表土并混入腐熟的堆肥、粪肥或其他有机肥，将菜地土壤整理成上虚下实的温床。

190. 伊拉克则动乱不止，成为恐怖分子孳生的温床。

191. 所有看起来"不切实际"的新事物（如垃圾分类），并不缺乏培育的温床。

192. 如果中美双方在贸易领域存在一些问题长期无法解决，就可能成为“馊主意的温床”。

193. 而这些都是胆结石形成的良好“温床”。

194. 街边的墙上、电线杆、公交站牌同样是这类卡片的温床。家住三元桥附近某小区的一位老大爷告诉记者，在他每天早上去晨练的路上，也就是两站地的距离，隔不了两三天，他都会撕掉十几张乱贴的卖发票的卡片。这些卡片大多贴在路边墙上、公交站牌和电线杆上。

195. 一层一层的蘑菇温床整齐划一，沼渣和沼液被精细地施在温床上。

196. 高校评估成了烧钱游戏、腐败温床，说明此项措施要么过于“早产”，要么不符国情，有违教育规律。

197. 赌博成了行贿受贿的暗道，滋生腐败的温床，这是发明赌博的先人就是有个胆结石的胆子也是不敢想的。

198. 这里历来就是阿族分离主义者滋生的温床。

199. “天上掉馅饼”的侥幸心理，是犯罪分子实施网上“中奖”诈骗的温床。

200. 发行代币卡不但违反了我国现行的金融法规，而且作为代币购物卡使用已经成为滋生腐败的温床。

附录4 “信誓旦旦”人民网检索句例前200条

1. 从20世纪30年代以来，历届美国总统从罗斯福、杜鲁门，到肯尼迪、克林顿都曾信誓旦旦要实现全民医保，可无一不是以失败告终。1994年，克林顿及其妻子希拉里倡导的全民医保方案在国会难产。

2. 面对质疑，店主信誓旦旦，“这是韩国进口的，质量绝对没问题”。

3. 每到“3·15”，总会有人痛斥那些生产销售假冒伪劣产品的经营者，今年也不例外。这一回，发狠话的是中消协副秘书长、新闻发言人武高汉，他信誓旦旦地说，要让那些“黑心经营者”付出无法承受但又必须承受的代价，实现“从舅舅家赔到姥姥家”。（新华社3月14日）“从舅舅家赔到姥姥家”，把惩罚的力度上升到这一步，乍听起来很生动，又不乏狠劲。不过，这样的狠话消协这些年说得太多，现在只会让人麻木，甚至有些腻歪。

4. 《青团真理报》13 日的报道，"伊梅季"电视台在节目中称，"当天早上，南奥塞梯总统科科伊特被炸死。随后，俄罗斯总统梅德韦杰夫宣布，萨卡什维利是恐怖分子，必须将格鲁吉亚从现政权中解放出来。"在节目中，播音员信誓旦旦地表示："战争已经开始，俄罗斯的坦克已推进到首都第比利斯，政府和总统萨卡什维利开始疏散。"几分钟后，电视台又报道称："部分反对派支持俄军的入侵，格鲁吉亚总统萨卡什维利已被打死。"（原文标题：格电视台谎称"俄军入侵"引动荡，http：//192. 168. 13. 50/hqsbsj/html/2010 –03/15/content_ 466942. htm。）

5. 同一份车险保单渠道不同相差千元

因为小吴的车在他们那里购买的，享受的折扣也是最低的，经销商还信誓旦旦地保证，"在我这里直接投保，不但价格（据前补：4800）最低，如果车子以后真的出了什么问题，理赔、维修一条龙服务，让你省心又划算"。小吴心中盘算了一下，觉得还是有些贵。回家后，自己登录了经销商推荐的该车险公司的网站进……（原链接有补充：回家后，自己登录了经销商推荐的该车险公司的网站进行了投保，预算结果是在 4200 元左右。http：//paper. people. com. cn/jnsb/html/2010 –03/10/content_ 463109. htm）

6. 《报告》并没有对以上预测表示异议，它承认全球核电机组数量会增多，但核电占电力供应总量的比例很可能降低，这主要是因为出现其他费用更低廉、建设周期更短的替代能源。"某些国家的政府信誓旦旦说要将现有核电规模翻倍，实际上是很难实现的。要知道，（核电项目在正式运营发电前）规划、审批程序、建设以及试运行整个流程走下来，往往要用去十几年的时间。"

7. 以前儿子写作业总唉声叹气抱怨作业多，可昨晚他高兴地说作业很少，一会儿工夫就能写完。他向妈妈下决心："我在七点半前肯定能写完作业。"妈妈笑着问："如果到时你完不成咋办？"儿子信誓旦旦地下保证："如果到七点半还没写完，超过一分钟您就打我一巴掌。这样总行了吧？"妈妈忍俊不禁，加重语气问："真的吗？可别到时又反悔。"儿子瞅瞅妈妈严肃的样儿，又立马重新认真合计了一下，继而回答："您想，这能是真的吗？"

8. 出席听证会的表态"感到遗憾"。直岛正行也强调："最好是由社长直接应对。"他称"重要的是不要使其发展成日美之间的政治问题"，认为有必要冷静地予以应对。事实上，就在两天前的2月17日，丰田章男还向媒体信誓旦旦地表示，非常信任在北美的经营团队，因此不准备出席美国众议院的听证会。丰田章男的表态犹如火上浇油，在美国引起强烈反响。（标题：丰田总裁被迫同意赴美听证，http：//192.168.13.50/hqsbsj/html/2010－02/20/content_451269.htm。）

9. 对于冬奥会来说，雪情如何至关重要，国际奥委会每次选择东道主时，气候状况总是申办国家信誓旦旦打了保票的，温哥华更有滑雪胜地的美誉，应当不成问题。可是，每到冬奥会临近，常有老天爷不给劲的事情，今年又让温哥华赶上了。

10. 赛前几天信誓旦旦要赢日本队的高家军遭遇伤病袭击，除黄博文受伤无缘本场比赛外，荣昊的伤势反复也让教练组揪心……这给高洪波排兵布阵带来困难。

11. ……“‘小兄弟’会争先恐后地给你送钱、送礼、送女人，与你打得火热，让你陶醉在灯红酒绿之中，还信誓旦旦地保证‘天知地知，你知我知’‘打死也不说’。一旦把你‘套牢’，便原形毕露。”人民论坛网网友留言表示。

12. 汉语系的学生虽然寥寥数十人，但已经有了荣誉感，校学生会换届选举的时候，他们信誓旦旦，“等明年我们上大二，校学生会里就有能说汉语的同学了”……所有这一切的背后，是国家汉办的大力支持，是中国驻约旦大使馆的不懈努力，而更深远的背后，是祖国日益扩大的影响力和中华文化绵长深远的辐射力！

13. 华尔街：打得一手好“擦边球”（标题）

银行和证券公司信誓旦旦地要严限薪酬，但他们正在使用其他财务补贴办法来缓和员工承受的损失。美国银行和花旗集团分发某些以股票形式发放的奖金，其流动性接近于现金，数月之内就可以卖掉，禁售期远低于一般要求。高盛集团、摩根士丹利和苏格兰皇家银行等其他银行巨头，则允许某些员工从本行获得贷款来缓解个人的现金紧张问题。

14. 反对任何形式的贸易与投资保护主义已成国际社会共识。然而，一段时间以来，一些国家，尤其是一些发达国家口头上信誓旦旦，表示坚决反对保护主义，但在行动上或多或少地行保护主义之实。

15. 这些特异功能者信誓旦旦地说，他们可以协助解决一系列棘手问题，诸如：搜寻失踪舰船和飞机、预防各类非常事件等等。

16. 由于缺乏系统化、制度化的监督力量，会上信誓旦旦的承诺，可能会后就被抛到九霄云外。“那时，圆桌会议的协商结果很可能只是一个可有可无的参考，最终挫伤公众的参与热情，使圆桌会议难以为继。”

17. 罗伊曾参加了奥巴马就职的游行，如今她失望地称，美国黑人的处境有退步而无进步，因为他们要的不只是一个黑人总统，而是更好的学校和工作，是减少在阿富汗的伤亡，更低的税赋和更少的监狱囚犯。这些奥巴马一年前都曾信誓旦旦许诺过，但如今并未做到。

18. 蔡红兵说：“永远不要相信市场上所谓的消息，那十之八九都是陷阱。”去年11月，有人信誓旦旦地告诉他某只股票有机会。搁以前，他对这类消息总会嗤之以鼻，但那次他竟鬼使神差般地信了。杀入后立马觉得情况不对，但大错已成，最后不得不忍痛“割肉”，成为他去年最大的败笔。

19. 现在离婚的不少啊，拿着离婚证想到当日的信誓旦旦，不是很揪心么？

20. ……儿子非常虚心地点点头，信誓旦旦地下了决心：“爸，您就瞧好吧，从今儿开始我一定多干活。”顿了顿，儿子赶紧补充道：“不过，在我大显身手之前，请老爸您先顺手倒杯蜂蜜水给我端过来，再顺手给我削个大苹果，您离开时请您顺手给我带上门。谢谢！”

21. 如果承诺时信誓旦旦，践诺时却敷衍应付，使郑重的承诺变成了“沉诺”，变成了“应景”“作秀”，那就会严重损害党的形象和政府的公信力，严重挫伤广大干部群众的热情和信心。

22. 总统萨科奇6日在法国西部城市绍莱发表讲话时也信誓旦旦地表示，碳税法案不会对法国工业包括钢铁和电力行业造成不利的负担。萨科奇说：“我必须寻求一种平衡。我并非有意帮助法国的竞争对手，并不是说就不让法国生产更多的钢铁。”（补充间隔三段“法国企业界也抗议说，碳税的增设将损害其国际竞争力，不利于企业未来发展”，http://paper.people.com.cn/zgnyb/html/2010-01/11/content_423814.htm。）

23. 2009年5月，阿富汗曾发现多名被白磷弹烧伤的平民，但交火的美国和塔利班都否认曾使用过白磷弹。驻阿美军发言人格雷格·朱利安上校曾信誓旦旦地称，美军既没有在作战中把白磷弹当武器用，也不会使用白磷弹标记目标，他当时表示，不排除塔利班使用白磷弹的可能性。（标题：美在阿使用白磷弹，http://192.168.13.50/hqsbsj/html/2010-01/

11/content_ 423782. htm。)

24. 此前，金隅虽然不敌山东，但打法、轮换阵容基本成型，赛前队员就信誓旦旦要拿下此战。

25. 记得去年 7 月中旬，黄庆抄袭博士论文一事见诸报端，西南交大校长陈春阳曾对媒体信誓旦旦地说，“预计两个月之内将有最终结果”。事实上两个月后没有出现结果，半年快要过去，媒体才意外发现“结果”，而结果让人丈二和尚摸不着头脑。

26. 这本是类似于电影《2012》一般的无稽猜想，然而你可能无法想象，在网络上究竟有多少人对此心驰神往、信誓旦旦甚至趋之若鹜。

27、30. 30 岁的麦迪是 2004 年从魔术交易到火箭的，他刚来火箭时，曾信誓旦旦表示，要为休斯敦市带来巨变并让火箭多拿冠军；可时至今日他离开火箭时，他的誓言成了一纸空文。

28、29. 吕明信誓旦旦地表达了戒毒的决心，说到动情处，他哭了。对毒品几乎一无所知的小奇并没有意识到这有多严重，而且经过一段时间的接触，她觉得吕明很善良，讲义气，于是他们在 2009 年初便结了婚。吕明婚前的戒毒并没有成功……

31. 至于销量，陈坤信誓旦旦地说：“如果这张专辑不大卖，那我以后真的不敢再唱歌了。”

32. “现在我甚至不干有违法嫌疑的事”，德曼贾诺维奇信誓旦旦地说：“现在我公司几乎所有的业务都与美国五角大楼有关，除了为驻伊拉克和阿富汗美军运输武器弹药，还运包括建材和香烟在内的战后重建以及娱乐消费用品。”（标题：塞族军火商“黑白通吃”，http：//192. 168. 13. 50/hqsbsj/html/2009 -12/25/content_ 412584. htm。)

33. 判断对于这些指控，艾哈迈德一概否认，称它们都是哥哥的对手“泼的政治脏水”。他还信誓旦旦地说：“我在美国生活了 10 年，其间只因为超速吃过两张罚单，我一直是个规规矩矩的良民。”

34. 再看某些名人，代言之时，兴致勃勃，热情高涨，不问青红皂白，什么话都说，言之凿凿，信誓旦旦，并不虑及后果；被揭出问题，却首先解脱自身，辩说自己无辜，甚至把自己打扮成“受害者”。先不论法律责任，仅从道德良心说，虚假代言就是欺骗，能说无辜吗？

35. 网友“原上草”感言，从不到一个月前官员的信誓旦旦，到今天谭书记的表现，再回想其间的种种变化，可以清晰地看到政府在态度上的进步。（判定参见原文链接上下文，http：//paper. people. com. cn/jhsb/html/2009－12/21/content_ 409829. htm。）

36. 他们两人信誓旦旦，如果这部电影被观众和市场认可，两人会拍摄《风云3》。

37. 也有卖主信誓旦旦地表示："放心，都是真货。我们从厂家直接拿货，所以卖得便宜。"……（原文标题：当海宝遭遇"山寨"原链接隔三段后有：于是，记者拿出先前在地铁口购买的商品向营业员咨询。该营业员表示："肯定是假的，都是小厂家生产的。"http：//paper. people. com. cn/gjjrb/html/2009－12/02/content_ 395461. htm。）

38. ……"劳模"赛前就曾信誓旦旦地表示，自己要终止对费天王的7年连败，不过这样的表态仅被当作口舌之快……（标题：劳模七年终胜天王，http：//paper. people. com. cn/jhsb/html/2009－11/30/content_394431. htm。）

39. ……在信的结尾，他信誓旦旦："我，哈维·布鲁德斯奇对天发誓，任何阿尔特·布赫瓦尔德寄给我的东西（即毕加索的签名），我绝不会卖掉或送给除了格鲁亚·西格尔以外的任何人。"

40. 伟哥寻求江湖郎中的帮助，此时"大力神"三个字映入眼帘，郎中拿出一个药瓶信誓旦旦地说，"一般的病这些药都能治，像你这个病就得靠它，绝对好使。"只三两句话功夫，伟哥就掏出了一百元。此时一位路人对郎中说："神医你还坐轮椅，骗子！"

41. 一周后再对黎巴嫩队，国足和球迷都对这场球充满期待，并且信誓旦旦表示要以精彩的表现，狂胜对手不在话下，也不知道几个球能挡得住……（原文隔段补充：面对像黎巴嫩队这样的鱼腩球队，国足打得畏首畏尾、萎靡不振、不思进取、毫无激情……网民皖桐说："国足再困难我都支持他们，但这场球让我太压抑、太生气。那是国足吗？和校队差不多。没组织、没控球、没配合、没目标。"）

42. 就在鲍尔森和其他人做空这些投资产品的时候，华尔街的资深分析师们还信誓旦旦地为其安全性打包票。

43. 与信誓旦旦的瓜帅相比，穆里尼奥这次则急着给比赛降温，"我早说了，这不是一场生死战。打基辅是生死战，我们只要输了就出局，但这场不是。"

44. 在互联网上用"瑞士制造"的英文搜索，会搜出许许多多网站低价销售仿制瑞士钟表，并且还信誓旦旦地称这些多数"中国制造"的假表跟“瑞士制造”质量相当……

45. 谈到今后的发展，谢航信誓旦旦，连锁、加盟是以后的奋斗目标，“这家店相当于我们的样板店……”

46. 高中时与她一起参加美术培训并且信誓旦旦非中央美院、清华美院不去的同学，现在大多数在普通院校待着。

47. 一些明星做代言人的信誓旦旦的虚假广告，一些专家指天画地推荐的产品，包括保健药品、保健器具，一些学者天花乱坠吹捧的作品，不就是把鱼目说成珍珠吗？

48. 从 2005 年开始，三度驾临上海滩的伍兹始终无缘沪上捧杯。本届比赛的冠军奖杯和 120 万美元奖金落入伍兹的老对手米克尔森手中。决赛轮之前，落后米克尔森两杆、排在第二的伍兹还信誓旦旦地表示，要在决赛轮扳回劣势。

49. 一所新成立大学的校长曾信誓旦旦地表示，他的大学只需个把教师就能正常运行……而更多媒体则质疑说，大学本应是培养学生综合素质，实现个人全面发展的机构，一个没有充足师资力量和多功能教室的大学如何为学生的全面发展提供软、硬件保障？

50. ……全场观众信誓旦旦，高喊“就现在，白回来！”，旁氏携手阮经天与大家一起“就现在，白回来”！

51. 奥巴马一年前信誓旦旦地要人们相信“可以改变一切”，可一年后却说“有些事很难改变”。

52. 当然前提是，农夫山泉得把我的一分钱捐出去，而不是藏起来。而事实是，这个“农夫”的确不厚道。7 年来，广告中信誓旦旦“喝一瓶水，捐一分钱”，实际只搞了三个月，其中至少 4 个月瓶装水的销售收入去向不明……

53. 他不会积极招聘由于接受联邦救助而遭受限薪的竞争对手企业中的优秀员工。华尔街高管频繁流动。显然，只有像摩根大通这样无债一身轻的大型金融机构才能够放出这等豪言壮语。不过，这样的信誓旦旦却未能阻止华尔街高管人才的频繁流动，也无法避免像摩根大通、高盛、摩根士丹利这样的“优等生”向“次等生”“挖墙脚”。

54. 尽管这一份《意见》信誓旦旦地表示“各镇街、各部门不得阻挠记者采访，造成恶劣影响的将‘坚决追究责任’”，但我总以为，要一个地方如何保证媒体权利和新闻自由，不是看它发出了哪些口号，更重要的是看它采取的具体措施能否起到实效。

55. 赛前还信誓旦旦要全力以赴拼林丹，鲍春来在上场之后就完全失去了方寸。

56. 儿子信誓旦旦地说：“不用检查。”我一看他这么自信，就问：“那我要是检查出一道错题怎么办？”儿子满不在乎地说：“检查出来就改正呗。”……

57. “爸，我的愿望就是长大后做个最出色的爸爸，不能做什么东西老是中看不中用，不然到时候在我儿子面前抬不起头，那该多没面子啊。”儿子信誓旦旦地说。（无后续句）

58. 人人皆知“坚持数年，必有好处”的浅显道理，可真要坚持，不在信誓旦旦，而在扎扎实实。

59. 随后邦苏信誓旦旦地表示：“我现在要用比赛证明自己，我每次出场都要全力以赴，打出最高的激情，打出最高的能量。”（无后续句）

60. 当时他想着拉几个同事、朋友一块干。可是，原先信誓旦旦支持他创业的同事、朋友，到这个时候都打了退堂鼓。

61. 昔日信誓旦旦的约定即便言犹在耳，也早就变得一文不值。

62. 当国际原油去年夏天触及 147 美元一桶的历史高价时，俄罗斯坐拥美元并信誓旦旦要重塑世界秩序。而今，原油价格已被拦腰折断，经济萧条，俄罗斯政府承认已经走进“死胡同”。

63. 他同时信誓旦旦地表示，这一议案无论是现在还是将来，都不会为政府的财政赤字再增加哪怕 10 美分……

64. ……而且给人最大的印象，几乎是一张很标准的网络歌手唱片，谈情说爱又信誓旦旦。

65. 临出门，老爸信誓旦旦地对我们说：“晚上我给你们添道菜，红烧鱼啊。”（……间隔六句）老爸哼道：“等下回吧？怎么？……”

66. 还有哪位明星的婚姻在潜伏？还有哪句信誓旦旦的保证值得粉丝信任？

67. 而早前英国首相布朗也曾信誓旦旦地说，会在圣诞节前开始从阿富汗撤军。英国《新政治家》的评论说，如果等到圣诞节，英军只会从阿富汗运回更多尸骨。面对英国民间的一片哗然之声，英国驻阿富汗大使马克·赛德维尔接受媒体采访时称，他不回避英军……

68. 在竞选总统时，他曾信誓旦旦向美国人及其妻子保证戒烟，可是在今年6月22日签署烟草业管制后的记者招待会上，他承认自己偶尔还是会抽上一两支。

69. 但是报道中，在会议通知、代收费用等环节，我们都看到了公安民警忙碌的身影，其俨然变成了会务人员，令人费解。而信誓旦旦称组织会议的回收公司，作为与“破烂王”们一样的独立法人企业，只要没有公安等执法部门授权，是端的没有这种组织业内开会并收费的权力的。

70. 王玉云于2007年被台湾高等法院依背信等罪判刑定谳，抗告成功法官裁定暂缓执行，他信誓旦旦“不会落跑”，但随即人间蒸发不知去向。

71. 乌鲁木齐“7·5”事件发生后，达赖喇嘛在接受BBC中文网记者采访时，信誓旦旦地宣称：“不管怎么说，我认为这事件清楚表明（中国）近60年来的民族政策是个失败。中国是这样，当年的苏联也是一样。”历史事实：这完全是一种歪曲……

72. 理由是该处商铺是其他第三者具有优先购买权的房屋，而该第三者已经明确表示不放弃优先购买权。听到这话，张女士不解：开发商怎么出尔反尔了？“有关那个‘优先购买权’的事，之前自己就有所耳闻，但开发商方面曾信誓旦旦地称由于对方嫌价格高已经放弃了优先购买权，我才来签订协议。”张女士说，当初开发商开价时她一分钱都没有还，现在想来开发商这样做，肯定有不可告人的目的，自己无意中被开发商利用了，成了开发商的“房托”！

73. 赌徒借钱再赌，一般信誓旦旦说肯定能翻本。

74. 王某某信誓旦旦地表示：“如果办不成，‘咨询费’我全额退款！”（暗访王某某）“我只帮班主任推荐的学生”现场有4位同学交钱签了协议。小健心中疑问重重，没有签这个协议。最让他觉得“神秘”的是，王某某反复强调……

75. 在宋祖德的5篇博文和刘信达的4篇博文里，两被告称谢晋是因风流而死，谢与刘晓庆有私生子，而且信誓旦旦地说谢导死因是刘信达“亲耳所闻”、私生子是其亲眼所见且有照片和证人。此外，两人在接受媒体采访时还公开宣扬诽谤内容。

76. 4年前他接受当地媒体采访时还信誓旦旦，“如果求婚得不到答复，将永远单身”……

77. 此次回到申花主场，两队将再度安排垫场赛。朱骏信誓旦旦地说：“这次我们要双赢。”

78. 英国《金融时报》5 日报道称，随着美国财政赤字的不断上升，作为美国最大债主的中国已经掉入“美元陷阱”中。尽管在不久前举行的中美战略与经济对话中，美方曾信誓旦旦地承诺，要保持美元汇率稳定，确保中国美元资产安全，但美国的巨额赤字、庞大国债规模，势必对美元汇率构成重大杀伤。

79. 尽管前期管理层信誓旦旦地发出了众多积极信号，包括保持宽松的货币政策和积极财政政策、密集发行新基金等，但近期随着 A 股股指的攀升，且对流动性“副作用”的担忧，管理层政策开始出现微妙变化。

80. 当记者说需要皮肤科主任庄国康的号时，她马上提价，400 元。她还要求把身份证信息以短信形式提供给她。她信誓旦旦地说，肯定能挂上，挂不上不用交钱。其实，据记者了解，庄国康这段时间正在休假。

81. 要说特点，就是中超没有强队，那些此前信誓旦旦要夺冠的球队如今都哑了火。

82. 早在 18 个月之前，怀特岛的地方官员便信誓旦旦地宣称，他们已经制定了详细规划，怀特岛将成为英伦三岛乃至全球首个“绿色生态岛”，这里的全部电力供应将来自可再生能源……这样的设想并非空中楼阁，因为怀特岛拥有维斯塔斯风能涡轮机工厂……前有图片与说明（图为英国民众聚集在英国能源与环境变化部大门外抗议政府对维斯塔斯工厂关闭“无动于衷”。图中英文意为“答案正随风而逝”“信誓旦旦”出现段间隔十个自然段后有补充）。在此背景之下，工厂关闭事件令政府肩负的舆论压力倍增，英国能源与环境变化部大门外的抗议人群络绎不绝，甚至有激进环保主义者在策划大规模游行，能源与气候变化大臣米利班德也成为民众攻击的焦点。媒体方面的反应也相当激烈，英国《卫报》已连续刊发了 9 篇与维斯塔斯风能涡轮工厂关闭相关的新闻报道，大多在指责英国政府“言行不一”。（http：//paper. people. com. cn/zgnyb/html/2009 - 08/03/content_ 310647. htm。）

83. 而“碳关税”之罪，其实质在于贸易保护，尽管 G20 峰会上，各国信誓旦旦抵制贸易保护主义，但面对国内经济衰退与失业率上升的压力，许多国家纷纷弃甲投降。这一次，美国的做法也实在露骨。

84. 然而，在相关领导找他谈话时，他一边信誓旦旦地向组织表白清廉，一边毫不收敛地顶风作案：有人在此时送其 30 万美元和 20 万元人民币时，徐国元照样“笑纳”。

85. 在这一许诺落空后，贝卢斯科尼又信誓旦旦地向达达里奥许诺，他将提名并全力推举她担任欧洲议会的议员。达达里奥称，比起工程项目，她显然对进军政界更有兴趣，可惜的是，贝卢斯科尼向她开出的是空头支票，她竞选议员的美梦也从此破灭。

86. 警觉性不高、防范能力不足，以及轻信金建军信誓旦旦的"无效退款"承诺固然是受害人受骗的直接原因，但是群众热衷于通过拉关系、走后门满足非正常需求的现象，应当引起足够重视。

87. 尽管各家银行信誓旦旦要严控二套房贷，但记者从一些楼盘销售部门那里还是看出了一些别样的门道。海德北岸等一些楼盘销售人员告诉记者，各家银行针对二套房还是有商量的余地，只要客户是公务员或教师等"铁饭碗"，银行不担心有断供的危险……

88. 不过奥巴马总统并非唯一一个"夸下海口"的人，英国首相戈登·布朗在一次主题为"哥本哈根路线图"（Roadmap to Copenhagen）的演讲中，同样信誓旦旦地承诺，英国将成为全球减排大军的"领军人物"。布朗首相为大家描绘了一幅迷人的"减排路线图"，甚至为自己的国家立下了超越"京都议定书"减排指标的远大目标。不幸的是，斯德哥尔摩环境研究所（SEI）近期公布的一些数据……（原文链接补充："恐怕会令布朗尴尬不已，这份报告对当前英国的整体减排水平提出质疑"。http：//paper. people. com. cn/zgnyb/html/2009 - 07/20/content_ 299508. htm。）

89. 裕兴房产汉中门店的另一位房产经纪人还信誓旦旦地向记者担保，在买下"张公馆"后，新房主可以进行任意装修，不受限制，并且可以给新房主一份新的经过国家审核的房产证明。（原文链接间隔六个自然段补充"《南京市重要近现代建筑和近现代建筑风貌区保护条例》则规定，重要近现代建筑和风貌区内的建筑不得擅自拆除和迁移，不得擅自改变重要建筑和风貌区内的建筑立面、门头、树木、喷泉、雕塑等。如果有改变或者损坏行为，将责令其改正或修缮……" http：//paper. people. com. cn/jnsb/html/2009 - 07/15/content_ 295984. htm。）

90. 一方虽然知道，根本没有合法产权，但是他们压根儿就不要产权，将法律保护弃之不要；另一方信誓旦旦，但根本无权签约卖地，但是他们原本就有恃无恐，也将国法党纪弃之不理。

91. 二、环保谜团……回想因拍摄《无极》破坏环境而为人诟病的经历，陈凯歌虽然信誓旦旦这次会"非常环保"，但他也还需要搞清楚：这个水库并不是废弃的，当地还需要它在农业生产上发挥作用，否则老百姓可不答应。（前一个自然段有“然而在采访后，记者仍有几个谜团在心中挥之不去”。http：//paper. people. com. cn/rmrbhwb/html/2009 – 07/10/content _ 292967. htm。）

92. 还有人认为，严格的制度也未必能吓住投机者，巨大的利益会吸引他们下更大的赌注，“而且所有的制度都一样，一开始信誓旦旦，最后都成了官样文章”。

93. 她在保外就医前信誓旦旦地说以后不会从事危害国家安全的活动，近年来一系列事实证明，她完全是在欺骗世人。

94. 然而它缺少类似 GDP 这样的量化指标，很容易流于形式——嘴上是主义，私下成了生意，有些人在公开场合信誓旦旦反贪反腐，一转身却对卖官鬻爵之类弊事乐此不疲。

95. 这么明显而关键的区别，为何许洋在当初签订合同时却丝毫没有发现、没有提出疑问？对此，许洋解释说，在古今通宝的信誓旦旦下，当时她对古今通宝已经采取了完全信任的态度。“而且他们的业务员游说得太厉害了，简直由不得我不信。”（前有“记者看到，在古今通宝‘全托管’收费标准的备注栏，的确写着‘一经选中，保证拍出’字样，但这一条在其随后签订的托管合同中却并没有体现”。（http：//paper. people. com. cn/zgjjzk/html/2009 –06/29/content_ 285461. htm。）

96. 仅词条列举。

97. 郭某信誓旦旦地说，事发当天，那位朋友来到新华百货商场买购物卡，并在拿到工作人员开出的收银票据后，径直来到了商场 3 楼的卫生间里，将收银票据交给郭某。（原文链接间隔两个句子一个自然段后有“派出所民警尹滨在查看郭某的讯问笔录时发现，在签字确认自己交代的内容时，只有小学文化水平的郭某把名字写得大小不一，歪歪扭扭，与那份收银单据上工整的签名差别很大。民警随即来到新华百货商场，调取了案发当天的监控录像，终于发现了蛛丝马迹……如果不是发现监控中这个细节，可能这个收银员永远不会浮出水面”。http：//paper. people. com. cn/jhsb/html/2009 –06/23/content_ 281010. htm。）

98. 5 年前的西班牙大选，工人社会党（简称“工社党”）候选人萨帕特罗曾信誓旦旦地向选民保证，如果工社党成功胜出，一定会按时关闭国内服役期达到 40 年的核电站。现在，兑现这个政治承诺的时刻到了，这时候萨帕特罗才发现，他给自己出了一道难题。

99. ……尽管如此，殷志学还是信誓旦旦：“为维护自己的合法权益，我会坚持到底!”

100. 与以往不同，此次民众意见主要集中于“相关部门说话不算数”——调价前3天相关部门还信誓旦旦地表示“近期不会上调油价”，没想到所谓“近期”仅仅是3天时间，这让许多民众产生了上当受骗的感觉。

101. 对阵曼联之前，伊布曾信誓旦旦地表示，自己会让C罗看看，谁才是最好的球员。但在180分钟较量中，伊布再度颗粒无收，C罗却为曼联打进一球。

102. 梅西信誓旦旦：“我们要创造历史。”

103. 无法链接确定。为此，默多克致信班氏家族，信誓旦旦表示，收购后不会干涉采编。双方签订编务独立协议，默多克同意组建拥有5名成员的特别委员会，确保道琼斯出版物及服务继续保持公正性及独立性。

104. 当时的一个乡领导为了稳定民心，拍着胸脯信誓旦旦地向百姓保证，“请大家放心，绝不会决堤，大水要是真的来了，我把它全喝掉!”9月24日，堰塞湖水位冲破警戒线，洪水倾泻而下，乡民们纷纷上山逃命，财产损失严重。

105. 以往，这样的决心不知下过多少回，信誓旦旦、言之凿凿，从主管部门到社会各界，有表态承诺的，有解囊资助的，好像从此就要踏上正确的发展道路。后来呢，“里程碑”竖了一座又一座，当年的孩子长大了，足球水平还不如父兄时代，中国足球的国际排位直跌到100……

106. ……学校灌输金钱文化，帮助未来的企业管理硕士把心态调整为找工作模式，先是一封洋洋洒洒的入学许可信，信誓旦旦地向企管硕士保证他们将成为学术精英的一分子……（标题“华尔街的猴戏”前面间隔三个自然段有“次贷风暴、世界金融海啸为什么会发生？看《华尔街的猴戏——闯荡华尔街的金融丛林》就知道这群华尔街的猴子们是怎么搞垮世界经济的”。http：//paper. people. com. cn/gjjrb/html/2009－04/13/content_ 231589. htm。）

107. 每次回国之前，先生总要信誓旦旦地对我说：“回去后一定带你尝遍各种各样好吃的，每天早上都要有豆浆油条!”

108. 凡有人来探望，将军必问：“政治上犯错误没有？经济上多吃多占没有？生活上和老婆离婚没有?”很多人被问得信誓旦旦，也有些人被问得面红耳赤，场面显得非常尴尬。

109. 民进党“立委”蔡煌琅称，当初“国防部”信誓旦旦要派军舰护渔，现在却连一条小艇也派不出海港。

110. 杨小姐在电话那头则信誓旦旦地说：“只是旅游，没有推销。”（原文标题“康元堂多套‘马甲’专骗老人”，“信誓旦旦”间隔一句下一自然段有“谁知上车后，老人手中的活动通知单被一一收走，这让魏女士顿感蹊跷。果然，旅游车拉着100多位老人去江宁区九龙湖看了20多分钟，就直接来到天佳宾馆，开始推销他们的保健品。”http：//paper. people. com. cn/jnsb/html/2009 - 04/07/content_ 227197. htm。）

111. 有一个持宝人信誓旦旦，说他的宝贝来源明确，必真无疑。我在万般无奈的情况下，做了如下比喻：你身边碰不见一两个癌症患者，可我这是肿瘤医院，来就诊的十有八九都难逃厄运……（原文间隔两个自然段前有“但也有少数人不谙此道，以为编造一段谎言就可以弄假成真。这在我看来有些可笑，尤其对病入膏肓者，我的客气只是不当面揭穿，回避难堪。” http：//paper. people. com. cn/rmrbhwb/html/2009 - 04/06/content _ 226895. htm。）

112. ……史建和他们面对英烈，信誓旦旦：“在这片鲜血浸染过的土地上，我们作为烈士的子孙们不能、也不敢忘记那段可歌可泣的历史。……”

113. 同事小芳让我陪她去逛超市，边逛边信誓旦旦地说，她已经下定决心要减肥了……我听了心里不由得暗笑，这个家伙意志极不坚定，每年都会立几次志说减肥，可终因抵抗不了美食的诱惑而告夭折，这次的计划不知道又能坚持几天……

114. 听了老婆信誓旦旦的保证，我开始津津有味地讲起来……

115. 对于自己的形象，他们很费心地做了一番“包装”：煞有介事抛出所谓的“新本土论述”，信誓旦旦做出“不撕裂族群”的承诺，声称要带领民进党走出一条“以新本土观捍卫台湾”的“新路”。（后面的五个自然段都是对其行为与誓言不一的说明，其中间隔一个自然段有“不择手段做尽‘乱台’之事”。http：//paper. people. com. cn/rmrbhwb/html/2009 - 03/30/content_ 222176. htm。）

116. （达赖集团）信誓旦旦地保证“绝对没有在藏汉民族间制造矛盾的图谋”，可随后就大肆造谣藏人“感受到汉人难以形容的歧视”，“西藏民族在境内如同判了死刑的囚徒”……

117. 与 120 重复。

118. 当记者表示质疑时，这名男子信誓旦旦地称，肯定不会有问题，“我们会和您签合同的”。对此，国旅法务处主任李彪表示，以广告上所说的长城经济专线为例，11 个景点每人只收 150 元，实际上连门票钱都不够，“门票至少也要 300 元，更不用说其他费用了……”。

119. ……而几乎同时，郑永刚信誓旦旦称 2010 年“杉杉系”要有 8 家上市公司（现有杉杉股份和中科英华两家上市公司）。

120. 对经济全球化得失的反思，将导致欧洲大陆贸易保护主义“回潮”。随着欧洲大国相继注资银行、出台刺激经济计划，民间要求“肥水不流外人田”的呼声提高。尽管欧洲政治家们还在信誓旦旦地高呼反对贸易保护主义，但实际形势正悄悄发生变化。最近，法国鼓励企业采购本国产品、德国出台限制外资并购本国企业措施等，都让人担忧贸易保护主义阴云正在欧洲的上空重现。

121. 此刻，在银行如何挥霍纳税人的钱这件事上，政府已经无法化解公众的任何疑问……这就是说，奥巴马过去还信誓旦旦说他的经济团队一清二白，现在却承认自己的经济目标已经过分受制于华尔街。

122. 想不到老婆竟然把我引荐了出去。老师跟我一样表现出不可思议：“这课程都进行一半了，他跟得上吗?”老婆信誓旦旦地说：“这您放心，他在家一直给我当陪练，前面课程他一天没落下。好了，快上课了，我先走了。”（誓言内容与原文前边的介绍不一。http：//paper. people. com. cn/jhsb/html/2009 -03/22/content_ 216495. htm。）

123. 上次被帕克完爆的布鲁克斯也信誓旦旦地说：“我从上一场比赛中学到了如何去防守一位明星后卫。我喜欢和最好的对手过招，下一场我要尽力控制住帕克的突破。”

124. “要赶走世世代代在那里生活的其他民族的中国人，这样的人是一个宗教人士吗?”远在印度达兰萨拉的达赖仿佛受到天大冤枉，3 月 10 日在所谓“纪念西藏起义 50 周年”记者招待会上信誓旦旦地宣称“我从来没说过解放军应该撤出西藏”……

125. 他还信誓旦旦地表示：“我们非常尊重《纽约邮报》的读者，我向你们保证，我们今后将十分注意敏感问题。”作为一个“传媒大王”，默多克不可能不知道，在这么敏感的时期，刊登一幅影射奥巴马的漫画，会有多么严重的后果。（原文链接有“很多人认为，此事实际上是默多克玩的一个‘阴谋’，目的是吸引读者注意，提高报纸的销量。事实上，这并非默多克第一次拿奥巴马吸引眼球”。http：//paper. people. com. cn/hqrw/html/2009 -03/20/content_ 265743. htm。)

126. 就在布特被擒前，他还信誓旦旦地说，他可以出售导弹、冲锋枪、战斗机，甚至培训武装人员。

127. “‘老西藏’根本不是什么达赖喇嘛及其西方追随者信誓旦旦的‘安宁祥和的社会’”。“当时占统治地位的喇嘛阶级，在一个由遍及各处的寺院堡垒交织成的网络帮助下，残酷地剥削着这片土地及人民”（德国高登纳）。

128. AIG 奖金风波仿佛一部拙劣的美国肥皂剧：该公司一边信誓旦旦保证削减开支、不浪费纳税人 1700 多亿美元中的一分一毫；一边默默地为公司高管发放总额高达 1.65 亿美元的奖金。更富戏剧性的是，这还是去年公司赶在“不行”前紧急划出的“小金库”，颇让人见识到了美国金融家们的“警觉性”和“忧患意识”。

129. “预约人员信誓旦旦地保证，他们有正规的检测中心，各种检查样本会及时稳妥地送到那里，让我对结果放心。没想到，选择这家体检中心等于选择了一场噩梦。”

130. 而葡萄牙人赛前信誓旦旦要脱下包袱捍卫荣誉，开场后就成了扔掉荣誉扛上包袱。

131. ……“明年一定补上。”她信誓旦旦地说。

132. 也有媒体证实，的确曾有女子对着电视台的摄像镜头信誓旦旦地“警告”世人，不要试图破坏他们和谐的关系，若有人胆敢对她们的“救世主”不利，她们会集体自杀以示抗议。就在最近，瑞松的一名妻子就因试图自杀而被送往医院。被救醒后，她回忆说只记得自己服用了大量抗抑郁药……

133. 他卖出的第一批假冒“湾仔码头”一共 26 箱，以 128 元进货，再以每箱 172 元的价格卖给石景山区一个二级批发商，净赚 1144 元。“放心吧，保证是真的。”每一次，刘曼总是信誓旦旦地向客户拍着胸脯保证。

134. 卖甘蔗的人说：“不甜不要钱。”看他信誓旦旦，我就挑了一根……

135. 当时，萨科齐对此表示“不成问题”，并信誓旦旦地说：“我确实已经有了好几个孩子，但再添一个又有何妨？对于养孩子这件事，我是全法国最具备实力的人，有大夫 24 小时为我们的孩子候诊呢。”

136. 而他们却信誓旦旦地说，30 年的顽固性牛皮癣，都有人治好了。

137. 2008 年元宵节万科降价之时曾信誓旦旦地表示：“这是2008 年唯一的一次降价。”然而事实上，整个 2008 年万科就没有停止过降价的步伐，甚至不惜破坏行规。

138. 且不管这件事情的种种曲折，单说网民们信誓旦旦地去现场查看这件事情，就足以看到网民的伟大自信。（原文链接隔三句有：可是，“‘躲猫猫’网络调查团”这件事，无形中却透露了另外一种信息：人们信以为真的网络知情权不仅不彻底，而且，也无法真正自主实现；更进一步说，网络的轰炸式绽开的信息，让人们做“网民”时觉得飞沙走石无所不能，做“公民”时依旧隔靴搔痒、不得要领。标题：网络知情权，一场虚幻的“狂欢”？http：//paper. people. com. cn/rmlt/html/2009 - 03/01/content_ 209132. htm。）

139. 到了第二天，情况比预计还要严重，因为在各大网站纷纷转载之后，“三鹿”依然信誓旦旦地说他们的产品没问题……（原文链接后有：直到当晚 12 点到达兰州，看到同事发来“三鹿”承认事实的短信，心里的一块石头才落了地。http：//paper. people. com. cn/xwzx/html/2009 - 03/01/content_ 387321. htm。）

140. 朝鲜核问题凸显以后，特别是在 2002 年第二次朝核危机形成以后，美国及其他有关国家曾信誓旦旦地宣称要维护朝鲜半岛无核化。当时许多人认为，这些自称对国际社会负责的大国既然有此宣布，那么朝鲜有核就必然是它们在这一问题上的底线。然而，当 2005 年 2 月朝鲜宣布其已拥有核武器时，美国并无特别反应。

141. 有分析师信誓旦旦地表明，未来金价震荡向上势在必行。……黄金价格出现大幅上涨……

142. 记者问到这个保健品怎么个“抑制肿瘤”法，柜台销售人员说不出个所以然，但是信誓旦旦药效非常明显一用就灵。走访中，记者虽然没有发现“富硒灵芝宝”的身影，但是很多药店还在明目张胆地销售类似的保健品，其药品销售人员还在继续夸大保健品作用，蛊惑消费者。

143. 他们都是爱车之人，曾在找到工作后就信誓旦旦地说，工作稳定了就买车代步，但近期他们却不约而同地表示，购车计划顺延，究其原因是他们都在外企，受金融危机影响，公司裁员、减薪，虽然他们都保住了饭碗，但未来不可预见的因素，使原本打算贷款买车的他们只能放弃此计划。

144. 刚开始，企业老板求贤若渴，信誓旦旦地答应“空降兵”所有的条件和要求。但是不到半年、几个月，企业抗风险能力较弱，被迫改变了原来的发展思路。当“空降兵”发现企业已经无法实现自己的一些个人长远职业生涯规划时，只有选择离开。

145. 许海峰信誓旦旦地说，中国队现今的首要目标是在亚洲确立优势，然后再向伦敦奥运会迈进。

146. 当记者表示，担心监管部门查到后投资将会打水漂，他则信誓旦旦地表示，“你可以上网查我们的资料，我们是正规公司，你大可放心。”……（原文链接后有：事实上，这种合作炒股所谓“稳赚不赔”口号的背后，隐藏着可怕的风险。一位不愿具名的资深股市观察家告诉记者：“合作炒股其实就是打政策的擦边球。” http：//paper. people. com. cn/jnsb/html/2009 -02/20/content_196277. htm。）

147. 一天，小刘信誓旦旦地跑到我们办公室说：“现在我可以出师按摩了，你们谁需要按摩？”（原文链接后有：谁知小刘却说：“我们办公室没人敢让我按摩，生怕我把他们按出毛病来。我应该谢谢你让我练手才对。” http：//paper. people. com. cn/jhsb/html/2009 -02/14/content_193008. htm。）

148. 于先生的父亲患有糖尿病，七八年前，电视购物刚刚兴起，无意间看到有电视购物推销治疗仪，一位穿白大褂的“专家”说是最新科技产品，能治愈糖尿病，“专家信誓旦旦地在电视上说有效，我马上买了一台，结果根本无效，上千块钱就这么打了水漂。”

149. 1928 年，共和党人胡佛通过对农民信誓旦旦的许诺赢得民主党票仓的倒戈，最终于 1929 年 5 月成功入主白宫。（标题：1930 年，美国通过最蠢法案。http：//192. 168. 13. 50/hqsbsj/html/2009 - 02/10/content_189624. htm。）

150. 2009 年 1 月，这位北京奥运会上的“八金王”在北京出席一次活动时，表示自己在北京奥运会结束之后就再没有下水训练，还信誓旦旦地说：“这次回去后我就要开始好好训练了。”不料，十多天后，一张菲尔普斯吸大麻的照片就被刊登在 1 月 31 日的《世界新闻报》上。

151. 另外一件事是洗钱案爆发后，陈幸好曾提到民进党选举都拿了陈水扁的钱，“之后一直有人信誓旦旦地说一分钱未取，诸如此类的话，真是让我把这些人彻底看轻了”。

152. “后来才获悉问题出在3000万美元上……但黄部长信誓旦旦告诉我，请放心钱还在，只要台湾代表不签字，钱就领不走。2008年4月他还跟我说钱未被领走”。《中国时报》评论说，“这显然与黄志芳一再强调是被动配合邱义仁持续追钱的说法有极大出入”。

153. 恒达经理信誓旦旦地声称马上就可以进行交易。于是，王先生第三次给恒达汇了款。等待数日，迟迟没有看到现车的王先生终于相信自己受骗了，于是想找恒达退还共计26000元的款子，但对方手机已处于关机状态，而其他固定电话也一直无人接听。

154. 欧佩克轮值主席、阿尔及利亚能源和矿业部长哈利勒还承诺，如果该组织做出的决定仍不能稳定国际油价，欧佩克将于今年3月15日在奥地利首都维也纳举行的部长级会议上采取进一步减产计划。但信誓旦旦的承诺并没有有效阻止国际油价的持续下滑，据德意志银行1月10日表示，全球原油需求在2009年可能下降100万桶/天。

155. 在颐和家园售楼处，一位销售人员向记者信誓旦旦地称，他们一定会解决这个环境问题。而对于解决方案，该人士闪烁其词。

156. 达喀尔组委会曾信誓旦旦地向世界保证“我们不会再出现死亡事件”，然而这样的承诺在事实面前变得苍白无力。在赛车比赛装备和现代通讯、巡航跟踪技术已经相当先进的今天，运动员还会因为通讯问题意外身亡，这不由得使人再次怀疑组委会的组织……

157. 2008年年初，印度塔塔集团董事会主席瑞坦·塔塔曾信誓旦旦地承诺将推出全球最低价小型车Nano。现在看来，这款车最早的上市时间也只能是2009年。

158. 意大利媒体去年年底风传阿德不会再回到米兰时，穆里尼奥曾信誓旦旦地表示，“阿德绝对会回来参加集训，1月2日我在这里等他。”阿德确实回来了，不过他直到国际米兰的训练结束时才抵达基地，是全队唯一迟到的球员，这被看作是阿德寻求离队的信号。

159. 虽然此前不少“大非”股东信誓旦旦地表示不会减持，但12月股市依旧难以抵挡犹如泄洪般的“大小非”涌出。(专名)

160. 最后，他闭上眼睛信誓旦旦地说：“我要加强体育锻炼。”

161. 听说飞机“搬家”的消息，不少工程搬迁公司找上门，信誓旦旦地说，比这更大型的机械都搬迁过，这些飞机并不算什么。可当听说这些飞机需要分解后再重新安装，都“吓”跑了。

162. 而有台湾媒体更信誓旦旦地透露已在准备相关的报道。

163. 《纽约时报》专栏作家威廉·克里斯托尔2006年底曾在福克斯新闻中信誓旦旦地预测希拉里会在党内竞选中获胜，奥巴马和爱德华兹都不是其对手，但事实显然并非如此。

164. 最恐怖的是画皮型——广告中人，披着白大褂，或者其他能往科学和信用上靠的表皮，道貌岸然，信誓旦旦，把那假冒伪劣商品说得光彩夺目，美轮美奂。

165. 殷铁生信誓旦旦地表示……我一定会对中国足球负责，绝对不会辜负中国足协和球迷的厚望。

166. 名嘴姚立明也曾公开爆料称，扁家在日本有300亿元密账，当时陈水扁信誓旦旦地宣称，“不要说300亿，我如果在日本有任何一毛钱，马上切腹自杀”。资深媒体人周玉蔻3日嘲讽说，难怪陈水扁敢如此承诺，因为他的钱早就拿去买日本银行的股票了。

167. 陈旭鹏曾与吉农业部组织的所谓专家一起去存放中国面粉的仓库考察，当时一个专家信誓旦旦地表示面粉里有线性甲虫。但之后他无意中说漏了嘴：他一辈子都没见过线性甲虫！

168. “我们的部队正在以最有礼貌的方式行动”——这是不久前北约领导的阿富汗国际安全援助部队发言人理查德·布兰切特准将向媒体做的信誓旦旦的表示。然而，一位名叫苏莱曼·阿米里的阿富汗人却对驻阿联军留下了这样的印象：“我用自己的双眼看到所发生的一切。我看到他们嫖妓，看到他们酗酒。”

169. 文章说，巴媒体非常气愤于印度媒体的“无端指责”，在警方定论和政府表态之前，印度媒体就信誓旦旦地说孟买恐怖事件是巴基斯坦人干的，而且和巴政府有关，印度媒体的这种思维定式“不利于印巴和平进程”。很多巴基斯坦人对印度的指控不以为然，出租车司机赛义德称：“每次印度出了事都要推到巴基斯坦头上，我们……”。

170. 陈水扁更是通过电视信誓旦旦地宣称：“我太太不管是公开或私下都没有见过陈由豪，没有公然说谎。”2006年底，“国务机要费案”侦查终结。检方认定：陈水扁与吴淑珍、马永成、林德训和陈镇慧四人均涉贪渎……

171. ……一些由前克格勃训练出来的指挥官也信誓旦旦地表示，他们能够击败索马里海盗。

172. 小柯信誓旦旦地表示自己的办学目标就是打造流行音乐歌唱艺人的“黄埔军校”，为乐坛输送“既会唱歌也会作秀”的全能型人才。但小柯的音乐工作室成立至今，曾经先后与数位友人公司的合作都是无疾而终。

173. 但由于当时“组织方信誓旦旦称可以送优胜者去美国发展”，杨雪放弃了这些，直到现在也没有工作。就在距2006年那项赛事两年后的今天，杨雪仍没拿到奖杯，“每次去讨要他们都说‘还在刻’”。杨雪说，她已经不指望能真的去美国了，只要能得到……

174. 记者发现网络上充斥着大量手机充值卡全国招商的广告，网上信誓旦旦地保证“首付少量定金，快递送货到家，验明货物再付余款”。江苏移动公司相关负责人提醒消费者，这些廉价信息藏有大猫腻，当心上当受骗。

175. 张同学是某师范大学的一名外地学生，刚考到上海那会儿，他还信誓旦旦要留在上海工作，现在临近毕业的他早已经打消了当初的念头：“还不如回老家，我爸在那儿认识点人，还能给我找个好工作。”

176. 对于各候选人信誓旦旦的许诺，华裔却普遍抱怀疑和观望态度。正如一些华裔网民在网上所抱怨的，近年来振兴华埠已成为各派政客拉选票的陈词滥调，3年一届的选举，各派候选人争相来华埠“拜票”，拿出五花八门的振兴方略，但一旦当选，却总……

177. 赛前信誓旦旦希望重振雄风的费德勒却在首场亮相中就遭遇爆冷。

178. 沸沸扬扬多时的陕西“华南虎事件”使百姓对一些政府和官员的发言，哪怕是信誓旦旦的保证也开始持谨慎或怀疑态度。

179. 南京市文化局作为主办方早就信誓旦旦地称，将此剧作为大礼献给南京人民。然而，事与愿违，这部由濮存昕、陈瑾、高圆圆等名角精心演绎的名剧在南京仅演出两场，便草草收场。

180. 大连韩伟集团董事长韩伟接受记者采访时信誓旦旦地说，“问题鸡蛋”“产”于一种叫作“玉米酒糟”的饲料。（原文标题：将严格承担企业的社会责任。http://paper.people.com.cn/rmrb/html/2008-10/31/content_129834.htm。）

181. 袁涛对这个答案表示不满意，李杨璐乱了阵脚，信誓旦旦地说要向张惠妹学习，达到她的水平……李杨璐被推上了PK席，最终无缘五强。

182. 老公休息在家，我上班前给他布置了任务——打扫卫生，老公满口答应，并信誓旦旦地保证一定圆满完成任务。我一整天的心情都非常轻松愉快，想想回家后家里是窗明几净，多好啊！下班回家后，老公正在津津有味地看电视。我环视房间，根本没有打扫过的痕迹。

183. 虽然陈致中一直信誓旦旦表示自己只是受支配的“人头户”，对海外资金完全不知情，不过，岛内《壹周刊》10月初就披露，陈致中是主导扁家海外洗钱的财务总管。

184. 民进党籍高雄市长陈菊刚到香港推销高雄旅游，她信誓旦旦保证，高雄人民好客、热情，高雄会保证观光客的安全。陈菊在香港备受礼遇，但此时看到来客被袭，不知陈菊心里做何感想？民进党地方人士这种喊打喊杀的行为，她要如何保证香港、大陆乃至世界观光客到高雄安全无虞？……

185. 尽管陈水扁信誓旦旦称绝对接受蔡英文的领导，“不偏离主题、不抢麦克风、不争取上台讲话”，但民进党谁都不相信他的保证。

186. 欧美5家央行更是信誓旦旦地宣布，将联手向市场注入“无限量”流动性。（原文链接隔句有：欧美5家央行确立这个新方案的时候，也许更多的是希望提振市场信心，而把“无限量”注入流动性可能对市场、对世界货币体系乃至对世界经济造成的影响和后果暂时放在了一边。http://paper.people.com.cn/gjjrb/html/2008-10/16/content_119482.htm。）

187. 铂锐在上市之初，克莱斯勒中国高层曾信誓旦旦地表示，有了这款强势车型的加入，北京奔驰的销售可以上一个新的台阶，甚至预言它会像中级车销量前三名迈进。但如今的销售现状却给了北京奔驰当头一棒，与预期的销售目标相差极大。

188. 只有词条无其他信息。

189. 不过，消费者更要看企业做得怎么样。因为，类似浪漫温情的广告词，信誓旦旦的保证，实在是太眼熟了。阜阳毒奶粉、郑州光明过期奶、还原奶事件，历次事件和风波之后，类似的承诺都曾接踵而至。

190. 之前天然气工业公司领导人曾信誓旦旦地表示，金融危机不会危及自己，公司并不存在任何风险。但至7日，已不得不承认公司已处于困境。

191. 他们信誓旦旦地表示，2008年下半年，美国经济就会恢复增长。

但最近的事实是，华尔街大投资银行推倒了多米诺骨牌，就连7000亿美元救市计划最终在国会获得通过后，股市依旧下跌。

192. 惨剧发生后，警方曾信誓旦旦地表示今后要加强对类似视频的网络监控。不久前发生的这起枪击案，凶手同样发出了视频预警。这次，警方虽然发现了视频，也因此向凶手发出过讯问，可依然没能制止其行凶。

193. 尽管布朗首相和他的同僚们信誓旦旦地表示，英国已经做好了应付全球金融海啸的准备，但事实恰好相反。

194. 李章洙信誓旦旦回答说："……我们肯定会重新振作起来，这场比赛目标就是拿3分。"

195. 那就是我们今天需要突破单一方法论、"平均斯坦"条件的陈旧预测方法、经验式预测方法的框框，而应该发展跨学科、多角度、多元化的预测方式，并且抛弃那种对于自己预测的信誓旦旦的断言，并对事物的线性发展始终保持清醒的怀疑与警惕。

附录5 词汇负面义主观判断调查表

尊敬的先生（ ）/女士（ ）：

您好！

我们正在进行一项关于词义主观判断的演化调查，麻烦您抽出一点宝贵时间对下面的词语意思做出判断，要是您觉得该词的意思是好的话请在后面的括号中填（A），意思不好的则填（B），意思没有明显好坏之分的请填（C），有时好有时坏的请填（D），如果您另外有补充说明可以写在旁边或背面。请您以第一感觉为准，麻烦不要查阅字词典、网络资料或询问他人。您的回答匿名即可，它将只用于学术研究，对您的合作我们表示衷心的感谢！

老实（ ）　　老成（ ）
迎合（ ）　　追捧（ ）
出风头（ ）　　剽悍（ ）
伙同（ ）　　内向（ ）
多情（ ）　　情种（ ）
泼辣（ ）　　官僚（ ）
存心（ ）　　一味（ ）

性感（　　）	曝光（　　）
财大气粗（　　）	不刊之论（　　）
东山再起（　　）	差强人意（　　）
空穴来风（　　）	花枝招展（　　）

年龄 35 岁以下（　　）　　35 岁及以上（　　）　　学历（　　）

再次感谢您的支持!

参考文献

外文类

[1] B. Louw, Irony in the text or insincerity in the writer? —The diagnostic potential of semantic prosodies. In M. Baker et al. (eds.). Text and Technology. In Honour of John Sinclair. Amsterdam and Philadelphia: John Benjamins, 1993.

[2] J. M. Sinclair. *Corpus*, *Concordance*, *Collocation*. Oxford: Oxford University Press. 1991. //SusanHunston. Semantic Prosody Revisited. *International Journal of Corpus Linguistics*, 2007 (2).

[3] J. M. Sinclair. The Search for Units of Meaning. Tuxtus, 1996. //Sam Whitsitt: A Critique of the Concept of Semantic Prosody. *International Journal of Corpus Linguistics*, 2005 (3).

[4] J. M. Sinclair. Trust the Text: Language, Corpus and Discourse London: Routledge, 2004// Susan Hunston. Semantic prosody revisited. *International Journal of Corpus Linguistics*, 2007 (2).

[5] Partington. A. "Utterly content in each other's company", Semantic Prosody and Semantic Preference. *International Journal of Corpus Linguistics*, 2004 (1).

[6] R. L. Trask:《历史语言学》，外语教学与研究出版社，2000.

中文类

[1] 布尔迪厄:《言语意味着什么》，褚思真、刘晖译，商务印书馆，2005。

[2] 班固:《汉书》，中华书局，1977。

[3] 布龙菲尔德:《语言论》，袁家骅等译，商务印书馆，1980。

[4] 曹德和:《语言应用和语言规范研究》，文化艺术出版社，2006。

[5] 曹芳芳:《传播语言中的词汇现象引发的对外汉语教学思考》，《语言

教学研究》2008 年第 1 期。

[6] 曹国安：《感情色彩义的指向对象和刺激力试论》，《惠州学院学报》（社科版）2008 年第 4 期。

[7] 陈建民：《改革开放以来中国大陆的词汇变异》，《语言文字应用》1996 年第 1 期。

[8] 陈建民：《中国语言和中国社会》，广东教育出版社，1999。

[9] 常敬宇：《汉语词汇与文化》，北京大学出版社，1995。

[10] 陈松岑：《礼貌语言》，商务印书馆，2001。

[11] 陈淑梅：《词汇语义学论集》，中国文史出版社，2006。

[12] 陈寿：《三国志》，中华书局，1982。

[13] 曹炜：《现代汉语词汇研究》，北京大学出版社，2004。

[14] 曹炜：《现代汉语词义学》（修订本），暨南大学出版社，2009。

[15] 陈秀兰：《敦煌变文词汇研究》，四川民族出版社，2002。

[16] 崔永华：《与褒贬义形容词相关的句法和词义问题》，《语言学论丛》第九辑，商务印书馆，1982。

[17] 丁福保：《佛学大词典》，文物出版社，2002。

[18] 段纳：《试论词义感情色彩的存在方式及其演变》，《语文学刊》2006 年第 7 期。

[19] 董为光：《汉语词义发展基本类型》，华中科技大学出版社，2004。

[20] 刁晏斌：《当代汉语中的贬词褒化和中性化现象》，《平顶山学院学报》2007 年第 2 期。

[21] 刁晏斌：《“文化大革命”时期传统贬义词语的分化》，《宁夏大学学报》2007 年第 1 期。

[22] 刁晏斌：《当今汉语中极为活跃的“极端词语”》，《辽东学院学报》2004 年第 3 期。

[23] 刁晏斌：《略论“文化大革命”时期的“语言暴力”》，《江南大学学报》2007 年第 4 期。

[24] 刁晏斌：《现代汉语史概论》，北京大学出版社，2006。

[25] 邓英树、黄谷：《论“不 A 不 B”的否定意义及其制约因素》，《汉语学习》2002 年第 4 期。

[26] 杜佐华：《论词语褒贬的制约因素》，《江汉论坛》1995 年第 7 期。

[27] 符淮青：《词典学词汇学语义学文集》，商务印书馆，2004。

[28] 符淮青:《词义的分析和描写》,外语教学与研究出版社,2006。
[29] 符淮青:《现代汉语词汇》,北京大学出版社,1985。
[30] 符淮青:《现代汉语词汇》(增订本),北京大学出版社,2004。
[31] 傅亚庶:《中国上古祭礼文化》(第 2 版),高等教育出版社,2005。
[32] 葛本仪:《汉语词汇学》(第 2 版),山东大学出版社,2003。
[33] 郭伏良:《新中国成立以来汉语词汇发展变化研究》,河北大学出版社,2001。
[34] 甘莅豪:《“不 A 不 B”的构式义与语义的消极化倾向——基于认知和语用的分析》,《修辞学习》2008 年第 2 期。
[35] 郭先珍、王玲玲:《褒义、贬义词在搭配中的方向性》,《中国人民大学学报》1991 年第 6 期。
[36] 郭熙:《普通话词汇和新马华语词汇的协调与规范问题——兼论域内外汉语词汇协调的原则与方法》,《南京社会科学》2002 年第 12 期。
[37] 郭熙:《中国社会语言学》(增订本),浙江大学出版社,2004。
[38] 关英伟:《动物词语的褒贬色彩、褒贬对立和偏离》,《广西师范大学学报》1995 年第 3 期。
[39] 关英伟:《詈语中动物词语的文化含义》,《广西师范大学学报》2000 年第 1 期。
[40] 高燕:《对外汉语词汇教学》,华东师范大学出版社,2008。
[41] 葛兆光:《中国思想史:第 1 卷》,复旦大学出版社,1999。
[42] 洪成玉:《古汉语词义分析》,天津人民出版社,1985。
[43] 洪成玉:《谦词敬词婉词词典》,商务印书馆,2002。
[44] 何杰:《现代汉语量词研究》,北京语言大学出版社,2008。
[45] 胡翔:《海峡两岸词语差异及原因——基于两岸现代汉语常用词典的词汇对比研究//对外汉语教学的全方位讨论——对外汉语教学研究学术讨论会论文》,同方知网会议论文集,2004。
[46] 〔英〕杰弗里·N. 利奇:《语义学》,上海外语教育出版社,1987。
[47] 〔法〕约瑟夫·房德里耶斯:《语言》,岑麟祥,叶蜚声译,商务印书馆,1992。
[48] 贾彦德:《汉语语义学》,北京大学出版社,1986。
[49] 李炳泽:《咒与骂》,河北人民出版社,1997。
[50] 李斌、陈小荷:《汉语褒贬词语的褒贬指向问题》,《语言文学应用》

2009年第3期。
[51] 林承璋、刘世平：《英语词汇学引论》（第3版），武汉大学出版社，2005。
[52] 拉达内、高宣扬：《流行文化社会学》，中国人民大学出版社，2006。
[53] 刘福根：《汉语詈词浅议》，《汉语学习》1997年第3期。
[54] 刘福根：《汉语詈词研究——汉语骂詈小史》，浙江人民出版社，2008。
[55] 李福印：《语义学教程》，上海外语教育出版社，1999。
[56] 刘桂华：《部分古语词感情色彩变化莫测原因初探》，《安徽教育学院学报》2001年第8期。
[57] 李金满：《词汇化和语法化的接口——“X们儿”的演变》，《当代语言学》2008年第1期。
[58] 刘慧：《现代汉语评价系统研究》，同方知网博士论文库，2009。
[59] 陆俭明：《词汇教学与词汇研究之管见》，《江苏大学学报》2005年第3期。
[60] 林剑：《控潮来袭》，《ELLE》（简体中文版）2009年第9期。
[61] 刘缙：《谈词的褒贬义和构词语素义之间的关系》，《中国人民大学学报》1993年第4期。
[62] 李如龙、苏新春：《词汇学理论与实践》，商务印书馆，2001。
[63] 陆善采：《实用汉语语义学》，学林出版社，1993。
[64] 刘叔新：《汉语描写词汇学》，商务印书馆，1990。
[65] 林杏光：《词汇语义和计算机语言学》，语文出版社，1999。
[66] 林杏光：《简论世界汉语文化圈的语言变异研究》，《世界汉语教学》1997年第4期。
[67] 梁晓虹：《佛教词语的构造与汉语词汇的发展》，北京语言文化学院出版社，1994。
[68] 刘晓梅：《成语感情色彩的历时变化》，《南京晓庄学院学报》2005年第1期。
[69] 李锡胤：《李锡胤集》，黑龙江大学出版社，2007。
[70] 刘勰：《文心雕龙注》，《范文澜注》，人民文学出版社，1978。
[71] 罗耀华：《待嵌格式“不A不B”的认知研究》，《江汉大学学报》2002年第3期。

[72] 马庆株:《汉语动词和动词性结构·一编》,北京大学出版社,2005。
[73] 南方雄楠:《纵谈十二生肖》,栾殿武译,中华书局,2006。
[74] 罗·亨·罗宾斯:《普通语言学》,李振麟、胡伟民译,上海译文出版社,1986。
[75] 启功:《汉语现象论丛》,中华书局,2000。
[76] 任奉:《也谈词义感情色彩的偏移》,《汉语学习》1995 年第 3 期。
[77] 任学良:《汉语构词法》,中国社会科学出版社,1981。
[78] 任远:《褒贬词构成说略》,《浙江师范学院学报》1982 年第 3 期。
[79] 邵敬敏:《"语义价""句法向"及其相互关系》,《汉语学习》1996 年第 4 期。
[80] 邵敬敏:《动量词的语义分析及其与动词的选择关系》,《中国语文》1996 年第 2 期。
[81] 邵敬敏、吴立红:《"副+名"组合与语义指向新品种》,《语言教学与研究》2005 年第 6 期。
[82] 施春宏:《说"界"和"坛"》,《汉语学习》2002 年第 1 期。
[83] 孙德金:《对外汉语词汇及词汇教学研究》,商务印书馆,2006。
[84] 上海古籍出版社编《汉魏六朝笔记小说大观》,上海古籍出版社,1999。
[85] 桑吉扎西:《戌犬通灵》,社会科学文献出版社,1998。
[86] 苏金智:《海峡两岸同形异义词研究》,《中国语文》1995 年第 2 期。
[87] 苏培成:《语言文字应用探索》,商务印书馆,2004。
[88] 苏新春、苏宝荣:《词汇学理论与应用(二)》,商务印书馆,2004。
[89] 苏新春:《当代中国词汇学》,广东高等教育出版社,1995。
[90] 苏新春:《汉语词义学》,广东教育出版社,1997。
[91] 苏新春等:《汉语词汇计量研究》,厦门大学出版社,2002。
[92] 沈锡伦:《中国传统文化与语言》,上海教育出版社,2004。
[93] 孙雪梅:《成语语义褒贬转化试析》,《语文建设》1999 年第 4 期。
[94] 史有为:《汉语外来词》,商务印书馆,2000。
[95] 史有为:《外文词——异文化的使者》,上海辞书出版社,2004。
[96] 沈宇宪:《宋代民间的幽冥世界观》,商鼎文化出版社,1993。
[97] 谭达人:《褒贬词的判断标准问题》,《语文建设》1991 年第 5 期。
[98] 谭达人:《造成的褒贬词与用成的褒贬词》,《汉语研究》(第三辑),

南开大学出版社，1993。
[99] 陶原珂：《语义解释和语境解释的分合与配置》，《广东外语外贸大学学报》2005 年第 11 期。
[100] 汤志祥：《当代汉语词语的共时状况及其嬗变》，复旦大学出版社，2001。
[101] 伍谦光：《语义学导论》，湖南教育出版社，1988。
[102] 王德春：《词汇学研究》，山东教育出版社，1983。
[103] 王化鹏：《论语境与词义的感情色彩》，《福建外语》1997 年第 2 期。
[104] 王惠：《现代汉语名词词义组合分析》，北京大学出版社，2004。
[105] 王洁：《区域变异与互动视角下的华语新词新义研究》，同方知网博士论文库，2009。
[106] 王立刚：《评价意义的类型及其相互关系》，《解放军外国语学院学报》2004 年第 2 期。
[107] 王力：《汉语词汇史》，商务印书馆，1993。
[108] 文孟君：《骂詈语》，新华出版社，1998。
[109] 汪榕培：《英语词汇研究》，上海外语教育出版社，2000
[110] 王树瑛：《汉语“不 A 不 B”格式的结构关系及语义研究》，《华中师范大学学报》（人文版）1999 年第 9 期。
[111] 魏收：《魏书》，中华书局，1974。
[112] 伍铁平：《词义的感染》，《语文研究》1984 年第 3 期。
[113] 伍铁平：《模糊语言学》，上海外语教育出版社，1999。
[114] 伍铁平：《再论词义向其反面转化和一个词兼有相反的两个意义》（上），《上海外国语学院学报》1991 年第 3 期。
[115] 王珏：《现代汉语名词研究》，华东师范大学出版社，2001。
[116] 武占坤、王勤：《现代汉语词汇概要》，内蒙古人民出版社，1983。
[117] 武占坤：《词汇》，上海教育出版社，1983。
[118] 王泽鹏、张燕春：《语义韵律理论》，《同济大学学报》2005 年第 4 期。
[119] 王宗炎：《汉语词汇学的新探索——说张志毅、张庆云合著〈词和词典〉》，《语文通讯建设》1998 年第 10 期。
[120] 谢丹：《试谈含五官词语素的汉语感情色彩问题》，《广西民族学院

学报》1986 年第 1 期。

[121] 薛恩奎:《词汇语义量化研究》,黑龙江人民出版社,2006。

[122] 解海江、章黎平:《汉英语颜色词对比研究》,上海辞书出版社,2004。

[123] 解海江、张志毅:《谈〈现汉〉对义位褒贬陪义的标注》,《辞书研究》2003 年第 6 期。

[124] 许威汉:《二十世纪的汉语词汇学》,书海出版社,2000。

[125] 许威汉:《汉语词汇学引论》,商务印书馆,1992。

[126] 许威汉:《训诂学导论》,北京大学出版社,2003。

[127] 邢向东:《词义褒贬新探》,《云南师范大学学报》1985 年第 5 期。

[128] 徐志民:《关于词的感情色彩的几个问题》,《语言教学与研究》1980 年第 3 期。

[129]〔美〕杨联陞:《中国语文札记》,中国人民大学出版社,2006。

[130] 杨琳:《汉语词汇与华夏文化》,语文出版社,1996。

[131] 于屏方:《动词义位释义的框架模式研究》,中国社会科学出版社,2007。

[132] 杨锡彭:《汉语外来词研究》,上海人民出版社,2007。

[133] 袁毓林:《关于动词对宾语褒贬选择》,《汉语学习》1987 年第 3 期。

[134] 袁毓林:《一价名词的认知研究》,《中国语文》1994 年第 4 期 。

[135] 袁毓林:《袁毓林自选集》,广西师范大学出版社,1999。

[136] 杨振兰:《色彩意义义素分析刍议》,《汉语学习》2001 年第 2 期。

[137] 杨振兰:《词的色彩意义历时演变特点试析》,《山东大学学报》2003 年第 3 期。

[138] 杨振兰:《色彩意义演变发展的语言诱因》,《文史哲》2003 年第 5 期。

[139] 杨振兰:《从造词看词的色彩意义》,《山东大学学报》2005 年第 1 期。

[140] 张博:《道家"抱朴""绝巧"观在汉语词义衍化中的投射》,《世界汉语教学》2000 年第 4 期。

[141] 张博:《北京语言大学汉语语言学文萃词汇卷》,北京语言大学出版社,2004。

[142] 周国光:《现代汉语词汇学导论》,广东高等教育出版社,2004。
[143] 周光庆:《从认知到哲学:汉语词汇研究新思考》,外语教学与研究出版社,2009。
[144] 张家骅、彭玉海等:《俄罗斯当代语义学》,商务印书馆,2005。
[145] 张劲松:《中国鬼信仰》,中国华侨出版公司,1991。
[146] 周荐、杨世铁:《汉语词汇学研究百年史》,外语教学与研究出版社,2006。
[147] 周健、彭小川:《汉语教学法研修教程》,人民教育出版社,2004。
[148] 周荐:《词汇学词典学研究》,商务印书馆,2006。
[149] 周荐:《二十世纪现代汉语词汇论著指要》,商务印书馆,2004。
[150] 周荐:《汉语词汇结构论》,上海辞书出版社,2004。
[151] 周荐:《汉语词汇研究史纲》,语文出版社,1995。
[152] 周荐:《试论词的感情色彩及其构成方式》,《天津社会科学》1985年第3期。
[153] 周荐等:《词汇学新研究——首届全国现代汉语词汇学术讨论会选集》,语文出版社,1995 。
[154] 赵克勤:《古代汉语词汇学》,商务印书馆,1994。
[155] 张联荣:《古汉语词义论》,北京大学出版社,2000。
[156] 左林霞:《成语词义的发展演变》,《武汉科技大学学报》2004年第3期。
[157] 左林霞:《从词义褒贬色彩的演变看语言与社会的互动》,《理论月刊》2004年第10期。
[158] 左林霞:《试论成语褒贬色彩的历史演变》,《湖北教育学院学报》2000年第6期。
[159] 詹人凤:《现代汉语语义学》,商务印书馆,1997。
[160] 邹韶华:《语用频率效应研究》,商务印书馆,2001。
[161] 邹韶华:《求是集——对汉语语法问题的一些思索》,三联书店,2004。
[162] 周小兵:《析"不A不B"》,《语言教学与研究》1996年第4期。
[163] 张小平:《当代汉语词汇发展变化研究》,齐鲁书社,2008。
[164] 章宜华:《语义学与词典释义》,上海辞书出版社,2002。
[165] 郑远汉:《修辞风格研究》,商务印书馆,2004。

[166] 张谊生：《网络新词“败”的形成与发展：汉语同形素语素的感染生成及修辞解释》，《福建大学学报》2009年第2期。

[167] 张志毅、张庆云：《词汇语义学》，商务印书馆，2001。

[168] 张志毅、张庆云：《词汇语义学》（修订本），商务印书馆，2005。

[169] 张志毅、张庆云：《词汇语义学与词典编纂》，外语教学与研究出版社，2007。

释义使用到的词典类（按使用频率排序）

[1] 中国社会科学研究所词典编辑室：《现代汉语词典》（第5版），商务印书馆，2005。

[2] 罗竹风：《汉语大词典》，汉语大词典出版社，1993。

[3] 孙维张：《佛源语词词典》，语文出版社，2007。

[4] 商务印书馆辞书研究中心：《应用汉语词典》，商务印书馆，2006。

[5] 孙全洲：《现代汉语学习词典》，上海外语教育出版社，1995。

[6] 龚学胜：《当代汉语词典国际华语版》，商务印书馆国际有限公司，2008。

[7] 周行健等：《现代汉语规范用法大词典》，学苑出版社，1997。

[8] 刘川平：《学汉语用例词典》，北京语言大学出版社，2005。

图书在版编目（CIP）数据

汉语词汇负面义研究/黄红娟著．—北京：社会科学文献出版社，2014.9

ISBN 978-7-5097-5929-5

Ⅰ．①汉… Ⅱ．①黄… Ⅲ．①汉语-词汇学-研究 Ⅳ．①H13

中国版本图书馆CIP数据核字（2014）第078375号

汉语词汇负面义研究

著　　者／黄红娟

出 版 人／谢寿光
出 版 者／社会科学文献出版社
地　　址／北京市西城区北三环中路甲29号院3号楼华龙大厦
邮政编码／100029

电子信箱／caijingbu@ssap.cn
责任编辑／高　雁　梁　雁
项目统筹／高　雁
责任校对／李　敏
责任印制／岳　阳
经　　销／社会科学文献出版社市场营销中心　（010）59367081　59367089
读者服务／读者服务中心（010）59367028

印　　装／三河市尚艺印装有限公司
开　　本／787mm×1092mm　1/16
印　　张／17.75
版　　次／2014年9月第1版
字　　数／298千字
印　　次／2014年9月第1次印刷
书　　号／ISBN 978-7-5097-5929-5
定　　价／69.00元